Marion Griffiths-Karger wurde 1958 in Paderborn geboren. Dort studierte sie Literatur- und Sprachwissenschaften, bevor sie als Werbetexterin tätig war. Seit fast zwanzig Jahren lebt sie mit ihrem Mann und ihren zwei Töchtern bei Hannover, arbeitet als Lehrerin und schreibt Krimis. Unter dem Pseudonym Rika Fried veröffentlichte sie bisher zwei Romane.»Tod am Maschteich« ist ihr erster Kriminalroman im Emons Verlag.

Dieses Buch ist ein Roman. Handlungen und Personen sind frei erfunden. Ähnlichkeiten mit lebenden oder toten Personen sind rein zufällig.

MARION GRIFFITHS-KARGER

Tod am Maschteich

NIEDERSACHSEN KRIMI

emons:

© Hermann-Josef Emons Verlag
Alle Rechte vorbehalten
Umschlagzeichnung: Heribert Stragholz
Druck und Bindung: CPI – Clausen & Bosse, Leck
Printed in Germany 2010
ISBN 978-3-89705-711-1
Niedersachsen Krimi
Originalausgabe

Unser Newsletter informiert Sie
regelmäßig über Neues von emons:
Kostenlos bestellen unter
www.emons-verlag.de

Für Achim –
mit Dank für seine unermüdliche Unterstützung

Donnerstag, 13. Juni

Sie schlug die Augen auf. Dunkelheit umgab sie. Sie richtete sich auf und versuchte, sich an die undurchdringliche Schwärze zu gewöhnen. Wo war sie? Es konnte nicht ihr Schlafzimmer sein. Sie schloss niemals völlig die Jalousien, damit noch ein Schimmer Licht von der Straßenlaterne vor ihrem Fenster in ihr Zimmer drang. Aber dies war nicht ihr Schlafzimmer und nicht ihr Bett. Dieses Bett war klein, nicht wie ihr französisches mit der weichen Matratze. Sie lauschte. Kein vertrautes Geräusch drang an ihre Ohren. Es war still. Still und dunkel. Sie war unendlich müde, und ihr war übel. Fast hätte sie sich wieder hingelegt, doch dann kam die Erinnerung. Sie hatte nach dem Film noch einen kurzen Spaziergang gemacht.

Ihr Herz begann zu klopfen. Es musste ein Krankenhaus sein, aber Krankenhäuser waren nicht so dunkel, nicht mal bei Nacht, und dann diese Stille.

Sie stand auf und versuchte irgendetwas zu ertasten.

»Hallo!«, rief sie. »Ist da wer? Wo bin ich hier? Machen Sie doch Licht!«

Ihre Hand fuhr über weichen Stoff, eine Decke. Sie tastete sich weiter bis zur Wand und dann an dieser entlang. Es musste doch irgendwo ein Fenster geben und eine Tür.

Vielleicht bin ich ja plötzlich blind geworden, fuhr es ihr durch den Kopf. Aber war die Welt der Blinden nicht grau? Sie schluckte. Das würde sie doch merken! An den Augen, da täte doch irgendwas weh. Einfach so erblindete man doch nicht! Nein, nein, es war nur so verdammt dunkel in diesem Loch.

»Hallo! Hört mich denn niemand?«

Die Wand war kalt und feucht. Vielleicht war sie in einem Keller. Ihr Atem ging schneller, es roch modrig, und sie begann zu würgen.

Sie fühlte Holz. Eine Tür! Hastig suchte sie nach der Klinke, aber es gab keine. Die Tür ließ sich nicht öffnen.

Sie schrie und polterte dagegen.

»Hilfe, ich will hier raus! Hilfe!«

Sie schlug und schrie so lange, bis sie schluchzend zu Boden sank. Nichts rührte sich. Ihr war kalt, und sie schlotterte. Denk nach, versuchte sie sich zu beruhigen, es lässt sich bestimmt alles ganz einfach erklären! Denk nach! Es musste doch irgendwo eine Lampe geben, die musste sie finden. Sie stand auf und durchsuchte tastend den Raum. Sie stolperte über irgendwas, das scheppernd umfiel. Ein Eimer. Fast war sie dankbar für das Geräusch. Der Raum war klein und enthielt nichts außer der Liege und dem Eimer. Sie setzte sich auf die Liege. Was passierte hier? Sie kicherte hysterisch. Bestimmt wachst du gleich auf – hey, wach auf! Sie stand auf, um die Tür wiederzufinden.

»Hallo! Lasst mich endlich raus! Ich muss mal!«

Wieder hämmerte sie gegen die Tür, aber ihre Hände schmerzten so, dass sie aufgeben musste. Ihre Blase drückte, es war unerträglich. Dann fiel ihr der Eimer ein.

Nachdem sie sich erleichtert hatte, krümmte sie sich auf ihrer Liege zusammen. Ihr Mund war trocken, und sie hatte entsetzlichen Durst. Was war das für ein Alptraum? Sie hatte keine Ahnung, wie lange sie schon hier war, ob es Nacht war oder Tag, wie sie hierhergekommen war.

***

Das Kind schrie schon eine ganze Weile. Charlotte Wiegand sah auf die Uhr, fast vier. Sie fluchte. Ein anstrengender Tag am Schreibtisch wartete auf sie, und dieses Kind raubte ihr den Schlaf. Was zum Teufel trieb seine Mutter, die war doch sonst so fürsorglich. Sie stand auf, ging zum Kühlschrank, nahm die Wasserflasche und trank. Dann ging sie zurück zu ihrer Matratze und kuschelte sich wieder unter die warme Decke. Sie war immer noch nicht dazu gekommen, sich ein Bett zu kaufen, obwohl sie schon vor über drei Monaten hierhergezogen war. Seit der Trennung von Thomas fehlte ihr für die häuslichen Dinge des Lebens die Lust. Fast drei Jahre waren sie zusammen gewesen. Ihre Mutter hatte schon Hoffnung geschöpft, dass ihre Älteste am Ende doch noch unter die Haube kam.

Doch vor einem Vierteljahr hatte sie ihre Mutter enttäuschen müssen und sich von Thomas getrennt.

Das Kind schrie immer noch. Vielleicht ist es krank, dachte Charlotte und seufzte. Früh am Abend hatte es auch schon geschrien. Sie legte sich auf die Seite und drückte das Kissen auf ihr Ohr. Noch zehn Minuten, dann geh ich rüber, dachte sie. Nach einer Weile wurde das Kind ruhiger und schwieg dann.

»Na also«, murmelte sie, »geht doch.«

Als Charlotte am nächsten Morgen das Haus verließ, schrie das Kind wieder. Merkwürdig, dachte sie noch. Sie hatte es eigentlich noch nie so schreien hören. Ob die Mutter krank war? Heut Abend frag ich mal nach, nahm sie sich vor und ließ die Wohnungstür ins Schloss fallen.

»Was, zum Teufel, soll das?«

Hauptkommissarin Charlotte Wiegand von der Abteilung für Tötungsdelikte des Zentralen Kriminaldienstes, Hannover, stellte schlecht gelaunt ihren Pappbecher Kaffee auf den Tresen und hielt witternd die Nase in die Luft. »Wer hat hier geraucht?«

»Keine Ahnung«, erwiderte der uniformierte Beamte hinter dem Schalter. »Bergheim war gerade hier und hat dich gesucht. Warum du dein Handy nie einschaltest, wenn du schon keinen Festnetzanschluss hast, wollte er wissen. Ein ›Schneckenstecher‹« – so nannten »ernsthafte« Sportler die Unsitte, mit Skistöcken spazieren zu gehen – »hat am Birkensee bei Müllingen eine Leiche gefunden. Bergheim ist unterwegs dahin, konnte nicht mehr warten.«

»Kann ich mir denken«, sagte Charlotte, »der muss immer in der ersten Reihe sitzen.«

Der Uniformierte guckte sie schräg an und sortierte ein paar Papiere.

»Was ist dir denn über die Leber gelaufen?«

»Ach gar nichts, hab nur schlecht geschlafen. Also, ich brauch jemanden, der mich zum See fährt, mein Auto ist immer noch in der Werkstatt.«

»Kein Wunder, bei der alten Rostlaube«, murmelte der Polizist und ignorierte Charlottes missbilligenden Blick. »Mertens!«, rief er, »du wirst hier gebraucht!«

Wiebke Mertens war noch nicht lange im Dienst und hatte einen Mordsrespekt vor der schönen Hauptkommissarin Wiegand, dem Star der Kriminalfachinspektion 1.

Charlotte verdrehte die Augen. »Na, wenigstens raucht die nicht.«

Der See, der eher ein Teich war, lag an einem kleinen Waldstück an der Bundesstraße vierhundertdreiundvierzig, etwa fünfzehn Kilometer östlich der City. Auf der einen Seite gab es einen Campingplatz und auf der anderen eine kleine Sandbucht. Um den See zu erreichen musste man von der Bundesstraße auf einem engen geteerten Weg die A 7 überqueren und erreichte gleich darauf einen Wendeplatz mit einer T-Kreuzung. Links ging es zum See, und rechts führte ein Weg in die Felder.

Rüdiger Bergheim stand neben einem Streifenbeamten und einem Kollegen von der Kriminaltechnik vor einer Leitplanke, hinter der sich hohe Birken und Buchen erhoben. Er trug seine obligatorische schwarze Lederjacke und Jeans. Ein guter Ermittler. Intelligent und – für einen so gut aussehenden Mann – sogar unaffektiert. Charlotte wusste selbst nicht, warum sie ihm die Zusammenarbeit so schwer machte. Vermutlich lag es daran, dass ihn jede Polizistin anhimmelte, und so was machte sie nun mal nervös. Die Leute sollten sich auf ihre Arbeit konzentrieren!

»Morgen«, sagte sie heiser und räusperte sich. Bergheim unterbrach sein Gespräch mit dem Kriminaltechniker und wandte sich um.

»Morgen«, erwiderte er und musterte sie kurz. Seine Miene war unergründlich, und Charlotte fragte sich, warum er so blass war. Bestimmt wieder irgendeine Frauengeschichte, dachte sie und nahm ohne ein weiteres Wort die Leitplanke in Angriff.

Die Leiche war über die Planke geworfen worden, etwa fünf

Meter den steilen Abhang zum Feld hinuntergerollt und mit dem rechten Fuß am Ast eines Buchenstammes hängen geblieben. See und Campingplatz waren von hier aus nicht zu sehen. Der Platz war von dichtem Gehölz umgeben. Es gab keine Laternen, und der Lärm der Autobahn verschluckte jedes Geräusch. Kein schlechter Platz, um möglichst schnell eine Leiche loszuwerden.

Charlotte kraxelte den Abhang hinunter und musste aufpassen, dass sie auf dem feuchten Gras nicht ausrutschte. Die Tote trug ein hellgrünes T-Shirt und schwarze Jeans. An ihrem linken Fuß klemmte eine dieser hässlichen, aber bequemen Biosandalen. Die Arme waren ausgebreitet und – Charlotte schluckte, als sie sah, dass die Hände fehlten. Sie hielt sich an dem Buchenstamm fest und beugte sich über die Tote.

Der Schock traf sie völlig unerwartet. Das Gesicht der Toten war nur noch eine breiige Masse. Sie wandte sich abrupt ab und hustete. Bergheim stand oben an der Leitplanke und blickte besorgt auf sie herab. Aber Charlotte hatte sich schon wieder gefangen.

»Herrgott noch mal!«, fluchte sie lauter als nötig. »Warum drehen sie sie nicht gleich durch den Fleischwolf?«

Bergheim antwortete nicht. Was sollte er sagen?

»Ist Wedel schon fertig?«, fragte sie, nachdem sie sich wieder gefangen hatte. Dr. Friedhelm Wedel war der Pathologe, eine Riesenportion Mann, mit einer Größe von fast einem Meter neunzig und einem gewaltigen Bauchumfang. Er trug nur Schwarz, was auf skurrile Weise mit seinem zynischen Humor korrespondierte.

»Er ist drüben beim Wagen«, sagte Bergheim, »hat schon nach dir gefragt.«

Charlotte überließ das Feld ihrem Kollegen und der Kriminaltechnik und kraxelte den Abhang wieder hinauf, um mit dem Pathologen zu sprechen.

»Hallo, junge Frau«, begrüßte sie Wedel, der an der offenen Wagentür stand und seine Hände mit einem Tuch bearbeitete, »geht's Ihnen nicht gut? Sie sehen so blass aus.«

»Ach, hören Sie doch auf. Das ist nicht witzig.«

»Lach ich etwa?«

Charlotte konnte seinem Humor nichts abgewinnen und kam zur Sache.

»Was können Sie schon sagen?«

»Noch nicht viel, Sie kennen mich doch, ich brauch immer ein bisschen länger als Sie's gerne hätten«, sagte er und warf das Tuch auf den Beifahrersitz.

»Sie ist seit etwa fünfzehn bis zwanzig Stunden tot. Zur Todesursache kann ich noch nicht viel sagen. Auf jeden Fall hat sie mehrere Schläge ins Gesicht bekommen, allerdings post mortem. Die Hände sind sauber abgetrennt, ›abgeschlagen‹ trifft es besser. Möglicherweise mit einer Axt oder ähnlichem Werkzeug. Ebenfalls nach ihrem Tod.«

Er klemmte sich hinter das Steuer seines schwarzen Golfs, und der Wagen bekam Schlagseite. »Außerdem hat sie einen Hautausschlag an den Oberarmen und am Hals. Dazu kann ich erst mehr sagen, wenn ich sie auf dem Tisch hab.«

»Das heißt, der Todeszeitpunkt war gestern Nachmittag?«

»In etwa. Aber Sie wissen ja, diese Angaben sind wie immer ohne Gewähr. Spätestens morgen Nachmittag haben Sie den Bericht.«

Noch bevor sie protestieren konnte, klappte er die Tür zu und warf den Motor an.

Charlotte schloss die Augen und seufzte. Ihr war übel. Sie war seit ihrem neunzehnten Lebensjahr bei der Polizei, aber es fiel ihr immer noch schwer, den Anblick verstümmelter Menschen zu ertragen. Sie sehnte sich nach einer Zigarette und einem Kaffee.

Das Rauchen hatte sie vor zwei Jahren aufgegeben – nicht nur Thomas zuliebe. Thomas, dieser Mistkerl.

Charlotte ging langsam zu Bergheim, der – die Hände in den Hosentaschen vergraben – die Arbeit der Spurensicherung beobachtete.

Sie stellte sich neben ihn. Keiner sagte etwas, es war, als wären sie es der Toten schuldig, zumindest einen Moment innezuhalten, bevor sie mit den Ermittlungen begannen.

»Hast du schon mit dem ›Schneckenstecher‹ gesprochen?«, fragte Charlotte.

»Ja«, sagte Bergheim. »Der gehört zu den Campern, hat sich wie jeden Morgen mit seinen Stöcken auf den Weg gemacht und hat sofort Alarm geschlagen. Jetzt sitzt er im Café unten am See und lässt sich bemuttern. Ich hab seine Personalien. Aber wenn du selbst mit ihm reden willst …«

Charlotte schüttelte den Kopf. »War danach noch jemand am Fundort?«

»Nein, ein Streifenwagen aus Laatzen war gerade unterwegs zur Autobahn, als der Notruf kam. Die waren keine zwei Minuten später zur Stelle und haben den Fundort gesichert.«

»Soll noch mal einer sagen, die Polizei wär nie da, wenn man sie braucht«, sagte Charlotte. »Dann wollen wir mal. Ich hoffe, du hast den Wagen hier.«

Bergheim nickte nur und schaute zu, wie der dunkle Plastiksack geschlossen, dann aufgehoben und abtransportiert wurde.

Zwei Minuten später saßen sie in Bergheims metallicgrünem Citroën, den die Kollegen vom Zentralen Kriminaldienst scherzhaft »Zitrone« nannten.

Schweigend fuhren sie über die schmale Autobahnbrücke zur Bundesstraße und bogen dann links ab Richtung Laatzen.

Vor vier Monaten war Bergheim von der Kripo Hildesheim zu ihrem Team versetzt worden. Auf eigenen Wunsch, denn es hatte mit seinem früheren Vorgesetzten Ärger gegeben. Angeblich hatte Bergheim seine Kompetenzen überschritten, aber Charlotte kannte keine Einzelheiten. Wahrscheinlich hatte man sie nicht eingeweiht, um eine gute Zusammenarbeit zu gewährleisten.

Sie hatte damals gerade herausgefunden, dass Thomas sie betrog. Ihr Beruf brachte es mit sich, dass sie selten zu Hause war, und wenn sie da war, fiel sie abends nach dem Essen meist todmüde ins Bett.

An einem dieser trüben Samstage im Februar war sie morgens früh zur Arbeit aufgebrochen, trotz des Fiebers und der unerträglichen Kopfschmerzen. Thomas hatte sie gehen lassen. Damals hatte sie sich nicht darüber gewundert. Er war es schließlich gewohnt, dass Verbrecher auf den Gesundheitszustand der Ermittler keine Rücksicht nahmen. Aber Ostermann, der Leiter der Kriminalfachinspektion 1, zuständig für Tötungsdelikte und vermisste Personen, hatte sie postwendend zurückgeschickt. »Verschwinden Sie bloß! Sie stecken uns noch alle an!«

Kaum eine Stunde nachdem Charlotte die Wohnung verlassen hatte, war sie wieder zurück. Auf dem Weg zum Schlafzimmer hatte sie ihre Jacke und Schuhe ausgezogen und die Bluse aufgeknöpft. Und dann öffnete sie die Schlafzimmertür und sah in zwei verdutzte Augenpaare. Sie erinnerte sich genau, wie Petra, die eine Etage tiefer ein Apartment bewohnte, auf Thomas, dem Mistkerl, saß – an ihren langen Rücken und die schmalen Schultern. Wie sie den Kopf zurückwarf und die schwarzen Locken bis auf ihre Pobacken fielen. An seine schreckgeweiteten Augen, als er – auf seine Ellbogen gestützt – mit offenem Mund an Petras Taille vorbeiguckte und Charlotte in der Tür stehen sah. Sie wusste nicht mehr, wie lange sie so dagestanden hatte. Dann war sie langsam zurückgewichen, hatte Schuhe und Jacke wieder angezogen und war gegangen.

Zwei Tage hatte Charlotte bei ihrer Freundin Miriam im Bett gelegen. Geheult und gehustet und ihn zum Teufel gewünscht. Er hatte ein paarmal versucht, mit ihr zu reden, aber sie hatte ihn abwimmeln lassen. Was wollte er ihr denn sagen? Dass es ihm leidtat? Das half ihr auch nicht mehr weiter, und vielleicht tat's ihm ja auch gar nicht leid. Jedenfalls musste schnell eine Lösung her. So ähnlich hatte Miriam sich ausgedrückt. Die gemeinsame Wohnung war zu teuer für Charlotte, also würde sie ausziehen. Zwei Wochen später hatte sie mit ihrer Freundin und deren Freund Lukas ihre Sachen abgeholt und war in eins dieser Hochhäuser nach Laatzen gezogen.

Eine hässliche Gegend, aber genügend freie Wohnungen zu erschwinglichen Preisen. Eine Menge lediger Mütter wohnte hier und viele alleinstehende Rentner. Das Haus hatte sechs Etagen, sie wohnte in der dritten. Es war eigentlich für ein Sanierungsprojekt der Stadt vorgesehen, aber eine Studentin, die Lukas kannte, hatte ein Stipendium für ein Auslandsstudium in Irland bekommen und Charlotte die Wohnung für den Rest des Mietvertrags überlassen. Es war eine Übergangslösung, denn in zwei Jahren sollte das Haus komplett renoviert werden. Aber das war Charlotte egal. Sie war weg von Thomas und würde sich in aller Ruhe ein kleines Häuschen in den Außenbezirken suchen. Vielleicht in Bemerode. Oder eine dieser gemütlichen Altbauwohnungen in der List.

Bergheim war zwei Jahre jünger als Charlotte, die bereits Hauptkommissarin war, was ihre Beziehung nicht gerade vereinfachte. Aber mindestens ein Jahr mussten sie es schon noch miteinander aushalten. Sie wusste, dass er es mit den Vorschriften nicht immer so genau nahm. Einmal hatte er einem Dealer seine Dienstwaffe an den Kopf gehalten, um die Information zu bekommen, die er wollte. Zum Glück war es dunkel gewesen, und außer Charlotte hatte es keinen Zeugen gegeben. Nur die Tatsache, dass die Waffe nicht geladen war und diese Information einer jungen Frau, die an der Spritze hing, wahrscheinlich das Leben rettete, hatte Charlotte davon abgehalten, den Vorfall zu melden. Er hatte sich ihre Vorwürfe schweigend angehört und sie dann einfach stehen lassen. Wenn sie ehrlich war, bewunderte sie seinen Mut.

Mittlerweile hatten sie den Messeschnellweg erreicht, und Bergheim gab Gas. Charlotte blickte ihn an und konnte seinen Zorn förmlich spüren. Es war bemerkenswert, dass ein erfahrener Ermittler wie er sich emotional so schlecht von solchen Verbrechen distanzieren konnte.

Sie sah auf ihre Uhr. Schon fast zwölf.

»Wollen wir erst was essen?«

Er schüttelte den Kopf. »Mir ist der Appetit vergangen.«

»Okay, dann setz mich an der Markthalle ab. Du kannst dich ja schon mal an den Computer setzen und die Vermisstenanzeigen durchgehen.«

Er nickte. Sie fuhren am Messegelände vorbei und am Seelhorster Kreuz auf den Südschnellweg. Jeder hing seinen Gedanken nach.

»Was, glaubst du, ist da passiert?«, fragte Charlotte. »Eifersucht oder Vergewaltigung oder Raubmord?«

»Kann alles gewesen sein. Die Frage ist nur, warum das Gesicht zertrümmert war und was mit den Händen passiert ist. Sieht mir verdammt danach aus, als wollte jemand verhindern, dass sie identifiziert wird.«

»Entweder das, oder es war der blanke Hass.«

»Möglich.«

»Vielleicht ist ja zahntechnisch noch was zu holen.«

»Kann ich mir nicht vorstellen, so wie das Gesicht zugerichtet war.«

Es war ein sonniger Junitag. Ein Wetter, das eigentlich fröhlich stimmte. Sie fuhren am Maschsee entlang, auf dem sich eine Menge Segelboote tummelten. Jogger, Skater und viele Spaziergänger nutzten das schöne Wetter, um den See im Schatten der Bäume zu umrunden.

»Wann warst du eigentlich das letzte Mal beim Training?«, fragte sie ihn mit schlechtem Gewissen. Sie hatte ihre Fitness in den letzten Wochen vernachlässigt.

»Letzte Woche«, sagte er, »aber ich jogge sowieso jeden Morgen, wenn ich's schaffe.«

»Herzlichen Glückwunsch«, murmelte sie und sah, wie er den Mund verzog. Sie wusste selbst nicht, warum sie so zickig war. Glücklicherweise erreichten sie bald die Markthalle. Er hielt schweigend an und ließ sie raus.

»In einer halben Stunde bin ich da«, sagte sie, als sie ausstieg. Von hier aus konnte sie zu Fuß zum ZKD am Waterlooplatz gehen.

In der Markthalle, dem Bauch von Hannover, herrschte wie immer um die Mittagszeit ein Höllenbetrieb. Sie schlängelte sich durch die Gruppen von Menschen, die an Stehtischen ihren Döner, ihr Hühnchen süßsauer oder eine Portion Sushi verzehrten. Charlotte steuerte ihre Salattheke an, wo es neben exotischen Salaten auch vegetarische Aufläufe gab. Für heute würde ein Salat reichen. Sie hatte gestern bei Miriam eine Riesenportion Lasagne gegessen, und nebenbei hatten die beiden fast zwei Flaschen Valpolicella geleert.

Zum Glück wohnte Miriam noch nicht mit Lukas zusammen. Dann würden ihre regelmäßigen Zusammenkünfte bestimmt nicht mehr so ausgelassen ausfallen.

Sie entschied sich für Couscous-Salat und grüne Bohnen mit Schafskäse. Danach würde sie direkt nebenan beim »Amorosa« noch einen Espresso trinken und sich eine imaginäre Zigarette genehmigen. Sie nickte Kohlsdorf, einem Kollegen aus der KFI 2 zu, der nebenan eine Portion Nürnberger Würstchen mit Kraut vernichtete, und widmete sich ihrem Salat, der ihr nicht wirklich schmecken wollte.

***

Die Obduktion war für zwei Uhr angesetzt. Charlotte musste nicht wirklich dabei sein, aber es war für sie eine Art Desensibilisierung, obwohl ihr dabei jedes Mal speiübel wurde. Dennoch war sie davon überzeugt, dass sie mit der Zeit abstumpfen würde, gegen die Grausamkeiten, gegen das, was Menschen einander antaten. Aber sie musste sich eingestehen, dass ihre Methode bisher nicht besonders erfolgreich war.

Als sie um Viertel nach eins in die Dienststelle kam, saß Bergheim vor seinem Computer.

»In einer Dreiviertelstunde wirst du dir wünschen, vor zwei Stunden etwas gegessen zu haben«, sagte Charlotte und setzte sich an ihren Schreibtisch, der dem seinen gegenüberstand. Sie war froh, dass sie den Papierkram vorerst aufschieben konnte.

»Ich hatte bereits ein Salamibrötchen, vielen Dank auch«, brummte ihr Kollege, ließ sich aber nicht von seinem Bildschirm ablenken.

»Hast du was rausgefunden?«

»Nicht wirklich.«

Er trug ein langärmeliges Shirt und hatte die Ärmel hochgekrempelt. Seine Unterarme waren kräftig und gebräunt. Charlotte beobachtete, wie seine schlanken Finger sachte über die

Tastatur glitten, und stellte sich vor, wie diese Hände eine Frau berührten.

Abrupt stand sie auf.

»Heute Abend sind wir hoffentlich schlauer.«

Es war kurz nach fünf, als Charlotte mit ihrem alten dunkelroten, mit neuem Auspuff veredelten Peugeot in die Tiefgarage ihres Mietshauses einfuhr. Sie hasste Tiefgaragen. Obwohl sie Polizistin war und sich durchaus zu verteidigen wusste, war sie jedes Mal froh, wenn die schwere Eisentür, die in den Hausflur führte, hinter ihr ins Schloss fiel. Besonders, wenn sie, wie heute, an einer nervenaufreibenden und dennoch wenig informativen Obduktion teilgenommen hatte. Wedel hatte kaum mehr zu sagen als am Fundort. Die Frau war nicht älter als dreißig, seit etwa zwanzig Stunden tot, und der Fundort war nicht der Tatort. Außerdem war die Frau nicht vergewaltigt worden. Sie mussten die Informationen aus dem Labor abwarten.

Charlotte beschloss, die Treppe zu nehmen, denn der Fahrstuhl in dem Gebäude gab wenig vertrauenerweckende Geräusche von sich. Obwohl der Hausmeister ihr versichert hatte, er würde regelmäßig gewartet, zog Charlotte es vor, sich ein wenig Bewegung zu verschaffen. Sie kämpfte immer noch mit dem Bild der jungen Frau, nackt auf dem kalten Obduktionstisch, aller Würde beraubt.

Sie nahm immer zwei Stufen auf einmal, und als sie im dritten Stock vor ihrer Wohnungstür stand, war sie ziemlich aus der Puste. Verflixt, dachte sie, du musst öfter trainieren. Sie friemelte noch an ihrem Schlüsselbund herum, als sie ein leises Wimmern hörte. Sie sah sich um und bemerkte, dass die Wohnungstür ihrer Nachbarin nur angelehnt war. Charlotte beschloss, keine weitere schlaflose Nacht zu riskieren, und klopfte an die Tür.

»Hallo, kann ich irgendwie helfen? Sind Sie krank?«

Es kam keine Antwort, und sie klopfte noch mal lauter. Nichts rührte sich. Vielleicht hatte sie sich verhört? Sie stieß die Tür auf. Ein ekelerregender Geruch schlug ihr entgegen.

»Puh«, sagte sie und wedelte mit der Hand vor der Nase, als ob das den Geruch vertreiben könnte. Ohne weiter nachzudenken ging sie durch die Tür, hinter der sie das Wohnzimmer vermutete. Die Wohnung war so wie ihre eigene geschnitten. Im Zimmer waren die Jalousien zugezogen, und es war dunkel. Charlotte machte Licht und stand in einem spärlich möblierten, unordentlichen Wohnzimmer. Es gab einen großen Fernseher, ein verschlissenes Sofa, das wohl auch als Bett diente, und eine Glasvitrine, in der neben ein paar Büchern auch Nippes stand.

»Ist jemand hier?«, fragte sie auf dem Weg zum Fenster. Sie zog die Jalousien hoch, öffnete das Fenster und schnappte nach Luft. Sie erhielt keine Antwort. Merkwürdig, dachte sie und ging über den kleinen Flur ins Schlafzimmer, wo der Geruch ihr fast den Atem nahm. Auch dieser Raum war dunkel, und sie hörte wieder das Wimmern. Nachdem sie das Licht angeknipst hatte, sah sie das Kind in einer Art Reisebett liegen. Das große Bett daneben war unbenutzt, die Decke war zurückgeschlagen.

Wo zum Kuckuck war die Mutter? Charlotte überwand ihren Ekel und hob das Kind aus dem Bett. Es war apathisch, der Schlafanzug war durchnässt und mit Kot verdreckt. Hier stimmte etwas nicht. Anscheinend hatte sich seit Längerem niemand um das Kind gekümmert.

Charlotte lief zur Küche und suchte nach einer Flasche. In der Spüle stand eine benutzte Babyflasche. Sie legte das Kind auf den Boden, nahm die Flasche, spülte sie nicht besonders sorgfältig aus und füllte sie mit Wasser aus der Leitung. Wahrscheinlich mach ich jetzt alles falsch, dachte sie noch, denn sie hatte wenig Erfahrung mit Kindern, wusste nur das bisschen, das sie bei ihrem Neffen mitbekommen hatte. Sie nahm das Kind hoch und benetzte die Lippen mit Wasser, es reagierte nicht. Sie stopfte ihm den Nuckel in den Mund, und langsam begann es zu saugen. Zuerst zaghaft, dann immer kräftiger. Charlotte setzte sich an den Tisch und versuchte, ihr Handy aus ihrer Jackentasche hervorzukramen, während sie das Baby mit der Flasche im Arm jonglierte.

Fünfzehn Minuten später stand ein Notarztwagen vor der Tür,

und eine Beamtin vom Jugendamt war unterwegs. Das Baby lag immer noch in Charlottes Arm. Es schien eingeschlafen zu sein. Der Arzt nahm das Kind und begann es zu untersuchen. »Ist ein bisschen ausgetrocknet, was haben Sie ihm gegeben?«, fragte er.

»Einfach Wasser aus der Leitung.«

Der Arzt nickte nur, und Charlotte ging ins Wohnzimmer, um das Telefon zu suchen. Nach einer Weile fand sie es auf dem Sofa. Sie drückte auf Wahlwiederholung. Irgendwie musste doch rauszukriegen sein, wo die Mutter sich herumtrieb. Charlotte musste sich eingestehen, dass sie wenig über ihre Nachbarin wusste. Wahrscheinlich war sie seit mindestens gestern Abend nicht hier aufgetaucht, wenn man den Zustand des Babys bedachte.

Es läutete ein paarmal, und Charlotte wollte schon wieder auflegen, als sich endlich jemand meldete.

»Brandes«, sagte eine Frauenstimme. Charlotte zögerte. »Spreche ich mit Corinna Brandes?«

»Nein, das ist meine Schwester, ich bin Sabine.« Die Stimme verstummte für einen Moment. »Ist irgendwas nicht in Ordnung? Rufen Sie vom Telefon meiner Schwester aus an? Wer sind Sie?«

»Ich bin die Nachbarin Ihrer Schwester und habe eben einen Notarzt und das Jugendamt benachrichtigt. Es hat sich offensichtlich seit Längerem niemand um das Kind gekümmert.«

»Oh Gott, wie kann sie … Ich komme sofort. Bleiben Sie bitte da. Ich wohne in der List und bin in zwanzig Minuten da.«

»Na klasse«, murmelte Charlotte.

In diesem Moment erschien eine füllige Frau mittleren Alters in der Wohnungstür. »Hallo, Lüttich, mein Name, ich bin vom Jugendamt«, sagte sie. »Haben Sie das Baby gefunden?«

Charlotte nickte. »Kommen Sie rein, der Arzt ist wohl noch mit der Untersuchung beschäftigt, aber Sie können sich ja schon mal umsehen.«

Nach einer Weile erschien der Arzt mit dem Baby auf dem Arm. Frau Lüttich hatte in der Küche bereits ein sauberes

Fläschchen und Baby-Fencheltee gefunden. Sie schraubte den Nuckel auf, nahm das Kind und gab ihm die Flasche. Das Kind umklammerte die Flasche und trank mit weit geöffneten Augen. Charlotte schüttelte den Kopf. Was war das bloß für eine Mutter?

»Es scheint so weit gesund zu sein, abgesehen vom Flüssigkeitsmangel. Ich werde es ins Krankenhaus einweisen und an den Tropf legen. Und … irgendwer sollte es wickeln, wahrscheinlich ist es schon wund.«

Von draußen hörte man, wie jemand die Treppe heraufhastete. Wenig später wurde die Wohnungstür aufgestoßen und eine blonde, schlanke Frau mit kurzem Haar stürmte atemlos in die Diele. Sie trug Sportschuhe, Jeans und ein schwarzes T-Shirt. Für eine Jacke hatte die Zeit wohl nicht gereicht. Sie schaute verwirrt von Charlotte zu Frau Lüttich, die das Kind im Arm hatte.

»Was ist passiert? Wo ist meine Schwester?« Dabei trat sie zu dem Baby, das seiner Tante die Ärmchen entgegenstreckte.

»Das wüssten wir auch gerne«, antwortete Charlotte, noch bevor Frau Lüttich etwas sagen konnte.

»Haben Sie schon im ›Brauhaus Ernst August‹ angerufen? Da kellnert sie«, sagte Sabine.

»Nein, haben Sie die Nummer?«

»Ist gespeichert.«

Charlotte nahm den Hörer und drückte auf den Tasten herum. Endlich hatte sie die Telefonliste und das »Brauhaus Ernst August« gefunden. Während sie telefonierte, sprach Sabine leise auf das Baby ein. »Was hat die Mami sich da wieder gedacht? Und jetzt musst du aber unbedingt gewickelt werden.«

Der Notarzt hatte mittlerweile eine Überweisung geschrieben und drückte sie Frau Lüttich in die Hand, die Sabine schweigend beobachtete.

»Sie kümmern sich darum«, sagte er und wies mit dem Kopf auf die Frau, die mit geübten Griffen das Kind wickelte. »Leider muss ich weiter.« Damit eilte er zur Tür hinaus.

Charlotte hatte mittlerweile herausgefunden, dass Corinna Brandes seit zwei Tagen nicht mehr bei der Arbeit erschienen war und sich damit bei den Kolleginnen ziemlich unbeliebt gemacht hatte. Über den Grund wusste niemand etwas, sie hatte wenig Kontakt zu den anderen Kellnerinnen. Charlotte grübelte.

»Haben Sie sie erreicht?«, fragte Sabine.

»Nein. Sie ist gestern und heute nicht am Arbeitsplatz erschienen.«

Sabine sah zur Seite und schüttelte den Kopf. »Ich verstehe das nicht. Ich dachte, sie hätte diese Woche Tagesschicht.«

»Hat sie wohl auch. Wer betreut das Baby, wenn Ihre Schwester arbeitet?«, fragte Charlotte.

»Wenn sie abends arbeitet, schläft Kevin bei mir, und tagsüber bringt sie ihn zu einer Tagesmutter. Aber meistens arbeitet sie abends.«

»Haben Sie eine Ahnung, wo sie sein könnte?«

»Nein«, sagte Sabine und wiegte das Kind, das immer noch an der Flasche nuckelte.

Frau Lüttich schien ungeduldig zu werden. »Wie dem auch sei, der Arzt hat gesagt, der Junge soll zur Beobachtung ins Krankenhaus …«

Sabine sah die Beamtin bestürzt an. »Aber das ist doch nicht nötig, dem Jungen fehlt doch weiter nichts. Kann ich ihn nicht einfach mit zu mir nach Hause nehmen? Ich hab alles da, was er braucht, er ist ja sowieso die Hälfte der Zeit bei uns.«

»Darüber unterhalten wir uns morgen, aber jetzt müssen wir uns auf den Weg machen. Vielleicht sollten Sie noch ein paar Sachen für den Jungen zusammenpacken. Und wir sollten einen Zettel schreiben, damit die Mutter, falls sie wieder auftaucht, weiß, wo ihr Kind geblieben ist – auch, wenn sie's nicht verdient hat«, fügte sie leise hinzu.

»Hat Ihre Schwester so was schon mal gemacht? Es ist schon merkwürdig, denn die Wohnungstür war nur angelehnt«, sagte Charlotte zu Sabine, die den Jungen ins Bett gelegt hatte und ein paar Sachen zusammensuchte. Sie schaute verstohlen von Charlotte zu Frau Lüttich, der dieser Blick keineswegs entging.

»Nein«, sagte sie, »ist mir unbegreiflich.«

Die drei Frauen verließen die Wohnung und wurden von einem jungen Mann mit großem Hund überrascht, der gerade aus dem Fahrstuhl trat. Frau Lüttich wich erschrocken zurück, und Sabine Brandes, die das Baby trug, stieß ein leises »Oh Gott« aus.

Der Hund zerrte an der Leine und bellte, was in dem kahlen Treppenhaus einen furchtbaren Lärm verursachte.

Der junge Mann, der eher wie ein großer Junge wirkte, starrte die Frauen wortlos an.

»Was ist denn hier los? Wo ist Corinna?«, rief er und versuchte erfolglos, den Hund zu beruhigen. Kevin fing an zu schreien.

»Gar nichts!«, zischte Sabine, schloss hastig die Wohnungstür ab und wollte an dem Mann vorbeigehen, aber der hielt sie am Arm zurück.

»Wo bringst du ihn hin? Corinna hat mir gesagt, ich soll heute Abend auf ihn aufpassen.«

Sabine schüttelte seinen Arm ab. »Das kommt nicht in Frage. Außerdem sind wir auf dem Weg ins Krankenhaus. Kevin soll für eine Nacht zur Beobachtung dortbleiben.«

Während der gesamten Unterhaltung bellte der Hund unverdrossen weiter, und das Kind weinte. Charlotte, die es gewohnt war zu handeln, zog dem Hund mit dem Schlüsselbund eins über das Hinterteil. Das Tier japste erschrocken auf und legte sich hin.

Auch das Kind hörte auf zu schreien. Für den Bruchteil einer Sekunde genossen alle die Stille.

»Was ist denn da oben los?«, rief jemand von unten. Es war der Hausmeister. Niemand klärte ihn auf.

»Wenn Sie Ihren Hund nicht erziehen können, sollten Sie sich keinen anschaffen!«, schnauzte Charlotte, aber der junge Mann schien sie nicht zu hören.

»Was ist mit ihm, wieso soll er ins Krankenhaus?«, fragte er Sabine mit einem Blick auf Kevin.

»Wer sind Sie überhaupt?«, mischte sich jetzt Frau Lüttich ein, die die ganze Situation schweigend beobachtete.

»Ich bin Kevins Vater.«

»Oh«, meinte Frau Lüttich und schaute Sabine an. »Ist das wahr?«

»Ja«, sagte Sabine und ging an dem Jungen vorbei zum Fahrstuhl, »aber er und Corinna sind nicht verheiratet, und er bezahlt auch nichts.« Dabei drückte sie das Baby fester an sich.

Frau Lüttich schien einen Moment zu überlegen. »Wir bringen ihn ins Kinderkrankenhaus auf der Bult, wenn Sie wollen, können Sie sich dort erkundigen. Das Kind muss jetzt in ärztliche Betreuung. Die Formalitäten regeln wir später.« Damit folgte sie Sabine in den Fahrstuhl und nickte Charlotte zu.

Als sich die Fahrstuhltür geschlossen hatte, standen sich Charlotte und der Junge schweigend gegenüber.

»Wie heißen Sie eigentlich?«, fragte Charlotte.

»Was geht Sie das an?«

Charlotte versuchte eine andere Taktik und lächelte. »Haben Sie einen Schlüssel zu der Wohnung? Ich hab mein Handy nämlich drinnen liegen lassen.«

Der Junge schien unschlüssig. Dann nickte er widerwillig und schloss auf.

»Vielen Dank«, sagte Charlotte und schlüpfte durch die Tür. Er folgte ihr mit dem Hund, der jetzt winselte. Sie verschwand entschuldigend im Badezimmer und kam nach ein paar Sekunden mit ihrem Handy in der Hand wieder heraus.

»Na, Gott sei Dank, ist mir das noch eingefallen«, flötete sie.

Er starrte sie mürrisch an. »Was ist hier los? Wo ist Corinna? Und wieso muss Kevin ins Krankenhaus?«

Charlotte antwortete mit einer Gegenfrage. »Wann haben Sie denn mit Corinna gesprochen?«

Er blickte sie misstrauisch an. »Letzten Montag hat sie mich angerufen und gesagt, ich sollte heute Abend auf ihn aufpassen.«

»So, so«, sagte Charlotte. »Ich glaube, dass Ihr Sohn seit mindestens gestern Abend allein ist. Er hat nämlich die halbe Nacht geschrien. Heute bin ich misstrauisch geworden. Die Tür war offen, und ich habe nachgesehen. Das Kind war völlig verdreckt und apathisch, da habe ich den Notarzt gerufen.«

Der Junge – er hatte Pickel am Kinn und einen spärlichen Bartwuchs – sah sie ausdruckslos an. Sie war ihm hier noch nie begegnet.

Charlotte wartete, aber anscheinend hatte ihr Gegenüber keine Fragen mehr, denn es wandte sich ab und spielte mit dem Schlüsselbund. Aber Charlotte tat ihm nicht den Gefallen zu verschwinden.

»Haben Sie eine Ahnung, wo Corinna sein könnte?«, fragte sie stattdessen.

Er zuckte mit den Schultern. »Was weiß ich, bestimmt wieder mit einem ihrer Typen unterwegs.«

»Hat sie das schon öfter gemacht?«

Der Junge wurde ungeduldig. »Was geht Sie das eigentlich an? Und wieso rufen Sie gleich den Notarzt? Hätten Sie nicht noch ein bisschen warten können? Stattdessen haben wir jetzt dieses Theater. Warum gehen Sie nicht einfach heim?«

Charlotte forschte in seinem Gesicht und sah ein, dass sie nichts mehr ausrichten konnte.

Grußlos ging sie an ihm vorbei. Der Hund suchte Schutz hinter den Beinen des Jungen.

Wenig später war Charlotte allein in ihrer Wohnung. Sie ging in die Küche, öffnete eine Schublade und kramte einen kleinen Plastikbeutel hervor. Dann griff sie vorsichtig in ihre Jackentasche und zog ein Bündel Haare heraus, das sie in den Beutel steckte, den sie sorgfältig verschloss. Den Beutel steckte sie in ihre Jackentasche. Dann ließ sie sich müde aufs Sofa fallen und hoffte, dass sie sich irrte und ihre Nachbarin einfach nur eine schlechte Mutter war und bald wieder auftauchen würde.

Allerdings hatte sie das Kind vorher noch nie so ausgiebig schreien hören. Aber wahrscheinlich lag das daran, dass es oft außer Haus war. Entweder bei der Tante oder der Tagesmutter. Sie war der Mutter nur einmal im Fahrstuhl begegnet. Es war schon ziemlich spät gewesen, und das Kind hatte über ihrer Schulter gelegen und geschlafen. Damals hatte Charlotte den Eindruck, die Mutter hatte getrunken. Nicht viel, aber Charlotte hatte es bemerkt, als sie kurz miteinander sprachen. Was hatte sie noch gesagt? Irgendwas über die Wohnung, aber Charlotte konnte sich nicht erinnern. Und der Vater schien nicht wirklich überrascht zu sein, dass das Kind allein gewesen war. Sie sah auf die Uhr. Mittlerweile war es halb acht, und sie hatte noch nicht zu Abend gegessen.

Heute konnte Charlotte nichts mehr tun. Sie stand auf und ging in die Küche, um sich ein schnelles Abendessen zuzubereiten. Sie nahm Bacon und ein Ei aus dem Kühlschrank und stellte die Pfanne auf den Herd. Wenig später zog der Duft von gebratenem Speck durch die Wohnung. Dazu gab es Brot und Bier. Sie setzte sich mit ihrem Teller vor den Fernseher an den Couchtisch. Auf einem der dritten Programme lief ein alter Schinken mit Paul Newman. Als sie aufgegessen hatte, lehnte sie sich zurück und guckte noch eine Weile in die Flimmerkiste. Nach einiger Zeit rieb sie sich den Nacken. Irgendwie stand der Bildschirm anders, sodass sie den Kopf verdrehen musste. Verwundert fragte sie sich, wann sie das Fernsehgerät verschoben hatte.

Sie konnte sich nicht erinnern. Vielleicht, als sie gestern Nacht aufgestanden war, dachte sie und stand auf, um den Fernseher wieder gerade zu rücken. Meine Güte, du weißt nicht mehr, was du tust, du brauchst einfach mehr Schlaf, Kommissarin. Sie brachte das Geschirr in die Küche, spülte ab und ging schlafen.

Freitag, 14. Juni

Noch eine halbe Stunde, dann hatte sie endlich Feierabend. Sie saß an der dritten Kasse des Supermarkts in Altwarmbüchen, und die Kunden standen seit heute Morgen Schlange. Wahrscheinlich fahren die alle in Urlaub, dachte Margit, und schob die Geldschublade zu.

»Guten Tag«, sagte sie zu dem nächsten Kunden, ohne den Kopf zu heben, und griff nach dem ersten Artikel, den sie über das Lesegerät zog. Sie hatte wie immer, wenn sie an der Kasse saß, das Bedürfnis, sich die Hände zu waschen, aber dazu blieb heute einfach keine Zeit. Zum Klo musste sie auch, aber die halbe Stunde würde sie schon noch durchhalten. Ein Blick auf die Uhr, noch achtundzwanzig Minuten. Die Zeiger trödelten, obwohl sie das Gefühl hatte, dass sich bei der Geschwindigkeit an ihrem Laufband die Zeit selbst überholte.

Um halb drei würde sie sich mit Goran treffen. Ihr Herz klopfte bei dem Gedanken. Goran war bestimmt fünf Jahre jünger als sie und sah so gut aus! Er war der Erste, mit dem sie sich seit ihrer Scheidung vor sechs Jahren mehrmals getroffen hatte. Eigentlich wunderte sie sich, dass dieser Mann sich überhaupt mit ihr abgab, denn sie hatte immer mit ihrem Gewicht zu kämpfen. Goran war ein athletischer Mann: groß, dunkel und männlich. Und Geld schien er auch zu haben. Er kleidete sich sehr gut.

Alle fünf Minuten sah sie auf die Uhr, und jedes Mal hatte sie das Gefühl, eine halbe Stunde wäre vergangen.

Kurz nach zwei kam endlich Sonja, ihre Kollegin, um sie abzulösen. Nachdem sie abgerechnet und sich auf der Toilette frisch gemacht hatte, ging Margit zum Haupteingang, wo Goran auf sie warten würde. Draußen war, wie gewöhnlich, viel Betrieb, und vor dem Currywurststand herrschte großer Andrang. Aber Goran konnte sie nirgends entdecken. Sie warf die blonden, vollen Haare zurück und sah auf die Uhr. Zwanzig vor drei. Komisch, das sah ihm gar nicht ähnlich, bisher war er überaus pünktlich und liebenswürdig gewesen. Vielleicht war er schon weg? Unschlüssig ging sie vor den Geschäften auf und ab.

Bis drei würde sie warten, nahm sie sich vor, dann würde sie gehen. Das hatte sie nicht nötig! Sich versetzen zu lassen. Sie war zwar schon über dreißig, doch sie sah immer noch gut aus, ein bisschen üppig vielleicht, aber es gab Männer, die standen darauf. Vor allem auf ihren großen Busen. Sie schaute sich die Auslagen eines Juweliers an, um sich abzulenken. Plötzlich tauchte im Schaufenster hinter ihr ein unbekanntes, lächelndes Gesicht auf.

»Hallo, Margit«, sagte der Mann, und Margit drehte sich um. »Goran schickt mich, ich soll dich abholen.«

Ihr war nicht wohl bei der Sache. Schließlich kannte sie den Typen nicht, hatte ihn nie gesehen. Und er kam einfach daher und sagte, dass er Goran kenne und sie abholen solle. Und sie war auch noch so naiv, ihm zu glauben, einfach mitzugehen und in sein Auto zu steigen. Was war bloß in sie gefahren? Verstohlen blickte sie den Mann von der Seite an. Er hatte sich nicht mal vorgestellt. Sah auch ein bisschen seltsam aus mit diesem dünnen Bärtchen.

»Wir sind gleich da«, sagte der Typ, ohne sie anzublicken.

»Wi… wieso hat Goran denn keine Zeit?«

»Kann er dir selbst erzählen.«

Sie nahmen die A 2 Richtung Westen, fuhren von dort auf die B 6 am Leineufer entlang über den Westschnellweg bis Linden-Nord. Der Typ bog in eine kleine Seitenstraße ein, die sie nicht kannte. Vor einem schlichten, mehrstöckigen Backsteinbau parkte er, stieg aus, ging um den Wagen herum und machte ihr die Tür auf. Sie zögerte, wollte nicht an ihm vorbei, denn er maß sie mit überheblichem Blick. Sie stieg aus und roch dabei sein Rasierwasser. Die Straße war fast menschenleer, nur ein paar Häuser weiter standen zwei Jugendliche an einem Hauseingang und knutschten. Sie schluckte.

»Wo bin ich denn hier überhaupt? Goran wohnt doch hier nicht.«

Ihr Herz fing an zu klopfen, und sie wandte sich zum Gehen, als plötzlich die Tür des Hauses aufging, und Goran sie anlächelte. Margit stieß erleichtert die Luft aus und ging auf ihn zu. Er war groß und kräftig, viel kräftiger als der Typ, der sie abgeholt hatte. Er breitete die Arme aus und sprach mit dieser dunklen, angenehmen Stimme und dem slawischen Akzent.

»Hallo, Margit, da bist du ja endlich. Komm rein.«

»Aber, was machst du denn hier? Wir wollten doch in die City fahren.«

Er legte den Arm um ihre Schulter und schob sie sanft, aber nachdrücklich zur Tür rein.

»Das machen wir schon noch, Schätzchen.«

Er folgte ihr und nickte dem Typen mit dem Schnurrbart kurz zu. Der blickte sich noch mal um, beobachtete ein paar Sekunden lang das Pärchen und verschwand dann im Hauseingang.

***

»Ja, Mama«, sagte Charlotte genervt, »ich sag doch, es geht klar … nein, ich bringe niemanden mit. Wie kommst du darauf? Ja, ich werd's dir auf jeden Fall früh genug sagen.«

Charlotte legte den Hörer hin. Warum waren Mütter bloß so kompliziert, und warum wollten sie alle, dass man heiratete? Als ob das Glück allein von der Ehe abhinge. Sie seufzte und fragte sich gleichzeitig, ob Männer es wohl genauso schwer hatten.

In diesem Moment betrat Bergheim das Büro. Er zog die Lederjacke aus und warf sie über die Stuhllehne.

»Alles in Ordnung?«, fragte er, während er sich auf seinen Stuhl fallen ließ und sie kritisch betrachtete.

Sie hatten den ganzen Morgen damit zugebracht, die Vermisstenanzeigen durchzugehen. Alles, was sie über die Tote wussten, war, dass sie ein Meter neunundsechzig groß, dunkelhaarig und zwischen dreißig und fünfunddreißig Jahre alt war. Das Gebiss war völlig deformiert und hatte keine verwertbaren Informationen liefern können.

Charlotte hatte den Obduktionstermin gestern etwas früher verlassen und sich damit eine Schwäche erlaubt, jedenfalls sah sie selbst das so. Bergheim war bis zum bitteren Ende geblieben, obwohl sie den Eindruck hatte, er wäre ebenfalls am liebsten abgehauen. Nicht, dass ihn die zertrümmerten Körperteile so angeschlagen hätten, nein, er wirkte eher zornig, wütend bis an die Schmerzgrenze.

»Klar«, sagte Charlotte und stand auf. »Was soll denn nicht in Ordnung sein?« Sie griff nach der Warmhaltekanne und goss sich Kaffee ein.

Bergheim antwortete nicht und sah sie nur an.

»Kannst du dir vorstellen, warum er ihr die Hände abhackt und das Gesicht zertrümmert?«

»Er. Du meinst also, es war ein Mann.«

»Allerdings«, sagte Charlotte erstaunt, »du etwa nicht?«

Bergheim zuckte die Achseln. »Passt wahrscheinlich eher zu einem Mann. Aber keine Vergewaltigung und auch sonst keine Anzeichen von sexueller Misshandlung. Also werden wir das Motiv wohl woanders suchen müssen.«

»Vielleicht wollte er's ja und ist irgendwie gestört worden.«

»Dann müsste man doch wenigstens ein paar blaue Flecken sehen können. Kann auch sein, dass sie sich gewehrt hat. Er wollte nicht riskieren, dass wir unter ihren Fingernägeln was finden und seinen genetischen Fingerabdruck haben.«

»Und warum das Gesicht?«, fragte Charlotte.

»Vielleicht hat sie ihn auch gebissen.«

Charlotte schluckte ihren Kaffee hinunter.

»Wäre es dann nicht sinnvoller gewesen, auch den Kopf getrennt zu entsorgen?« Sie zuckte bei dieser Formulierung zusammen und sah, dass Bergheim sie seltsam anblickte.

»Möglich«, sagte er, »wer weiß schon, was in so einem kranken Hirn vorgeht.«

Charlotte stand auf. »Wann kriegen wir die Laborergebnisse?«

»Wedel meint, nicht vor Montag.«

»Das meint er nicht ernst«, sagte Charlotte, »dann habe ich

keinen Grund, die Geburtstagsfeier bei meinen Eltern abzukürzen.«

»Wie ich dich beneide«, sagte Bergheim ganz ohne Ironie.

»Kannst ja mitkommen«, spöttelte sie, »wenn dir Familienfeiern so viel Spaß machen.«

Es blitzte in seinen Augen, sodass sie für einen Moment dachte, er würde tatsächlich mitkommen wollen.

»Würde ich gerne, aber leider habe ich Gäste.«

Charlotte ließ sich ihre Erleichterung nicht anmerken, jedenfalls hoffte sie das.

»Wie schade«, sagte sie. »Ich muss Ostermann Bericht erstatten und Verstärkung anfordern.« Sie nahm einen letzten Schluck Kaffee.

Herbert Ostermann war der Leiter der Kriminalfachinspektion 1 und konnte sehr unangenehm werden, wenn er das Gefühl hatte, von seinen Beamten nicht angemessen über die laufenden Ermittlungen informiert zu werden. Was in diesem Zusammenhang angemessen war, hing wesentlich von seiner Laune ab – und diese wiederum von seinem häuslichen Frieden. War am heimischen Herd Krieg, dann vermittelte Ostermann den Eindruck des einsamen Kämpfers in einem Meer von illoyalen Mitarbeitern, deren Hauptbeschäftigung es war, ihm wichtige Informationen vorzuenthalten.

»Na, dann viel Vergnügen«, sagte Bergheim grinsend. »Ich fahre noch mal zum See. Mal hören, ob bei der Befragung der Camper was rausgekommen ist.«

Zwei Stunden später war Charlotte auf dem Heimweg. Ostermann hatte sich – wie erwartet – darüber beschwert, dass sie ihm noch nicht viel zu berichten hatte. Sie konnte nur Wedels Bericht weitergeben, den er schon kannte, und musste ihn auf die Laborergebnisse vertrösten.

Dann hatte Ostermann ihr Team großzügig um vier Beamte vergrößert. Wiebke Mertens war eine hübsche, einfühlsame Beamtin mit einer Schwäche für Bergheim. Sie war noch unerfahren, aber ehrgeizig und besaß eine schnelle Auffassungsgabe.

Dazu kamen der junge, schlaksige Martin Hohstedt mit einer etwas laxen Arbeitsauffassung, und der fünfzigjährige Manfred Troger, der eine kranke Frau pflegte und immer müde wirkte. Bei Bedarf wurden sie von Stefan Schliemann, einem Kollegen aus der KFI 2, unterstützt. Er war kräftig gebaut und hatte volles dunkles Haar. Schliemann sah gut aus und nutzte diesen Umstand weidlich aus. Die Frauen flogen auf ihn. Mit Ausnahme der Kollegin Mertens, sie schien immun gegen seine wenig subtilen Hinweise auf seine Bereitschaft, sich von ihr erobern zu lassen.

Charlotte trommelte mit den Fingern auf das Lenkrad. Sie konnte nicht abschalten, hatte ständig das Gesicht der Toten vor Augen – oder besser das, was davon übrig war.

Was war das für ein Mensch, der es fertigbrachte, einer Frau so etwas anzutun? Was trieb ihn dazu, ihr Gesicht zu zerstören? Rache? Wofür? Oder einfach Hass? Und hasste er dann nur diese bestimmte Frau oder alle? Ihr fiel Fritz Haarmann ein, der berühmte hannoversche Massenmörder, der irgendwann um neunzehnhundertzwanzig hingerichtet wurde. Der hatte seine Opfer auch zerstückelt.

Aber vielleicht ging sie zu psychologisch an die Sache heran. Vielleicht wollte der Täter wirklich nur, dass das Opfer nicht erkannt wurde. Zumindest nicht sofort. Dann gab es womöglich irgendwo Fingerabdrücke von der Toten. Aber wie sollte ihnen das weiterhelfen? Wo sollten sie suchen, wenn sie nicht mal wussten, ob die Tote überhaupt eine Deutsche war.

Sie fuhr die Hildesheimer Straße entlang, die sehr belebt war. Eine Viertelstunde würde sie noch brauchen bei dem Verkehr. Aber heute machte Charlotte das Schneckentempo nichts aus, obwohl sie sonst eine sehr ungeduldige Fahrerin war. Sie hatte es nicht eilig, nach Hause zu kommen. Es wartete sowieso nur die Autofahrt nach Bielefeld auf sie und ein langweiliger Abend bei ihren Eltern.

Ihre Mutter, die am Samstag ihren zweiundsechzigsten Geburtstag feierte, hatte sie gebeten, doch am Freitagabend noch zu kommen. »… das wäre mir eine große Hilfe«, hatte sie gesagt, »du weißt doch, dass mich das immer ein bisschen nervös macht, wenn so viele Leute kommen.«

Viele Leute, dachte Charlotte, sie, ihre Schwester Andrea mit ihrem Sohn und die fünf Frauen aus dem Rommé-Club ihrer Mutter. Ihre Tante Erika lebte mit ihrer Familie im Rheinland und war zurzeit im Urlaub auf irgendeiner kanarischen Insel.

Wenn ich um sieben losfahre, dachte Charlotte, bin ich um acht da, das sollte reichen. Aber heute ist Freitag, da könnte es knapp werden.

Normalerweise brauchte sie für die ungefähr hundert Kilometer von Hannover nach Bielefeld nur wenig mehr als eine Stunde, aber freitags war auf der A 2 gewöhnlich der Teufel los. Egal, dann kam sie eben später.

Charlotte schloss ihre Wohnung auf, warf die Autoschlüssel auf den kleinen weißen Kommodenschrank, den sie von ihrer Oma geerbt hatte, und ging ins Bad. Eine halbe Stunde später lief sie im Bademantel, einen Becher süßen schwarzen Tee in der Hand, durch die Wohnung, um ein paar Sachen zu packen. Sie würde zwar am Sonntagmorgen zurückfahren, packte aber vorsichtshalber großzügig Ersatzkleidung ein. Am Ende goss ihr Neffe ihr wieder seinen Kakao über die Hose.

Sie musste sich beeilen. Der Verkehrsfunk hatte schon wieder Stau vor Bad Eilsen angesagt. Vielleicht sollte sie die Bundesstraße nehmen, aber der Gedanke, hinter einer Karawane von Lkws, Bussen und Wohnanhängern herzutrödeln, ließ sie diesen Gedanken verwerfen. Dann lieber ein bisschen Stau.

Sie ging ins Bad, um ihren Kulturbeutel zu packen. Als sie nach der Zahnpasta griff, fiel ihr ein Stück Stoff auf, das aus einer der Schubladen hervorlugte. Sie öffnete sie und hielt ein zusammengerolltes Bündel Schmutzwäsche in der Hand. Sie stutzte. Seit wann steckte sie ihre Wäsche in eine Schublade, in der sie sonst ihre Bürsten und Kämme aufbewahrte? Normalerweise warf sie ihre gebrauchte Wäsche einfach vor die Badewanne und nahm sie mit in den Waschkeller, wenn das Häuflein groß genug war oder wenn Besuch kam. Mit gerunzelter Stirn warf sie Slip und BH in die Wanne. Was sind denn das für neue Sitten, Kommissarin. Auch, wenn du wieder Single bist, ist das kein Grund, zur Schlampe zu mutieren.

Wenig später saß sie in ihrem Peugeot und fuhr über den Messeschnellweg auf die A 2, die wegen des starken Lkw- Aufkommens aus Osteuropa nur noch die »Warschauer Allee« genannt wurde. Wie erwartet herrschte starker Wochenendverkehr. Sie legte eine CD von Queen ein und versuchte, für den Abend und den kommenden Tag ihre Arbeit hinter sich zu lassen.

Bergheim hatte versprochen, am Wochenende in Bereitschaft zu bleiben. Mussten seine Gäste eben zeitweise ohne ihn auskommen. Besonders unglücklich schien ihn das nicht zu machen.

Ostermann hatte ihnen vorerst noch drei Beamte aus der KFI 2 ausgeliehen, die an den Computerdateien saßen und sich im »Milieu« umsehen sollten. Auch wenn alles gegen eine Prostituierte sprach, durfte man diese Möglichkeit nicht außer Acht lassen. Es war gut möglich, dass sie aus dem Osten eingeschleust worden war. Und Zuhälter gingen nicht zimperlich mit ihren Huren um, von denen viele an der Nadel hingen.

In diesem Moment wurden ihre Gedanken vom Verkehrsfunk unterbrochen. »… auf der A 2 Hannover Richtung Dortmund zwischen Rehren und Porta Westfalica jetzt fünf Kilometer Stau an der Baustelle …«

»War ja klar«, murrte Charlotte und machte vorsorglich am nächsten Raststätten-WC halt.

Eineinhalb Stunden später – sie hatte das feuchte Weserbergland mit dem obligatorischen Stau hinter sich gelassen – hielt sie endlich vor dem Haus ihrer Eltern in der Bismarckstraße in Bielefeld und parkte hinter dem Opel ihrer Schwester. Ihre Mutter, bewaffnet mit einem Geschirrtuch, öffnete.

»Kind, warum kommst du denn wieder so spät? Wir haben schon alle gegessen …«

»Hallo, allerseits«, unterbrach sie Charlotte, ohne die Frage zu beantworten, und stürmte an ihrer Mutter vorbei Richtung Gästeklo. Den Kaffee an der Raststätte hätte sie sich verkneifen sollen. Nach zwei Minuten – ihre Mutter hatte ununterbrochen von irgendeinem Fleischer geredet, der nicht liefern konnte oder wollte – stand sie vor der Flurgarderobe und zog ihre Jacke aus. In diesem Moment kam ihr Neffe aus dem Esszimmer gerannt und stürmte an seiner Großmutter vorbei. Dabei richtete er eine imaginäre Waffe auf seine Tante.

»Puch, puch, puch, puch!«, feuerte er. »Scheiß Bullen!« Damit polterte er die Treppe hinauf und verschwand im Zimmer seiner Mutter.

»Dein Sohn scheint einen schlechten Umgang zu haben!«, rief Charlotte in Richtung Esszimmer, wo sie ihre Schwester vermutete.

»Aber Kind«, sagte ihre Mutter, »das darf man nicht so ernst nehmen. Er ist doch noch so klein.«

»Klein?«, sagte Charlotte und ging ins Esszimmer, um ihre Schwester Andrea zu begrüßen, die an der Anrichte stand und Geschirr einräumte.

»Er ist doch schon zehn.«

»Noch nicht ganz«, sagte Andrea, »knapp vier Wochen hat er noch.«

Die beiden umarmten sich kurz, und Charlotte ließ sich auf den nächsten Stuhl fallen.

»Eigentlich müsste ich mich bewegen, bin wieder mal im Stau gelandet und hab zwei Stunden lang im Auto rumgesessen.«

»Kind, nun iss doch erst mal was. Wir haben schon Kartoffelsalat fertig, und die Würstchen sind noch warm.«

»Würstchen wären gut und Kartoffelsalat auch. Und ein Bier, wenn eins da ist.«

Andrea schnitt eine Grimasse. »Weißt du eigentlich, was in Würstchen alles drin ist?«

Charlotte hob die Hände. »Verschone mich!«

Aber Andrea schien sie nicht zu hören. »Was ist das überhaupt für eine Mahlzeit. Viel zu viel Fett und überhaupt kein Gemüse ...«

»Wieso? Seit wann sind Kartoffeln kein Gemüse, und saure Gurken sind auch drin, siehst du?« Dabei spießte Charlotte ein

Stück Gurke von dem Teller, den ihre Mutter ihr hinstellte, auf die Gabel und hielt es ihrer Schwester unter die Nase.

»Wahnsinn«, sagte Andrea und rümpfte die Nase, während sie ihre Schwester neidisch beobachtete. Sie selbst hatte immer mit den Pfunden zu kämpfen, dabei aß sie sehr diszipliniert. Charlotte dagegen kümmerte sich überhaupt nicht um ihre Figur, aß wie ein Walross und war schlank wie ein Fohlen.

Andrea fand sowieso, dass der liebe Gott sie sträflich übergangen hatte, als er bei den Schwestern die Schönheit verteilte. Charlotte hatte schon immer eine starke Wirkung auf Männer gehabt, mit ihren stahlblauen Augen, die so aufregend gut zu den kastanienbraunen Haaren passten. Ihr Haar war ungefärbt, und sie trug es schulterlang mit einem Seitenscheitel. Andrea hatte mittelblondes, dünnes Haar, das sie kurz geschnitten trug, weil es für eine Langhaarfrisur einfach nicht üppig genug war.

»Du solltest dir diesen Blick abgewöhnen«, sagte sie grinsend zu Charlotte. »Bei der Augenfarbe kannst du dir kein Stirnrunzeln erlauben. Da kriegen die Kerle ja Angst.«

»Das sollen sie auch«, sagte Charlotte, spülte ihren Teller ab und stellte ihn auf die Ablage. Dann ging sie zu ihrem Vater ins Wohnzimmer und begrüßte ihn mit einem Kuss auf die Wange. Immer wieder wunderte sie sich, wie gut er sich hielt. Er ging regelmäßig ins Fitnesscenter und färbte seine noch vollen Haare braun. Für gewöhnlich guckte er den Freitagabend-Krimi und ließ sich dabei nicht gern stören. Aber heute war das anders.

»Was ist denn das für eine Tote bei euch? Hast du was damit zu tun?«

Charlotte ließ sich neben ihn aufs Sofa fallen und zuckte mit den Schultern. »Wir wissen noch nicht, wer sie ist, aber meine Leute kümmern sich drum.«

Sie nahm einen Schluck Bier aus ihrer Flasche und griff zur Zeitung. Über ihre Fälle redete sie privat nur ungern. Außerdem wollte sie das Bild der Toten wenigstens für ein paar Stunden vergessen. Aber als sie die Zeitung aufschlug, hatte sie unverhofft den Fundort der Leiche wieder vor Augen. Sie verzog den Mund, nahm sich aber trotzdem den Artikel vor. Offenbar hatte sich der Journalist die Mühe gemacht, nach Hannover zu fahren und sämtliche Camper am See zu befragen.

»Ein Camper, der nicht genannt werden will, hält es für wahrscheinlich, dass es sich bei der Toten um eine Prostituierte handelt, die mit ihrem Kleinbus einen Stammplatz in der Nähe des Sees hatte – sehr zum Ärgernis der Bewohner – und seit Tagen nicht mehr dort aufgetaucht ist. Offensichtlich hat die Polizei es versäumt, diese ›öffentliche Prostitution an einem Ort, wo viele Familien mit kleinen Kindern Erholung suchen, zu unterbinden‹, sagte der Camper.«

Charlotte fluchte und warf die Zeitung auf den Tisch.

»Wo ist meine Tasche? Ich brauch mein Handy.«

Sie stürmte zur Garderobe und stieß beinahe mit ihrer Mutter zusammen, die ihrerseits den Hörer am Ohr hatte und mit einer ihrer Rommé-Freundinnen telefonierte. Wütend durchwühlte sie ihre Tasche, dann ihre Jacke und hielt schließlich ihr Handy in der Hand. Sie öffnete die Haustür und ging hinaus. Zeugen konnte sie jetzt nicht gebrauchen. Sie rief Bergheim zu Hause an. Als er abnahm, hörte sie Musik und Gelächter im Hintergrund.

»Haben Mertens oder Troger irgendwas von einer Prostituierten erzählt, die beim See in einem Transporter ihren Stammplatz hat und seit Tagen nicht mehr aufgetaucht ist?«, fragte sie ohne Einleitung.

»Guten Abend, Kommissarin«, kam es gedehnt vom anderen Ende. »Nein, davon hat keiner der beiden was gesagt. Sollten sie?«

»Ihr solltet euch schnellstens noch mal diese Camper vornehmen und rausfinden, was da dran ist.«

»Wo dran? An der verschwundenen Prostituierten? Wie kommst du überhaupt darauf?« Für einen Moment herrschte Stille. »Bist du nicht in Bielefeld?«

»Eben«, sagte Charlotte. »Ich hab's in der Neuen Westfälischen gelesen. Offenbar weiß einer von diesen dämlichen Journalisten hier mehr als wir.«

»Hm, vielleicht solltest du dir erst mal den Journalisten vorknöpfen.«

»Ganz bestimmt nicht! Wir machen uns ja lächerlich! Und
finde raus, wer für diese Panne verantwortlich ist. Der kann was
erleben!«

Charlotte drückte das Gespräch weg, ohne sich zu verab-
schieden. Sie konnte sich nicht erinnern, wann sie das letzte Mal
so wütend gewesen war, und bemerkte erst jetzt, dass sie in ihrem Zorn zu laut geworden war und die Aufmerksamkeit der
Anwohner auf sich gezogen hatte. Die alte Winkmeier von nebenan lehnte im Fenster und schaute neugierig in Charlottes
Richtung, und ihre Familie stand vor der Haustür und hielt besorgt nach ihr Ausschau. Sie riss sich zusammen und ging langsam zurück.

***

Er beobachtete sie. Sie war nicht wie andere Frauen. Sie war …
ruhiger? Er wusste nicht, woran es lag, dass sie ihm gefiel. Sie
hatte wieder geweint. Er konnte sehen, dass sie geweint hatte,
obwohl der Raum dunkel war. Ihre Hände waren blutverkrustet. Sie lag still auf dem Bett. Wahrscheinlich schlief sie. Natürlich, es war ja Nacht, und die Instinkte sagten einem, wann es
Zeit war zu schlafen, auch dann, wenn um einen herum alles
dunkel war. Das hatte er in einer psychologischen Zeitschrift gelesen.

Sie bewegte sich. Sie schien aufzuwachen. Jetzt saß sie da, den
einen Arm aufgestützt, den Kopf geneigt. Sie trug immer noch
dieselben Sachen, natürlich. Es wunderte ihn, dass sie trotz ihrer
Gefangenschaft noch so gepflegt aussah. Einmal hatte er beobachtet, wie sie ihren Schlüpfer auszog und ihn am Waschbecken
wusch. Sie hatte keine Ahnung, dass oberhalb der Tür ein Fenster war, das er von außen verdunkeln konnte. Das konnte sie
nicht sehen, dazu hing die Funzel zu tief, und er hatte dafür ge-
sorgt, dass sie es schön schummrig hatte. Sie fand sich mittlerweile ganz gut zurecht im Dunkeln, fand er.

Was würde sie tun, wenn sie menstruierte? Er erschrak. Darüber hatte er noch nicht nachgedacht. Er musste Vorsorge treffen, sagte er sich. Er konnte nicht zulassen, dass alles … verschmiert wurde.

Vielleicht sollte er ihr einfach ein Paket Binden hinstellen, wenn sie wieder schlief. Ja, das wäre eine Möglichkeit. Andererseits … vielleicht würde es gar nicht so weit kommen. Aber das hatte er noch nicht entschieden.

Er beobachtete sie noch eine Weile. Sie hatte sich wieder hingelegt, zusammengekrümmt wie ein Baby lag sie da. Er lächelte und schob die Holzverkleidung wieder vor die Scheibe.

Samstag, 15. Juni

Der Samstag war lang und anstrengend. Charlotte half ihrer Mutter, so gut sie konnte, die Gäste zu bewirten und deren Fragen über den mysteriösen Mordfall in Hannover abzuschmettern. Dabei wartete sie auf Nachricht von Bergheim, der sich unverschämt viel Zeit ließ. Am Nachmittag gegen vier meldete er sich endlich.

»Da ist tatsächlich was dran«, sagte er. »Rechts in dem Feldweg, keine fünfzig Meter vom Fundort der Leiche entfernt, parkte regelmäßig ein Transporter. Jedenfalls noch vor ein paar Tagen.«

»Und wieso haben unsere Leute das nicht rausgekriegt?«, zischte Charlotte ins Handy und hätte beinahe den Kuchenteller fallen lassen.

»Weil der Typ, der es dem Journalisten gesagt hat, erst vorgestern Abend gekommen ist. Der kommt immer nur zum Wochenende, wohnt sonst in Garbsen. Wir müssen ihn knapp verpasst haben. Und gestern Morgen sind sowieso jede Menge Wochenendcamper angekommen. Früher oder später hätten wir's auch rausgekriegt.«

»Später! Genau«, sagte Charlotte, die sich inzwischen in ihr Mädchenzimmer verzogen hatte.

»Nun mach kein Drama draus. Manchmal hat man eben Pech.«

»Darüber reden wir noch«, sagte Charlotte. »Was ist mit dem Transporter? Kann sich jemand an das Kennzeichen erinnern oder an sonst was?«

»Leider nicht. Die tun hier alle ziemlich spröde und halten sich von ›diesen Kreisen‹ fern. So hat der Typ, der als Erster davon gesprochen hat, sich ausgedrückt. Er will nur gesehen haben, wie sich die Dame sehr leicht bekleidet nach hinten in den Wagen verzogen hat. Dabei schien sie mit jemandem zu sprechen.«

»Und wie sah sie aus? Kann er sie beschreiben?«

»Nein, er hat ihren Kopf kurz von der Seite gesehen und weiß nur, dass sie einen mittelblonden Pferdeschwanz hatte. Und an ihr nacktes Hinterteil kann er sich erinnern.«

»Na klasse«, brummte Charlotte und fuhr zusammen, als ihr Neffe die Tür aufriss und sie aus einer Wasserpistole beschoss.

»Du kleiner Mistkerl!«, rief sie und sprang auf.

Der Junge machte auf dem Absatz kehrt und flitzte die Treppe hinunter.

»Du kriegst mich nicht! Du kriegst mich nicht!«, rief er und verschwand durchs Wohnzimmer auf die Terrasse.

»Ich weiß ja, dass ich nicht dein Lieblingskollege bin, aber Mistkerl …«, kam es vom anderen Ende.

Charlotte atmete schwer. »Ach Quatsch, mein Neffe, dieser kleine Teufel, meint, er müsste sich mit mir anlegen.«

»Brauchst du Hilfe?«

Charlotte ignorierte die Ironie und kehrte die Chefin heraus. »Ich möchte, dass ihr jeden dieser Camper noch mal ausquetscht. Ich will wissen, wer diese Prostituierte ist und wo sie geblieben ist. Und diesmal keine Pannen!«

Sie legte auf und atmete ein paarmal tief ein und aus, um sich zu beruhigen. Dann ging sie zur Terrassentür und beobachtete die kleine Gruppe von Menschen, die sich um zwei zusammengeschobene Tische versammelte. Ihre Mutter hatte die weißen, gestärkten Tischdecken aufgelegt und das gute Kaffeegeschirr hingestellt. Ihr Vater hatte sich eine Schürze umgebunden und versuchte, den Grill anzupusten. Andrea unterhielt sich angeregt mit Hilde Wohlfahrt, der alten Schulfreundin ihrer Mutter.

Andrea war Heilpraktikerin und wurde von den Leuten immer wieder zu Rate gezogen. Und sie behandelte sie großzügig – natürlich unentgeltlich. Deswegen häufte sie auch nicht gerade Reichtümer an. Im Moment saßen die beiden Frauen etwas abseits, Andrea hatte ihren Korb mit homöopathischen Proben auf dem Tisch stehen und befragte ihr Pendel. Charlotte schnitt eine Grimasse und fragte sich, wo der Bengel von ihrem Neffen sich herumtrieb. Wahrscheinlich bei dem Bengel vom Nachbarn. Ob es wohl jemandem auffallen würde, wenn ich gehe, fragte sie sich und beschloss im selben Moment, sich unauffällig aus dem Staub zu machen. Sie ging zu ihrer Mutter, flüsterte ihr etwas ins Ohr und beeilte sich wegzukommen. Aber ihre Mutter sprang auf und folgte ihr.

»Kind, ist das denn wirklich nötig? Warum hast du auch keinen Beruf wie andere Leute, die haben am Wochenende frei …«

Charlotte drehte sich um und seufzte.

»Mama, ich hab einen Mordfall am Hals.«

»Ja, das ist es ja gerade, ich mach mir immer so viel Sorgen um dich. Und wie soll das denn werden, wenn du mal Kinder …«

Charlotte ließ sie den Satz nicht vollenden. Sie blieb stehen und drückte ihr einen Kuss auf die Wange.

»Solltest du dich nicht um deine Gäste kümmern?«

Zwei Stunden später öffnete Charlotte die Tür zu ihrem Büro. Bergheim saß vor dem Computer und hämmerte auf die Tasten ein.

»Fleißig, wie ich sehe«, sagte Charlotte, griff nach der Thermoskanne und schüttelte sie. »Leer, wie üblich.«

Sie stellte die Kanne wieder hin und ließ sich auf ihren Stuhl fallen.

Bergheim tippte immer noch schweigend.

»Also, ich höre«, sagte Charlotte.

Bergheim stieß sich vom Tisch weg und verschränkte die Arme hinter dem Kopf.

»Wir haben mittlerweile drei Männer, die bestätigen, dass dieser Transporter dort gestanden hat.«

»Und kann einer von denen die Frau beschreiben?«

»Nein, haben mich ziemlich empört angeguckt, als ich danach gefragt habe. Sind nämlich alle drei verheiratet.«

»Haben die Kollegen von der KFI 2 irgendwas?«

»Leider auch nicht, die wussten nicht mal was von der Sache.«

»Hm«, meinte Charlotte, »wenn wir davon ausgehen, dass die Kollegen keine Volltrottel sind, wäre es doch möglich, dass der Wagen noch nicht allzu lange da gestanden hat.«

Bergheim nickte. »Nicht länger als zwei oder drei Wochen.

Wenn die Tote wirklich eine Prostituierte war, können wir lange warten, bis sie identifiziert ist, wenn wir das überhaupt hinkriegen.«

Den Sonntag verbrachte Charlotte allein in ihrem Büro, wo sie die bisher vorliegenden Berichte über die Befragungen der Camper durchging. Aber das brachte sie nicht wirklich weiter. Bergheim hatte sich telefonisch abgemeldet. Dringende Verpflichtungen, oder so ähnlich hatte er sich ausgedrückt. Charlotte konnte sich lebhaft vorstellen, wie diese Verpflichtungen aussahen. Sie war fest davon überzeugt, dass er eine seiner zahlreichen weiblichen Fans erhört hatte.

Kurz nach sechs beschloss sie, diesen unbefriedigenden Bürosonntag zu beenden, und fuhr nach Hause. Wenigstens hatte Wedel auch Überstunden geschoben. Er hatte sie kurz vor fünf angerufen und seinen Bericht für Montag vierzehn Uhr angekündigt. Ein paar Tests müsse er bei diesem seltsamen Fall schon noch machen. Warum der Fall so seltsam sei, wollte er partout nicht verraten. Es blieb ihr nichts anderes übrig, als heimzufahren und auf Wedels Bericht zu warten.

Montag, 17. Juni

Am Montagmorgen hingen dunkle Wolken am Himmel, und das entsprach genau Charlottes Stimmung. Sie saß bereits mit einem Becher Kaffee, den sie selbst gekocht hatte und der etwas zu stark geraten war, an ihrem Schreibtisch, als Bergheim das Büro betrat.

»Morgen, Kommissarin«, sagte er ohne sie anzusehen und warf im Hinsetzen seinen Computer an.

Charlotte blickte ebenfalls nicht auf und wollte seinen Gruß brummend erwidern, als es klopfte und Wiebke Mertens die Tür öffnete, ohne ein Herein abzuwarten.

»Ich finde, ihr solltet euch anhören, was die beiden Herrschaften an meinem Schreibtisch zu sagen haben«, sagte sie. »Sie haben seit zwei Wochen nichts von ihrer Tochter gehört.« Dabei sah sie Bergheim an, was Charlottes Laune nicht gerade hob.

»Na was?«, sagte Charlotte schärfer als beabsichtigt, »nun lass die beiden reinkommen.«

Bergheim betrachtete Charlotte mit einem merkwürdigen Blick.

Mertens ließ das ältere Paar herein und schloss die Tür von außen. Die Frau trug eine schwarze, etwas zu kurze Hose und eine beige Jacke, er einen grau karierten Anzug. Die beiden waren mittelgroß, sehr schlank und wirkten zerbrechlich. Charlotte schätzte sie auf Anfang bis Mitte sechzig.

Bergheim stand auf, zog einen Stuhl vom Fenster heran und bot den beiden an, Platz zu nehmen. Er selbst lehnte sich hinter Charlotte an den Aktenschrank und überließ es ihr, das Gespräch zu eröffnen

»Also, Herr und Frau Broker, Sie vermissen Ihre Tochter?«

»Ja«, sagte die Frau, und Charlotte sah, wie ihre Hände zitternd die Handtasche kneteten. »Wir haben seit zwei Wochen nichts mehr von ihr gehört.«

»Seit zwei Wochen?«, wiederholte Charlotte. Sie lehnte sich

zurück und beschloss, die beiden auf ihre Weise erzählen zu lassen.

»Ja«, sagte wieder die Frau, während ihr Mann mit kummervollem Gesicht schweigend nickte. »Wissen Sie, sonst telefonieren wir bestimmt zwei- oder dreimal in der Woche miteinander, aber jetzt …«

»Und Sie sind sicher, dass Ihre Tochter nicht plötzlich Urlaub machen wollte oder so?«

»Nein, so ist Elli nicht, das hätte sie uns doch gesagt … und außerdem nehmen wir doch immer Dandy zu uns.«

»Wer ist Dandy?«, fragte Charlotte, die langsam ungeduldig wurde.

»Dandy ist ihr Hund, ein Mischling.« Ein Lächeln glitt über das Gesicht der alten Frau. »Das war bisher immer so. Und … wir kommen ja nicht von hier. Wir wohnen eigentlich in Aurich, aber Elli ist nach Hannover gekommen, weil sie hier Arbeit bei einer Versicherung gefunden hat. Wirklich eine gute Arbeit. Wir waren so glücklich und hatten so gehofft, dass jetzt alles gut wird.«

»Wie meinen Sie das?«

»Na ja, sie hat gerade die Scheidung von diesem schrecklichen Mann hinter sich, der sie geschlagen hat, und wir sind so froh, dass sie aus der Stadt rausgekommen ist.

»Wo wohnt Ihre Tochter?«, fragte Bergheim jetzt.

Die Frau öffnete ihre Handtasche und fummelte unbeholfen darin herum, bis sie einen Zettel hervorkramte, den sie Charlotte hinschob. Der Mann sagte immer noch nichts.

»Pettenkoferstraße 26«, sagte Charlotte, »das ist in Laatzen, gar nicht weit von meiner Wohnung entfernt. Und Sie waren dort, und sie war nicht da?«

»Nein«, sagte die Frau, »sie hat die Tür nicht aufgemacht, und der Hund hat auch nicht gebellt. Wir haben aber gesehen, dass Licht brennt, und haben uns dann eine halbe Stunde auf die Treppe gesetzt, bis meinem Mann schlecht wurde.« Sie legte ihm die Hand aufs Bein. »Wissen Sie, er ist herzkrank, und diese Aufregung ist gar nichts für ihn.«

Der Mann sah Charlotte aus grauen, müden Augen an und nickte nur.

»Und dann sind wir wieder zum Fahrstuhl, und als wir unten ankommen, steht ein Mann bei den Briefkästen und beschwert sich, dass die Leute nicht dafür sorgen, dass die Werbung aus den Briefkästen rauskommt. Und als wir an ihm vorbeigehen, sehen wir, dass er Ellis Briefkasten meint. Und wissen Sie, das ist gar nicht ihre Art. Sie ist sehr ordentlich, und dass sie uns nicht anruft, ist noch nie vorgekommen.« Ihre Stimme begann zu zittern. »Wir machen uns solche Sorgen, und einen Schlüssel haben wir auch nicht, und wir wissen auch gar nicht, wo wir jetzt hinsollen. Wir haben eine Fahrkarte für übermorgen.«

Sie schluchzte.

Charlotte legt die Hand auf den Arm der Frau. »Frau Broker, wäre es Ihnen recht, jetzt mit uns zur Wohnung Ihrer Tochter zu fahren?«

Frau Broker nickte heftig, als ob sie genau auf dieses Angebot gehofft hätte.

»Wenn es Ihrem Mann zu viel wird, kann er gern so lange in der Kantine warten oder sich etwas hinlegen. Wir haben hier einen Ruheraum.«

Charlotte sah Herrn Broker fragend an. Der schüttelte den Kopf und sprach zum ersten Mal.

»Nein, nein, das wäre viel schlimmer als mitzufahren.«

Seine Stimme war leise und kraftlos. Hoffentlich hält er durch, dachte Charlotte auf dem Weg zu Bergheims Wagen.

Zwanzig Minuten später standen sie vor Elli Brokers Wohnungstür. »Ihre Tochter hat noch ihren Mädchennamen?«, fragte Charlotte.

Frau Broker nickte. »Ja, sie hat ihn nach der Scheidung von diesem Kerl wieder angenommen.«

Charlotte nickte, während Bergheim mehrmals die Klingel betätigte und an die Tür klopfte.

»Frau Broker? Sind Sie da? Ihre Eltern möchten Sie besuchen.«

Nichts rührte sich.

Dann ging die Tür der Nachbarwohnung auf, und eine junge

Frau in Sweatshirt und Jogginghose mit einem Brötchen in der Hand trat heraus.

»Wenn Sie Elli suchen, die ist nicht da«, sagte sie kauend. »Ich bin vorgestern aus Berlin zurück, und gestern wollten wir zusammen Essen gehen, aber sie ist nicht da. Jedenfalls ist ihr Auto nicht auf ihrem Parkplatz, und sie hat auch keinen Zettel hingelegt.«

»Wie lange waren Sie weg?«, fragte Charlotte.

»Oh, fast sechs Wochen, hab da ein Praktikum gemacht.«

»Und wann haben Sie mit ihr gesprochen?«

»Warten Sie mal, das ist schon eine Weile her.« Die Frau legte den Finger an den Mund, wie ein Kind, das dem Lehrer die richtige Antwort geben will. »Bestimmt schon zwei Wochen. Ich hab dann vor ein paar Tagen noch mal versucht, sie zu erreichen und zu fragen, ob es bei dem Essen bleibt. Hat aber keiner abgenommen.«

»Haben Sie einen Schlüssel zu Frau Brokers Wohnung … Frau Bottmer?«, fragte Bergheim nach einem Blick auf das Türschild.

»Aber ja«, strahlte die Frau und zog verlegen ihr verwaschenes graues Sweatshirt glatt.

»Könnten Sie uns aufschließen, das sind Herr und Frau Broker, die Eltern Ihrer Nachbarin. Sie machen sich Sorgen um ihre Tochter.«

»Äh«, die Frau schien zu zögern, sodass Bergheim ihr seinen Dienstausweis unter die Nase hielt.

Sie schluckte, und ihre Augen wurden groß. »Ist Elli was passiert?«

»Das versuchen wir herauszufinden.« Bergheim begann, die Geduld zu verlieren.

»Na, dann werd ich Ihnen mal den Schlüssel holen.«

Wenige Sekunden später schloss Bergheim die Tür zu Elli Brokers Wohnung auf. Er brauchte nicht mal umzudrehen, die Tür war nur flüchtig ins Schloss geworfen worden.

Bergheim ging als Erster hinein und machte Licht. Charlotte folgte. Frau Bottmer stand unschlüssig in der Tür.

»Elli hat übrigens auch den Schlüssel zu meiner Wohnung«, sagte sie. Bergheim ging zu ihr, nahm ihren Arm und führte sie in den Flur. »Würden Sie bitte in Ihrer Wohnung warten. Wir haben später vielleicht noch ein paar Fragen an Sie.«

»Kann ich dann meinen Schlüssel wiederhaben, wenn sie sowieso nicht da ist? Er hat so einen kleinen Ballonanhänger.«

»Natürlich«, nickte Bergheim und ließ die junge Frau stehen. Die Diele war klein und dunkel. An der Wand hing ein wunderschön gerahmter Spiegel, der fast bis zum Boden reichte. Charlotte erschrak vor ihrem eigenen Spiegelbild. Links neben dem Spiegel stand ein schmiedeeisernes Regal mit einem Körbchen, in dem die Bewohnerin ihre Schlüssel aufbewahrte. Der Haustür- und der Wagenschlüssel waren nicht dabei.

»Sie hat so einen kleinen Plüschanhänger am Schlüsselbund«, sagte Frau Broker und öffnete ein weißes Schränkchen, das an der Wand neben der Garderobe hing. »Der Zweitschlüssel ist hier«, sagte sie und nahm ihn heraus.

Auch der Schlüssel zur Nachbarwohnung hing dort. Bergheim nahm ihn an sich.

Vom Flur gingen drei Türen ab. Bergheim öffnete die erste Tür, sie führte in die Küche.

»Hallo«, sagte er, »Frau Broker, sind Sie da?«

Auf dem kleinen Tisch stand eine halb gefüllte Tasse mit Kaffee, daneben eine geöffnete Packung Diätmargarine und ein gebrauchtes Messer. Sonst war die Küche aufgeräumt. Sie war klein, nur so breit, dass Kühlschrank, Herd, Spüle und ein schmaler Küchenschrank hineinpassten. Am Tisch hatten nur zwei Stühle Platz.

Charlotte ging in das angrenzende Zimmer. Es war ein großer, gemütlicher Raum mit einer hellen Polstergarnitur und einem Glastisch. Es gab eine Vitrine für Gläser und Geschirr und ein großes Regal aus Kiefernholz. Das Sofa war ein modernes Klappsofa, das zu einem Bett umfunktioniert werden konnte. Neben dem Fernseher stand eine alte Truhe aus dunkler Eiche und bildete einen interessanten Kontrast zu den sonst hellen, modernen Möbeln. Bestimmt für die Bettwäsche, dachte Charlotte und ließ langsam den Blick durch den Raum schweifen. Eins der Fenster war gekippt. Es gab keine Vorhänge, aber üppige Grünpflanzen zierten das Fenster. Am Geländer des kleinen Balkons, auf dem gerade genug Platz war für einen Küchenstuhl und einen Bistrotisch, hing ein Blumenkasten mit verwelkten weißen und roten Geranien.

Herr und Frau Broker waren suchend durch die Wohnung gelaufen und standen nun mit verzweifelten Gesichtern im Raum. Bergheim kam herein und schüttelte den Kopf.

»Irgendwas im Badezimmer?«, fragte sie.

»Nein, alles normal.«

Charlotte sah sich nach dem Telefon um. Der Hörer stand in der Basisstation auf einem Ecktisch neben dem Sofa. Sie nahm den Hörer mit einem Taschentuch und suchte im Menü nach dem Anrufbeantworter. Aber auf dem waren nur die Anrufe der Eltern gespeichert, mit der dringenden Bitte, sie doch endlich anzurufen. Als Charlotte auf die Wahlwiederholung drückte, ließ sie es ein paarmal klingeln, aber es nahm niemand ab. Sie hielt Frau Broker den Hörer mit dem Display hin.

»Ist das Ihre Nummer?«, fragte sie. Frau Broker nickte.

»Mein Gott, wo kann sie denn sein?«, jammerte sie, und ihr Mann ließ sich schwerfällig auf das Sofa nieder.

Charlotte sah sich suchend um. »Sagten Sie nicht, sie hätte einen Hund?«

»Ja.« Frau Broker nickte eifrig und stand auf. »Wo hat sie denn den Hundekorb? Der stand sonst immer in der Diele.« Sie ging hinaus und kam kopfschüttelnd zurück. »Da ist er nicht«, sagte sie und legte die Hand vor den Mund.

Charlotte sah, dass die Frau nahe daran war, die Fassung zu verlieren.

»Hat sie keine Waschmaschine?«, fragte Bergheim, und Charlotte sah ihn fragend an.

»Steht keine im Bad?« Er verneinte.

»Nein«, sagte Frau Broker, »es gibt unten einen Waschkeller mit Trockenraum.«

»Okay«, sagte Charlotte, »wir sehen mal nach. Sie bleiben am besten bei Ihrem Mann und fassen nach Möglichkeit nichts an. Vielleicht müssen wir Fingerabdrücke nehmen.«

»Oh, aber warum denn?«, schluchzte Frau Broker jetzt. »Was glauben Sie denn, was passiert ist?«

»Noch gar nichts, Frau Broker, beruhigen Sie sich. Das ist eine reine Vorsichtsmaßnahme.«

Charlotte ging in die Küche, öffnete behutsam mit dem Taschentuch den Küchenschrank und brachte den beiden alten Leuten ein Glas Wasser.

»Hier, setzen Sie sich und trinken Sie das erst mal. Ihr Mann sieht gar nicht gut aus. Sind Sie sicher, dass Sie keinen Arzt brauchen?«

»Nein, ich will keinen Arzt. Ich will meine Tochter.« Brokers Stimme zitterte ebenso wie seine Hand, die dankbar das Glas in Empfang nahm.

Charlotte ließ die beiden allein und folgte Bergheim nach unten. Der Waschkeller war nicht schwer zu finden, denn das surrende Geräusch von Trockner und Waschmaschine war nicht zu überhören. Der Raum war warm, und es roch nach blumigem Weichspüler. An der Wand über der Waschmaschine hing ein Plan, in den sich die Mieter eintrugen. Der Name »Broker« tauchte vor fast zwei Wochen das letzte Mal auf. In einer Ecke lehnte ein geflochtener Hundekorb an der Wand, und eine Hundedecke hing über der Leine. Neben der Waschmaschine stand ein Korb mit Wäsche, die muffig roch. Anscheinend hatte sie jemand aus der Waschmaschine geholt und nicht getrocknet.

Charlotte zog ein übel riechendes, verknülltes Nachthemd ganz unten aus dem Wäschehaufen und nahm es mit in die Wohnung, wo Herr und Frau Broker schweigend auf dem Sofa warteten.

»Gehört das Ihrer Tochter?«, fragte Charlotte und hielt Frau Broker das Nachthemd hin. Die nahm es in beide Hände und nickte.

»Ja, das gehört Elli. Hat sie das gewaschen?«

Ein Hoffnungsschimmer huschte über ihre faltigen Züge, und

Charlotte wandte sich ab. Wie sollte sie den beiden beibringen, dass sie die Wohnung für die Spurensicherung verlassen mussten?

»Frau Broker«, sagte sie sanft, »wir bringen Sie jetzt beide in ein Hotel, damit Sie sich ausruhen können.«

»Hotel? Warum denn ein Hotel?«, fragte Frau Broker. »Wir können doch auch erst mal hierbleiben, bis sie wiederkommt.«

»Frau Broker, es ist möglich, dass Ihrer Tochter etwas zugestoßen ist. Es gibt Anzeichen dafür, dass sie nicht freiwillig so lange wegbleibt.«

»Anzeichen? Was denn für Anzeichen? Vielleicht ist sie ja doch nur mal weggefahren …«

Die Frau glaubte selbst nicht an das, was sie sagte, und ließ ihren Tränen freien Lauf. Herr Broker schien plötzlich seine Fassung wiedergewonnen zu haben und legte den Arm um seine Frau.

»Komm, Kathi, wir wollen den Polizisten das überlassen. Die wissen schon, was sie tun.«

Bergheim, der inzwischen die Spurensicherung angefordert hatte, kam herein und führte die Frau hinaus, während Charlotte sich um den Mann kümmerte. Als beide im Auto saßen, rief Charlotte die Beamtin Mertens an und bat sie, das Gepäck der Brokers zum Hotel Haase nach Laatzen zu bringen.

Frau Bottmer schien auf sie gewartet zu haben, denn es vergingen keine zwei Sekunden nach dem Klingeln, bis sie öffnete. Sie hatte sich umgezogen, trug jetzt eine gewagte Hüftjeans und ein kurzes Shirt, das von ihrem ausladenden Bauch nichts und von ihrem üppigen Busen wenig verdeckte.

Bergheim reichte ihr den Schlüssel. »Dürfen wir einen Moment hereinkommen?«

»Natürlich«, lächelte sie. »Möchten Sie was trinken? Kaffee oder Wasser?«

»Nein danke, wir sind in Eile«, sagte Charlotte, bevor Bergheim antworten konnte.

»Kommen Sie rein.« Frau Bottmer führte sie ins Wohnzimmer, wo sie auf knirschenden Korbsesseln Platz nahmen.

»Wie lange kennen Sie Frau Broker schon?«, fragte Charlotte.
»Nicht lange. Eigentlich nur vier Wochen, aber wir haben uns auf Anhieb verstanden.«

»Heißt das, Sie wohnen erst seit zehn Wochen hier, von denen Sie die letzten sechs in Berlin verbracht haben?«

»Ja, das mit dem Praktikum hat sich ganz plötzlich ergeben. Ich möchte nämlich unbedingt zum Rundfunk ...«

»Wissen Sie, ob Frau Broker Besuch bekam oder wer ihre Bekannten sind?«, unterbrach sie Charlotte.

»Nein, soviel ich weiß, kannte sie hier keine Menschenseele, genau wie ich, deswegen haben wir uns auch gleich angefreundet.«

»Sie hat also nie Besuch bekommen oder davon gesprochen, dass sie jemanden kennengelernt hätte?«

Frau Bottmer schüttelte den Kopf. »Nein, ich hab jedenfalls keinen hier gesehen, und gesagt hat sie auch nichts. Von Männern hatte sie, glaub ich, die Nase voll. ›Ich hab ja meinen Dandy‹, hat sie immer gesagt. Das ist ihr Hund.«

Bergheim und Charlotte erhoben sich.

»Wenn Ihnen noch was einfällt, oder falls Frau Broker wieder auftaucht, dann melden Sie sich doch bitte.« Bergheim überreichte ihr seine Karte.

»Aber natürlich! Sie können sich auf mich verlassen«, beteuerte Frau Bottmer, legte den Kopf schräg und lächelte Bergheim an.

»Also dann«, sagte Charlotte und ging zur Tür.

Von der Pettenkoferstraße zum Institut für Rechtsmedizin in der Medizinischen Hochschule Hannover waren es etwas mehr als zehn Kilometer. Bergheim fuhr schweigsam am Messegelände vorbei und bog an der Expo-Plaza links ab in die Weltausstellungsallee.

»Was denkst du?«, fragte Charlotte. »Ist sie tot?«

»Ja. Oder sie wird irgendwo festgehalten.«

Charlotte nickte. »Glaube ich auch. Aber es gibt keine Kampfspuren in ihrer Wohnung. Und wo ist ihr Auto?«

Bergheim zuckte mit den Schultern. »Wenn sie einen Unfall hatte, wären die Eltern doch benachrichtigt worden. Es sei denn, sie ist mitsamt dem Wagen im Maschsee versunken oder sonst wohin gefahren.«

»Eben, vielleicht ist sie doch nur einfach abgehauen.«

»Und vorher wirft sie noch eine Ladung Wäsche in die Maschine?«, sagte Bergheim zweifelnd. »Und warum meldet sie sich nicht bei ihren Eltern? Außerdem passt sie vom Alter her zu unserer Toten.«

»Ja«, sagte Charlotte und zog das Foto, das sie aus einem Rahmen im Wohnzimmerregal genommen hatte, aus ihrer Jackentasche.

Eine blasse Frau mit dunklen Augen, einem schmalen Gesicht und braunen Haaren blickte sie ernst an. »Die Haare sind etwas kürzer, aber das Foto ist schon zwei Jahre alt.«

Charlotte betrachtete schweigend das Foto. Welches Geheimnis umgab diese Frau? Was war ihr widerfahren?

Sie fuhren durch Kirchrode am Tiergarten vorbei und bogen rechts in die Karl-Wiechert-Allee ein. Von hier aus waren es nur noch wenige Hundert Meter bis zur MHH.

Natürlich kamen sie viel zu spät zu ihrem Termin mit Wedel, was diesen aber nicht zu stören schien. Er saß an seinem Schreibtisch, tief in irgendwelche Unterlagen versunken. Er nahm erst von den beiden Polizisten Notiz, als sie bereits vor ihm saßen und Charlotte sich ungeduldig räusperte.

»Tja, Herrschaften«, sagte er und klappte den Aktendeckel zu. Er benahm sich, als hätte er das Rätsel um Jack the Ripper gelöst.

»Eure Tote ist nicht vergewaltigt worden, und gestorben ist sie an Kreislaufversagen infolge eines hypoglykämischen Schocks.«

Bergheim und Charlotte sahen sich an.

»Was Sie nicht sagen«, meinte Charlotte sarkastisch. »Dann ist ja alles klar.«

Wedel grinste. »Die Hypoglykämie – ein zu geringer Blutzuckerspiegel – wurde durch eine Überdosis Insulin verursacht. Wir haben im Gewebe um zwei Einstiche am Oberarm noch größere Mengen Insulin gefunden. Warum allerdings der Schädel zertrümmert wurde und warum die Hände fehlen, kann ich nicht beantworten. Ich denke, man wollte eine Identifizierung verhindern, was ja wohl bislang auch gelungen ist.«

»Wieso denn Insulin? War sie vielleicht Diabetikerin?«

»Unwahrscheinlich, die Gefäße werden bei zu hohem Blutzucker schnell beschädigt, aber die waren völlig in Ordnung. Außerdem injizieren Diabetiker täglich, manchmal mehrmals, Insulin in die Bauchdecke, und ich habe nur diese Einstiche an ihrem hinteren rechten Oberarm gefunden, was auch für eine Linkshänderin ziemlich schwer zu bewerkstelligen wäre. Nein, eher ist der Täter Diabetiker oder kennt einen. Irgendwie muss man schließlich an das Zeug rankommen. Insulin ist verschreibungspflichtig. Ihr seht ja, was man damit anstellen kann.«

»Vielleicht hat sie Tropfen oder Pillen genommen«, sagte Charlotte und erntete einen mitleidigen Blick.

»Wenn das so einfach wäre. Insulin ist ein Eiweiß und wird einfach verdaut, wenn Sie's schlucken. Man muss es subkutan spritzen, unter die Haut.«

»Egal wo?«

»Da, wo's am bequemsten ist und am wenigsten wehtut.«

»Oh«, sagte Charlotte. »Gibt's sonst irgendwas, das uns weiterhelfen könnte? Was glauben Sie, womit der Kopf zertrümmert wurde?«

Wedel schlug noch mal den Aktendeckel auf und blätterte in den Papieren.

»Die Form der Verletzungen lässt auf ein Rohr oder einen dicken Stock schließen. Wenn Sie mich fragen, dann würde ich am ehesten auf ein Nudelholz tippen. Von der Form her zumindest. Allerdings sind Nudelhölzer ja wohl meistens aus Holz – wie der Name schon sagt«, Wedel grinste in sich hinein, was Charlotte unpassend fand, »und wir haben keine Spur von einem Holzsplitter oder Ähnlichem gefunden. Vielleicht war's auch eine Flasche, aber die wäre bei der Wucht der Schläge zerbrochen und hätte dementsprechend Splitterspuren hinterlassen. Und die Hände wurden sauber abgetrennt, man könnte fast sagen ›abgehackt‹.

Vielleicht mit so einem Beil, wie Metzger es benutzen, wenn sie Kotelettscheiben trennen.« Er blickte in seine Akten, nickte und schob sie Charlotte hin. »Hier steht's. Ist ein ausführlicher Bericht.«

»Und was haben Sie über diese Hauterscheinungen rausgefunden?«, wollte Charlotte wissen.

»Ach ja, scheint eine allergische Reaktion zu sein. Ich konnte es nur an den Oberarmen finden, wo sie auch Hämatome hatte, und am Hals. Am übrigen Körper gab's keine Auffälligkeiten. Vielleicht eine Kontaktallergie, und jemand, der sie ziemlich hart angefasst hat, hatte das Allergen an den Händen.«

Er stand auf. »Am besten, Sie lesen sich alles in Ruhe durch, und wenn Sie noch Fragen haben, Sie wissen, wo Sie mich finden.« Er tippte sich an den Kopf, wuchtete seinen schweren Leib hinter dem Tisch hervor und rumpelte hinaus.

Wedels Art, die Leute einfach sich selbst zu überlassen, verblüffte Charlotte immer wieder. Hastig stand sie auf und eilte dem Rechtsmediziner hinterher, um ihm das Beutelchen mit Corinna Brandes' Haaren in die Hand zu drücken, was sie beinahe vergessen hätte.

Bergheim griff nach dem Bericht und machte sich auf den Weg zum Auto.

Dienstag, 18. Juni

Charlotte sah aus dem Fenster. Es hatte in der Nacht angefangen zu regnen und schien überhaupt nicht mehr aufhören zu wollen. Das Wetter passte mal wieder zu ihrer Stimmung, aber vielleicht war es ja auch der Grund dafür. Hinter ihr öffnete und schloss jemand die Bürotür.

»Ich hab eben mit Schramm aus dem Labor gesprochen«, sagte sie zu Bergheim, der eingetreten war. »Er hat das genetische Material aus Elli Brokers Wohnung ausgewertet. Sie ist die Tote vom Birkensee.«

»Ja«, sagte Bergheim, »ich hab ihn angerufen.« Als Charlotte weiter schwieg, räusperte er sich. »Willst du es ihnen sagen?«

Sie nickte. »Muss ich ja wohl.«

»Ich kann das übernehmen, aber eine Frau ...«

»Ach komm, hör schon auf«, sagte Charlotte.

Das »Hotel Haase«, ein helles, freundliches Haus, lag in Grasdorf, dem alten, ländlichen Ortsteil von Laatzen abseits der Hochhauskomplexe.

Charlotte und Bergheim stiegen die Treppe hinauf in den ersten Stock.

Die beiden Brokers schienen um Jahre gealtert. Die Frau hatte ihnen geöffnet, und als sie Charlottes Gesicht sah, brach sie in Tränen aus.

»Ich hab's gewusst. Elli ist ...« Sie sprach es nicht aus, sondern ließ sich an der Seite ihres Mannes auf dem dunklen Sofa nieder und barg das Gesicht an seiner Schulter. Die beiden Beamten traten ein, Bergheim blieb an der Tür stehen, während sich Charlotte den beiden gegenüber auf das Bett setzte. Die Frau schluchzte hemmungslos, und ihr Mann schüttelte immer wieder den Kopf und weinte still vor sich hin. Nach ein paar Minuten schien die Frau sich zu fangen. Sie schniefte und kramte ein Taschentuch aus ihrem Ärmel.

»Was … was ist mit ihr passiert?«

Charlotte legte ihre Hand auf den Arm der Frau. »Frau Broker, es tut mir schrecklich leid, aber wie es scheint, ist Ihre Tochter das Opfer eines Verbrechens geworden.«

Normalerweise hasste sie es, so um den heißen Brei herumzureden, aber sie konnte diesen Menschen nicht einfach sagen, dass ihre Tochter ermordet worden war.

»Sie … Sie meinen, sie ist …«

Charlotte nickte nur.

»War es ein Sexualverbrechen?«, fragte der Vater plötzlich tonlos.

»Nein, dafür haben wir keine Anzeichen gefunden. Sie starb an Kreislaufversagen infolge einer Überdosis Insulin.«

»Ja, aber, wie ist denn das möglich?« Die Frau verbarg ihr Gesicht in den Händen, während der Mann immer ruhiger wurde.

»Das war *er*«, sagte Herr Broker und ballte die Fäuste. Eine Träne lief seine Wange hinunter.

Seine Frau stieß einen Schrei aus. »Aber der ist doch noch in dieser Anstalt!«

»Von wem reden Sie?«, fragte Charlotte.

»Von ihrem Exmann, diesem Schwein!«, schrie der alte Broker, und er bekam etwas Farbe im Gesicht.

»Wie heißt er und wo wohnt er?«, fragte Bergheim.

»Rainer Vornefeld heißt er. Man hat uns gesagt, dass er irgendwo eine Entziehungskur macht. Ich glaube in Bremen. Geschlagen hat er sie, dieses Schwein. So, dass sie ihr Kind verloren hat.« Der Alte schwieg, und seine Frau schluchzte. »Es wäre ein Junge gewesen. Ein halbes Jahr wäre er jetzt alt.«

»Wann hat Ihre Tochter sich scheiden lassen?«

»Im Dezember war die Scheidung durch. Er hat sie vorher auch schon geschlagen, immer wenn er besoffen war. Aber sie konnte ja nicht weg von ihm«, sagte der Vater kopfschüttelnd. »Oder wollte nicht.«

»Nun fang doch nicht schon wieder damit an!«, jammerte die Frau und wandte sich dann an Charlotte. »Sie hat eine Therapie gemacht und sich dann von ihm getrennt. Aber er hat sie ja nicht in Ruhe gelassen, hat ihr immer wieder versprochen, dass er aufhört mit dem Trinken, und seit zwei Monaten ist er wohl tatsächlich in so einer Klinik.«

»Wir überprüfen das«, sagte Charlotte und notierte den Namen.

»Waren Ihre Tochter oder ihr Exmann Diabetiker?«

Frau Broker schaute sie fragend an. »Nein, Elli bestimmt nicht. Bei diesem Kerl weiß ich nicht!«

»Hatte Ihre Tochter irgendwelche Allergien?«

»Warum wollen Sie denn das alles wissen? Elli war immer kerngesund«, sagte Frau Broker und fing wieder an zu weinen.

Charlotte nahm tröstend ihre Hand. »Können Sie uns sonst irgendwas sagen? Wissen Sie, welche Bekannten sie hatte, mit wem sie sich getroffen hat? Hatte sie vielleicht einen neuen Freund?«

Frau Broker schüttelte heftig den Kopf. »Nein, nein, von Männern hatte sie wirklich die Nase voll, und das hätte sie mir auch gesagt. Wir hatten immer ein gutes Verhältnis«, schluchzte sie.

»Was ist mit Ellis Arbeitskollegen?«

»Sie hatte eine Kollegin, mit der ist sie wohl mal Essen gegangen. Ich glaube, sie hieß Brigitte oder Birgit oder so ähnlich.«

»Können Sie sich vorstellen, was aus dem Hund geworden ist?«, wollte Bergheim wissen.

»Nein, haben Sie den noch nicht gefunden?«, fragte Frau Broker. Ihr Mann hatte seit mehreren Minuten nicht mehr gesprochen. Er saß da und blickte starr auf die Bettdecke.

»Wie sieht er aus?«, fragte Charlotte.

Frau Broker zuckte mit den Schultern. »Ich kenn mich mit den Rassen nicht so aus. Er ist, glaub ich, ein Mischling, braun-weiß und mittelgroß. Das Fell ist ziemlich lang, und er hat Schlappohren.«

Sie ergriff Charlottes Hand. »Wir möchten unsere Tochter sehen. Wo ist sie?«

»Natürlich«, sagte Charlotte und schluckte. »Sie ist noch in der Rechtsmedizin, aber es gibt da noch etwas, das Sie wissen müssen …«

Nachdem er die ganze Wahrheit erfahren hatte, brach der alte Broker zusammen, und der Notarzt musste alarmiert werden. Charlotte begleitete seine Frau noch bis zur Intensivstation, wo sie sie in der Obhut fürsorglicher Pfleger zurückließ.

Bergheim hatte unterdessen bereits den Aufenthaltsort von Rainer Vornefeld ausfindig gemacht. Ellis Exmann befand sich tatsächlich in einer Entzugsklinik in Bremen und das seit Anfang Mai. Laut Aussage des zuständigen Arztes hatte er die Klinik seitdem nicht verlassen.

»Wer fährt hin?«, fragte Charlotte.

»Ich nehme Troger mit oder Mertens«, sagte Bergheim.

Charlotte nickte nur und verzog den Mund. Sie hätte Wetten darauf abgeschlossen, dass er nicht Troger mitnehmen würde.

Mittwoch, 19. Juni

Es war früher Nachmittag, und Charlotte hatte sich gerade mit einem Käse-Schinken-Sandwich und einem Caffe Latte gestärkt, als Bergheim die Bürotür aufstieß und sich stöhnend auf seinen Stuhl warf.

»Die Fahrt hätten wir uns sparen können. Der Typ ist völlig zusammengebrochen, als ich ihm sagte, dass seine Exfrau ermordet worden ist. Troger musste den diensthabenden Arzt holen, und der meinte, dass der Erfolg der Kur gefährdet ist. Und als ich ihn dann noch nach seinem Alibi gefragt habe, ist er mir doch glatt an die Gurgel gegangen.«

Charlotte verkniff sich ein Grinsen. »Und, hat er ein Alibi?«

»Bombensicher, der Arzt sagt, wenn ein Patient die Klinik verlässt, zahlt die Krankenkasse keinen Pfennig mehr, und außerdem könne er bezeugen, dass Herr Vornefeld – er hat ihn tatsächlich wie einen Erwachsenen behandelt, obwohl er sich wie ein Fünfjähriger aufgeführt hat – das Haus seit Beginn seiner Kur vor fünf Wochen nicht verlassen hat.«

»Na klasse«, seufzte Charlotte, »dann stehen wir also wieder ganz am Anfang.«

»Dieser Halbstarke hat sie jedenfalls nicht umgebracht. Leider. Ich hätt ihn zu gern eingebuchtet. Was ist mit ihren Arbeitskollegen?«

»Fehlanzeige bis jetzt. Keiner hat näheren Kontakt zu ihr gehabt. Sagen jedenfalls alle. Nur diese Brigitte Sauer-Distel ist mal mit ihr essen gegangen. Das war's aber dann auch schon. Elli Broker war ihrer Meinung nach nicht genügend an Männern interessiert. Diese Sauer-Distel wäre viel eher ein klassisches Mordopfer. Geht gern in Bars und Diskotheken und schließt schnell Bekanntschaften – vor allem männliche.«

»Das allein reicht ja wohl nicht. Du weißt, dass es gewisse Opfertypen gibt und dass Frauen dazu neigen, immer wieder auf den gleichen Typ Mann reinzufallen. Und Elli Broker scheint ein

Paradebeispiel dafür zu sein, wenn sie sich von so einem Mann wie dem Vornefeld zusammenschlagen lässt. Der ist ein Kriechtier, mehr nicht. An starke Frauen würde der sich gar nicht rantrauen.«

Charlotte sah ihren Kollegen nachdenklich an.

»Heißt das, die Frauen sind selbst schuld, wenn sie verprügelt werden?«

Bergheim zuckte mit den Schultern. »Zum Teil, natürlich. Keine Frau ist gezwungen, bei einem Mann zu bleiben. Es ist nicht mehr wie früher.«

Charlotte antwortete nicht. Natürlich stimmte sie Bergheim zu, aber prinzipiell war sie der Ansicht, dass Männer gefälligst nicht zu schlagen hatten. Weder Kinder noch Frauen, auch dann nicht, wenn die sich nicht wehrten – oder gerade dann nicht.

»Ich hab Ihnen doch gesagt, ich hab keine Ahnung, was mit ihr ist. Sie ist verschwunden, verstehen Sie? Verschwunden! Einfach so. Ihr Kollege von der Wache in Döhren hat mich extra hierhergeschickt. Wann unternehmen Sie endlich was? Sie wissen ja wohl am besten, dass hier ein Irrer rumläuft, der Frauen abmurkst.«

Charlotte blieb stehen und beobachtete die junge Frau, die an Hohstedts Schreibtisch saß.

»Beruhigen Sie sich, Frau Künecke, vielleicht brauchte sie bloß mal 'ne Auszeit.«

»Auszeit? Von was? Soweit ich weiß, ist sie glücklich und zufrieden mit ihrem Leben.«

Frau Künecke beugte sich über den Tisch und fixierte den Polizeibeamten. Sie war vielleicht Anfang dreißig, übergewichtig und auffällig gebräunt. Die dunklen, lockigen Haare trug sie schulterlang. Eine hübsche Frau, dachte Charlotte, trotz der Körperfülle.

»Haben Sie bei den Verwandten – vor allem bei der Mutter – und ihren Freundinnen angerufen?«, fragte Hohstedt.

»Ihre Eltern leben nicht mehr, und sie hat, soweit ich weiß, auch keine Verwandtschaft, und ihre Kollegin hat sie am Freitag letzter Woche zuletzt gesehen. Ich bin ihre beste Freundin! Wir wohnen schon seit zwei Jahren zusammen.«

»Hat sie vielleicht einen Mann kennengelernt?«

»Davon wüsste ich doch«, schnaubte Frau Künecke.

»Woher wollen Sie das so genau wissen?«

Sie zögerte einen Moment, aber lange genug, um Zweifel an ihrer Gewissheit aufkommen zu lassen. »Ich wüsste es.«

»Also, wenn ich Sie richtig verstanden habe, wollen Sie eine Vermisstenanzeige aufgeben für eine Frau, die erst seit einem Tag verschwunden ist?«

»Nein!« Frau Künecke schlug mit der flachen Hand auf den Tisch. »Seit einem Tag bin ich wieder zurück! Ich war zwei Wochen im Urlaub und habe vor einer Woche zuletzt mit ihr gesprochen. Und seitdem hab ich nichts mehr von ihr gehört und kann sie auch telefonisch nicht erreichen.«

»Wo arbeitet Ihre Freundin? Haben Sie dort mal angerufen?«

»Ja, sie hatte seit Samstag letzter Woche Urlaub. Eigentlich wollte sie ja mitfahren, aber dann ist ihre Kollegin krank geworden, und sie hat gemeint, sie muss sie vertreten.« Frau Künecke lehnte sich zurück und hielt für ein paar Sekunden inne. »Wenn ich ehrlich bin, hat mich das schon sehr gewundert. Immerhin hatten wir gebucht, und so viel verdient sie auch nicht als Kassiererin, dass sie einfach eine Reise sausen lässt.«

»Kann es nicht sein, dass sie – wenn sie jetzt Urlaub hat – auch Urlaub macht?«

Hohstedt sprach mit der Frau wie ein Lehrer mit einem begriffsstutzigen Kind, was Charlotte nicht gefiel.

Frau Künecke blieb aber von seiner Überheblichkeit unbeeindruckt.

»Ohne mich?«, sagte sie. »Nie im Leben. Sie geht ja nicht mal ohne mich zu unserem Lieblings-Griechen.«

Charlotte hatte genug gehört und ging zu Hohstedts Schreibtisch.

»Wiegand«, sagte sie und reichte der Frau die Hand. »Ich höre, Sie vermissen Ihre Freundin.« Dabei nickte sie Hohstedt zu. »Du nimmst dann gleich die Einzelheiten auf«, sagte sie kühl.

Hohstedt schluckte.

»Seit wann ist Ihre Freundin verschwunden?«

Frau Künecke wandte sich dankbar an Charlotte.

»Das kann ich nicht genau sagen, aber es müssen schon ein paar Tage sein. Ich bin gestern Morgen aus dem Urlaub zurückgekommen. Ich war mit meiner Schwester zwei Wochen auf Ibiza, und eigentlich wollte Margit mitkommen, aber – wie ich Ihrem ... Kollegen schon sagte«, dabei warf sie Hohstedt einen geringschätzigen Blick zu, »sie hat die Reise zwei Tage vorher abgesagt. Glücklicherweise hatten wir ein Apartment gebucht und kein Hotel, und der Flug war nicht so teuer.«

»Und Ihre Freundin hat abgesagt, weil sie eine Kollegin vertreten musste?«

»Ja, das hat mich ja schon ein bisschen gewundert, früher hat sie nämlich nicht so bereitwillig auf ihren Urlaub verzichtet. Aber sie meinte, diesmal wär's was anderes. Da könnte sie nicht Nein sagen.«

»Haben Sie ein Foto von ihr dabei?«

»Natürlich«, sagte Frau Künecke und kramte aus ihrer Handtasche ein Foto hervor, das sie Charlotte in die Hand drückte.

Auf dem Bild lächelte ihr eine vollbusige Blondine in den Dreißigern entgegen. Sie trug ein weit ausgeschnittenes schwarzes T-Shirt, das einen großzügigen Blick auf ihre Brüste zuließ.

»Ist das ein neues Foto?«

»Ja, es ist erst sechs Wochen alt. Datum und Name stehen hinten drauf.«

»Können wir es vorerst behalten?«

»Ja, klar. Ich hab's ja extra aus dem Rahmen genommen. Wenn Margit wieder aufgetaucht ist, bekommt sie's ja wohl zurück, oder?«

»Natürlich«, sagte Charlotte und reichte Hohstedt das Foto. »Du schreibst den Bericht und«, sie lächelte Frau Künecke an, »ich begleite Sie anschließend zu Ihrer Wohnung und schau mich mal um.«

Damit ging sie zurück in ihr Büro, um Bergheim anzurufen,

der noch mal zu den Brokers gefahren war. Langsam wurde ihr mulmig zumute. Margit Hof war die dritte vermisste Frau aus dem näheren Umkreis von Hannover innerhalb von acht Tagen. Ihr graute schon vor dem Gespräch mit Ostermann.

»Gibt's was Neues bei Elli Broker?«, fragte sie Bergheim.

»Nein, jedenfalls nicht in der Wohnung, da waren keine Fingerabdrücke zu finden, die nicht entweder von ihr oder ihren Eltern stammten. Sie scheint in der Wohnung noch keinen Besuch gehabt zu haben.«

»Ist der Hund wieder aufgetaucht?«

»Nein. Aber wir haben die Beschreibung an alle Dienstwagen durchgegeben. Und die Tierheime sind ebenfalls informiert.«

»Wo bist du gerade?«

»Auf dem Weg zum Büro, bin in fünf Minuten da.«

»Na, das passt ja. Wir haben eine weitere Vermisstenmeldung. Eine junge Frau aus Döhren.«

Charlotte legte auf, ohne Bergheims Reaktion abzuwarten.

Frau Künecke fuhr in ihrem dunkelblauen Golf voraus und legte ein ordentliches Tempo vor. Bergheim hatte Mühe, ihr zu folgen. »Die ist ganz schön mutig, so zu fahren, obwohl die Polizei ihr folgt«, murmelte Bergheim und musste scharf bremsen, um eine unvorsichtige Fußgängerin vorbeizulassen.

»Wieso, sie fährt doch hervorragend«, grinste Charlotte.

Bergheim antwortete nicht und heftete sich an den Golf. Beide schwiegen, bis Bergheims Handy klingelte. Er nahm es aus seiner Jackentasche, guckte auf das Display, drückte es aus und steckte es wieder in die Tasche.

Charlotte blickte ihn von der Seite an. »Vielleicht war's was Wichtiges.«

»Eher nicht«, sagte er und warf sich ein paar Sonnenblumenkerne in den Mund.

Charlotte konnte sich ihren plötzlichen Ärger nicht erklären. »Liegt's an mir? Ich kann mich auch taub stellen.«

Er sah sie kurz an und schüttelte dann den Kopf. »Nein, doch nicht deinetwegen.«

Das machte sie nur noch ärgerlicher.

Es war halb fünf, als sie vom Aegidientorplatz in die stark befahrene Hildesheimer Straße einbogen, der sie einige Minuten folgten, bis die Brücke des Südschnellwegs in Sicht kam. Dann ging es rechts in die Donaustraße. Sie parkten hinter Frau Künecke, die trotz ihrer Leibesfülle erstaunlich wendig durch die halb geöffnete Tür aus dem Wagen schlüpfte.

Zwischen zweistöckigen hellen Häuserreihen, die quer zur Straße lagen, gab es Rasenflächen mit hohen Birken, geschützt von gut gepflegten Jägerzäunen.

Im Treppenhaus roch es nach Reinigungsmitteln. Sie stiegen in den zweiten Stock hinauf, und Frau Künecke atmete auch vor der Wohnungstür noch ruhig und gleichmäßig.

»Ich benutze immer und überall die Treppe, so spare ich mir das Fitnesscenter«, sagte sie, als sie Charlottes verwunderten Blick sah.

Sie betraten die Wohnung, und Charlotte hoffte, dass ihre Besorgnis unbegründet war.

Margit Hof war unverkennbar eine Romantikerin und hatte bei der Einrichtung des Zimmers nicht an Stoff gespart. Die apricotfarbenen Vorhänge mit dem Blumenmuster flossen in großzügigen Falten auch über den Fußboden, und das Bett war in einen Schleier aus weißem Organza gehüllt. Der Raum war groß, maß mindestens dreißig Quadratmeter, und ein Kiefernregal teilte die Schlafecke vom Wohnbereich. Jeder Bereich hatte sein Fenster.

»Wir haben hier eine Wand entfernt«, sagte Frau Künecke, »das waren früher zwei Kinderzimmer.«

Die Sitzecke bestand aus einem Sofa mit geschwungener Lehne und einem passenden Sessel. Davor stand ein runder, heller Rattantisch mit Glasplatte. Den Boden bedeckte ein Berberteppich.

Charlotte öffnete den Kleiderschrank. »Wissen Sie schon, was fehlt?«

»Das ist ja gerade das Seltsame«, antwortete Frau Künecke, »ihr Koffer ist da, und sonst fehlt nur eine Jeans und der schwarze Blazer. Wahrscheinlich hat sie eine ihrer Blusen darunter an. Sie hat jede Menge davon, das hab ich nicht so im Überblick. Aber der größte Teil ihrer Schminke und ihre Toilettenartikel … Zahnbürste und so … ist alles noch da, und von ihrer Wäsche fehlt auch nichts, so weit ich das sehe. Und wenn man verreist, dann nimmt man ja wohl wenigstens Zahnbürste und Wäsche mit.«

»Ich nehme an, ihre Handtasche haben Sie nicht gefunden?«

»Nein, und ihren Ausweis auch nicht. Jedenfalls nicht den Personalausweis, aber den hat sie wohl in ihrer Handtasche, und ob sie einen Reisepass hat, weiß ich gar nicht.«

Charlotte schwieg und beobachtete Bergheim, der – den Telefonhörer am Ohr – den kleinen Schreibtisch in der Zimmerecke durchsuchte.

»Ihre Freundin scheint nicht gerade abenteuerlustig zu sein«, meinte Charlotte, die die heimelige Atmosphäre des Zimmers auf sich wirken ließ.

»Überhaupt nicht. Hab ich Ihrem Kollegen auch gesagt.«

Frau Künecke schluckte und sah Charlotte besorgt an.

»Glauben Sie, dass ihr was zugestoßen ist?«

Charlotte zuckte die Achseln. »Das kann man nach so kurzer Zeit nicht wirklich sagen. Wo ist übrigens ihr Auto?«

»Der Golf gehört uns beiden. Zur Arbeit ist sie immer mit der U-Bahn«, sagte Frau Künecke.

Sie gingen in die Küche. »Ist Ihnen hier irgendwas aufgefallen?«

Frau Künecke schüttelte den Kopf. »Nein, ist eigentlich alles wie gewöhnlich. Margit ist sehr ordentlich.«

Das stimmte. Die weiße Küchenzeile war makellos sauber. In einem Geschirrständer aus Holz standen ein Becher, ein Teller und ein Messer. Die Küche war nicht sehr groß, bot aber Platz für einen Tisch mit vier Stühlen. Alles war ordentlich und blitzsauber. Den Tisch zierte ein Läufer, auf dem ein kleines Windlicht und ein Schälchen mit Pfeffer und Salzstreuer standen. An der Küchentür hing eine große Pinnwand mit unzähligen Zettelchen.

»Hängt hier irgendwas Neues?«, fragte Charlotte, und Frau Künecke schüttelte den Kopf.

»Nein, was glauben Sie, wie oft ich die Pinnwand schon untersucht habe. Normalerweise hinterlassen wir hier immer eine Nachricht, wenn was Unvorhergesehenes passiert. Aber alles, was da hängt, hing vor zwei Wochen auch schon da.«

In diesem Moment kam Bergheim mit einer Illustrierten herein.

»Die lag neben der Flurgarderobe, ist noch keine Woche alt.«

Frau Künecke öffnete erstaunt den Mund und streckte die Hand nach der Illustrierten aus.

»Ja, die liest sie immer. Ich muss sie übersehen haben. Hat sie das Kreuzworträtsel gelöst?«

»Nein, die Zeitung macht einen ungelesenen Eindruck. Aber gekauft haben muss sie sie ja wohl.«

Frau Künecke nickte. »Ja, die erscheint immer am selben Wochentag, ich glaube, donnerstags.«

»Hm«, meinte Charlotte, »heute ist Mittwoch. Das sagt uns nur, dass sie letzten Donnerstag noch hier war, und wir wissen ja, dass sie am Freitag noch gearbeitet hat.«

»Ja«, Frau Künecke nickte eifrig, »das hat mir ihr Chef gesagt, und dass sie dann unbedingt ihren Urlaub nehmen wollte.« Sie hielt einen Moment inne und schien zu überlegen. Dann schüttelte sie langsam den Kopf.

»Aber wenn sie die Kreuzworträtsel noch nicht gelöst hat, dann war sie am Sonntag bestimmt nicht hier. Sie ist ganz wild auf Kreuzworträtsel, wissen Sie. Die macht sie sogar immer zuerst, noch bevor sie die Zeitschrift liest.«

Charlotte sah Bergheim an. Der nickte nur und holte sein Handy aus der Jackentasche.

***

Sie fühlte sich hundeelend. Ihr war übel, und sie konnte sich nicht aufrichten, ohne das Gefühl zu haben, sich sofort übergeben zu müssen. Der Raum war düster und so weit sie sehen konnte fensterlos. Ein ekelerregender Geruch nach Gemäuer und Fäkalien nahm ihr fast die Luft. Der Raum wurde spärlich beleuchtet von einer Art Lampe, die von der Decke hing.

Es musste eine Glühbirne sein, die von einem dunklen Stoff umwickelt war. Das Licht flackerte, dadurch wurde die Atmosphäre noch unwirklicher. Sie versuchte zu schlucken, aber ihre Kehle war völlig ausgedörrt, jetzt erst merkte sie, wie durstig sie war. Langsam versuchte sie sich aufzurichten. Ihr Kopf dröhnte, und die Übelkeit überwältigte sie so, dass sie würgte und sich übergab. Sie blickte sich um auf der Suche nach Wasser.

Vor der Tür lag etwas auf dem Fußboden, aber sie konnte nicht erkennen, was es war. Sie schloss die Augen, um den Schwindel zu überwinden, und kroch dann mühsam auf die Tür zu. Es war ein Tablett, auf dem eine Flasche Wasser stand, und daneben lag eine Banane. Irgendwer schien sich um sie zu kümmern. Sie öffnete die Flasche und trank. Das Wasser rann durch ihre Kehle, sie schloss die Augen und ließ es über ihr Kinn und ihren Hals laufen, bis sie sich wieder lebendig fühlte.

Einen Moment lehnte sie sich an die kalte Mauer, dann begann sie sich umzusehen. Was war das hier? Sie wollte schreien, aber noch fehlte ihr die Kraft dazu. Die Tür war aus Holz und hatte keine Türklinke. Sie versuchte, sie mit ihren Fingern zu öffnen, aber nichts bewegte sich. Sie klopfte mit den Fäusten gegen die Tür, und die Panik, die sie ergriff, gab ihr die Kraft zu schreien.

»Hilfe! Hört mich denn niemand? Lasst mich hier raus!«

Sie hatte keine Ahnung, wie lange sie geschrien und gegen die Tür getrommelt hatte, bis sie alle Kraft verließ und sie sich schluchzend und zitternd an die kalte Wand lehnte.

Dann ging plötzlich das Licht aus, und sie hörte, wie etwas Schweres, Metallisches auf Stein fiel. Und dann blendete sie ein grelles Licht. Sie legte die Arme vor die Augen und wurde im nächsten Moment hochgerissen, eine Hand griff in ihre Haare und drehte ihr Gesicht weg. Sie wurde auf die Matratze gestoßen. Als sie versuchte sich umzudrehen, erhielt sie eine schallende Ohrfeige. Ihr wurde schwarz vor Augen. Ihr Gesicht wurde auf die Matratze gedrückt, und ein Knie stemmte sich auf ihren Rücken. Sie keuchte. Direkt an ihrem Ohr spürte sie heißen Atem, und dann flüsterte jemand.

»Hör auf zu schreien, sonst …« Er ließ sie los, und sie rang nach Luft. Sie spürte noch, wie der Lichtstrahl über ihren Körper wanderte, dann war alles wieder dunkel, und sie konnte hören, wie die Tür geschlossen wurde.

Donnerstag, 20. Juni

Erwin Gansel liebte solche Tage, wenn der frühmorgendliche Dunst über dem Maschteich hing und die Stadt noch schlummerte. Zu dieser Stunde, in der das Tageslicht noch nicht über die Dunkelheit triumphiert hatte, verirrte sich selten jemand an den Teich, obwohl er mitten in der City lag. Manchmal sah er die alte Frau, die immer ihren Rauhaardackel spazieren führte, vom Maschsee herüberkommen. Sie überquerte dann die noch stille Culemannstraße und ging an der Leine entlang Richtung Innenstadt. Erwin fragte sich, was sie um diese Zeit in der Stadt zu tun hatte. Da waren doch alle Geschäfte geschlossen. Vielleicht ging sie zur Markthalle, um zu frühstücken.

Er persönlich zog es vor, auf seiner Bank am Maschteich zu sitzen. Vor sich das imposante Rathaus, das im Licht der aufgehenden Sonne wie ein geheimnisvolles Märchenschloss aussah. Eine Oase im Großstadtdschungel, nur einen Katzensprung von seiner Wohnung in der Langensalzastraße entfernt. Hier war es friedlich und ruhig, und seine Frau konnte ihm nicht auf die Nerven gehen.

»Wieso musst du immer in aller Herrgottsfrühe zum Maschteich? Du holst dir noch den Tod, wenn du da immer im Kalten rumsitzt mit deiner Prostata …« Seitdem er in Rente war, ließ sie ihn überhaupt nicht mehr in Ruhe.

Erwin Gansel verzog das Gesicht und kramte seine Thermoskanne hervor, um sich abzulenken. Als er einen Schluck von dem starken, selbst aufgebrühten Kaffee genommen hatte – Gudrun, seine Frau, kochte den Kaffee so dünn, dass man den Tassenboden noch sehen konnte –, fühlte er sich besser.

Erwin nahm den wärmenden Becher in beide Hände und lehnte sich zurück. Die Sonne ging auf und tauchte die ausladende Trauerweide am anderen Ufer in ein kühles Licht. Langsam hob sich der Dunst und gab den Blick frei auf den Park. Erwin glaubte, am anderen Ufer unter den Büschen etwas zu sehen. Er legte den Kopf schief und kniff die Augen zusammen. Er würde sagen, es sah aus wie ein Hosenbein, aber auf die Entfernung konnte er das nicht genau feststellen. Je länger er zu dem Ding hinübersah, desto mehr war er überzeugt, zwei davon zu sehen. Da hatte doch jemand seinen Müll direkt am Maschteich abgeladen! Erbost trank Erwin seinen Kaffee aus und schraubte den Becher wieder auf die Kanne. Er stellte sie auf die Bank, stand entschlossen auf und nahm die Abkürzung über die schmiedeeiserne, gebogene Brücke, unter der sich ein paar Enten tummelten, zur anderen Seite des Teichs. Als er den Weg bis zur Trauerweide entlangging, begann sein Herz heftiger zu klopfen. Das war kein Müll. Das war eine Hose, und in der Hose steckten Beine. Der Rest des Körpers lag unter einem Strauch.

Immer diese Besoffenen, dachte Erwin erregt.

»Hallo«, sagte er. »Aufwachen!«

Er streckte seine Hand aus, um den Menschen – anscheinend war es eine Frau – unter dem Gebüsch hervorzuziehen. Dann prallte er zurück. Dieser Mensch war tot. Da lag ein toter Mensch im Gebüsch. Erwin sah sich um, konnte aber niemanden sehen, nicht mal ein verdammtes Auto kam vorbei. Er krabbelte die Böschung hinauf bis zur Culemannstraße und schrie um Hilfe. Zuerst leise und schwer atmend, dann immer lauter, panischer. Endlich sah er einen jungen Mann im Joggingdress vom Leineufer auf der anderen Straßenseite auf sich zukommen.

»Was ist? Fehlt Ihnen was?«

Erwin konnte nur japsend in Richtung Gebüsch zeigen, dann brach er zusammen.

***

Charlotte tastete schlaftrunken nach dem Handy.

»Ja«, sagte sie heiser und nach einer Weile: »Oh, nein. Ja, ich komme.«

Sie legte ihr Handy wieder dorthin, wo sie ihren Nachttisch vermutete, und knipste das Licht an. Sie blinzelte und suchte den

Wecker. Zwanzig vor sechs. »Na klasse«, murmelte sie in die Kissen und schälte sich langsam aus der Bettdecke. Auf dem Weg ins Bad öffnete sie die Jalousien und stutzte, als sie die Badezimmertür öffnete. Sie hatte schon wieder Licht brennen lassen. Das kam in letzter Zeit öfter vor. Sie schüttelte den Kopf und zog ihr Schlafshirt aus. Wenige Minuten später stand sie gähnend im Fahrstuhl, in der einen Hand einen Becher mit Instantkaffee, in der anderen ihr Handy.

»Hallo, Rüdiger«, sagte sie und hörte ein Rauschen am anderen Ende. Anscheinend war ihr Kollege schon unterwegs. »Ich warte vor der Garagenausfahrt. Wie lange brauchst du noch?«

»Vielleicht zehn Minuten.«

»Na, das passt ja«, murmelte Charlotte und legte auf.

Sie wartete draußen an der Marktstraße, wo es um diese Zeit noch still und friedlich war. Statt des unaufhörlichen Summens, das diesen Stadtteil gewöhnlich erfüllte, war jetzt das Zwitschern der Meisen in den Bäumen am Straßenrand zu hören. Eine Katze sprang plötzlich auf den Bürgersteig, und ein Dutzend Vögel fing aufgeregt an zu lärmen und folgte dem Räuber von Baum zu Baum, bis er in einem der anliegenden Innenhöfe verschwand.

Charlotte fröstelte, es war noch empfindlich kühl um diese Tageszeit, und sie trug nur ein T-Shirt unter ihrem Blazer.

Wenige Minuten später stoppte Bergheims Citroën vor ihr am Bürgersteig.

»Muss das sein, der Wagen ist geleast«, meinte Bergheim mit einem Blick auf den Kaffeebecher.

»Stell dich nicht so an«, knurrte Charlotte zurück, »ich pass schon auf.«

Bergheim verzog nur den Mund. Er sah müde aus. Sein sonst gepflegter Dreitagebart bekam langsam Ähnlichkeit mit einem Vollbart.

»Bist du überhaupt im Bett gewesen?«, fragte sie.

Er sah sie aus dunkel geränderten Augen an. »Nein, bin eben erst aus Würzburg zurück.«

»Hast du deinen Jungen geholt? Wo ist er jetzt?«

»In der Wohnung und schläft. Gritt sieht nach ihm.«

Sie verkniff sich die Frage, wer Gritt war, und nahm einen Schluck Kaffee aus ihrem Becher.

Sie schwiegen eine Weile.

»Glaubst du, wir haben es hier mit einem Serienkiller zu tun?«, fragte Charlotte dann und versuchte, sich ihre Besorgnis nicht anmerken zu lassen.

»Ich hoffe nicht«, sagte er, »vielleicht hat diese Frau mit unserer Toten gar nichts zu tun. Vielleicht war's ein Unfall.«

Charlotte wusste, dass er das selbst nicht glaubte.

Auf der Hildesheimer Straße war noch wenig Betrieb, und schon nach zehn Minuten kam die Gilde-Brauerei in Sicht. Hier bogen sie links ab in den Altenbekener Damm Richtung Maschsee. Sie fuhren das Rudolf-von-Bennigsen-Ufer entlang, der See glitzerte in der aufgehenden Sonne.

Von hier aus waren es nur noch wenige Hundert Meter bis zum Maschteich, der – mitsamt dem Rathaus – von den Kollegen bereits komplett abgesperrt war.

Mindestens vier Streifenwagen standen in der Culemannstraße, und die Beamten hatten alle Mühe, den Menschenauflauf, der sich inzwischen rund um den Teich angesammelt hatte, in Schach zu halten.

Bergheim stellte den Wagen am Kurt-Schwitters-Platz ab und bahnte sich mit Charlotte einen Weg durch die Menge zum Maschteich.

Die Spurensicherung war bereits bei der Arbeit, ebenso wie Wedel. Träge stand das Wasser im Teich, ein paar Enten paddelten auf die Beamten zu. Sie erwarteten wohl Futter.

An der Böschung saß ein Jogger und hielt beide Hände vor das Gesicht. Seine schwarze Hose war fleckig. Offensichtlich hatte er sich übergeben. Erwin Gansel hatte man bereits ins Krankenhaus gebracht. Neben der Leiche standen vier Beamte mit kalkweißen Gesichtern. Einer hatte sich abgewandt. Wedel, dessen breiter Körper sich über die Leiche beugte, erhob sich und wandte sich an Charlotte.

»Kein erfreulicher Anblick.« Er streifte die Handschuhe ab,

zerknüllte sie und warf sie einem der Polizisten zu, der sie auffing und gleich wieder fallen ließ. Wedel grinste.

»Die beißen nicht«, grunzte er. »Also«, fuhr er dann lauter fort, »der Fall liegt ähnlich wie der von letzter Woche. Die Verletzungen wurden nach dem Tod zugefügt – warum auch immer. Sie liegt seit einigen Stunden hier – noch nicht sehr lange – und ist seit vielleicht zwanzig Stunden tot. Woran sie genau gestorben ist, muss ich noch herausfinden.«

Er bückte sich nach seinem Koffer. »Mehr kann ich jetzt noch nicht sagen. Wir sehen uns morgen.«

Damit wälzte er sich an Charlotte vorbei und nahm den Rückweg in Angriff.

Bergheim hockte bereits neben der Leiche, als Charlotte sich endlich überwinden konnte. Die Tote war schlank, trug eine weiß-blau karierte Bluse und Jeans. Die Füße waren nackt. Der Kopf war zertrümmert, einige der langen Haare klebten dort, wo früher einmal ihr Gesicht gewesen war. Wie bei der ersten Leiche fehlten die Hände.

Charlotte schluckte und wandte sich ab. Sie ging ein paar Schritte am Teich entlang, sah die Menschen am Arthur-Menge-Ufer und am Kurt-Schwitters-Platz stehen. Auf dem Maschsee schipperten die ersten Segelboote.

Es musste vor ein paar Stunden passiert sein, etwa gegen drei oder vier Uhr. Wann sollte man sonst mitten in der Stadt eine Leiche loswerden? Da musste jemand was gesehen haben.

Charlotte sah sich um. Direkt über dem Abhang gab es Parkplätze. Wenn jemand mit seinem Wagen rückwärts dort einparkte und den Kofferraum öffnete, brauchte er den Körper nur aus dem Auto zu ziehen und ihn den Abhang hinunterrollen zu lassen. Ihr Mörder schien eine Vorliebe für abschüssige Gelände zu haben.

Aber warum, zum Kuckuck, mitten in der Stadt? Die Gefahr gesehen zu werden war doch enorm? Warum dann nicht gleich auf den Bahnhofsvorplatz? Es war, als ob der Mörder den Menschen die Idylle, den Frieden nicht gönnte. Als müsste er das alles beflecken. Charlotte rief sich zur Ordnung. Hör auf mit dem Psychokram, vielleicht gibt es eine ganz einfache Erklärung dafür. Vielleicht wollte er sie alle nur in die Irre führen und lachte sich dabei ins Fäustchen.

»Suchen Sie hier am Abhang nach Spuren und oben bei den Parkplätzen auch«, sagte sie dann zu dem Beamten von der Kriminaltechnik, der am nächsten stand. Der nickte nur, und sie ging zurück zu Bergheim, der – die Hände in den Hosentaschen vergraben – mit düsterer Miene auf und ab ging.

»Lass uns fahren«, sagte sie.

»Ja«, sagte er und trat nach einem Stein.

***

Charlotte hatte nicht die geringste Lust, sich mit Ostermann auseinanderzusetzen. Sie hatte Kopfschmerzen, und ihre Hände fingen an zu zittern. Sie musste unbedingt etwas essen, obwohl sich ihr schon bei dem Gedanken der Magen umdrehte. Sie machte sich Sorgen um Corinna Brandes und Margit Hof. Sie passten vom Profil her zu den Opfern. Beide waren um die dreißig, lebten in keiner festen Beziehung, wohnten im Südosten Hannovers und wurden erst seit Kurzem vermisst. War eine von beiden die Tote vom Maschteich, oder war sie eine Unbekannte, die noch niemand vermisste? Und wie viele würden noch folgen?

Wenigstens hatten sie eine von beiden identifiziert, und sobald sie die Identität der zweiten Toten kannten, ließen sich vielleicht Verbindungen herstellen, irgendwelche Gemeinsamkeiten der Opfer, die die Ermittlungen voranbrachten.

Ostermann war wütend. Sie hatten zwei Frauenleichen mit den gleichen Verstümmelungen innerhalb von acht Tagen. Eine davon – und das war der Gipfel der Unverschämtheit – hatte der Mörder mitten in Hannovers Postkartenidylle abgelegt! Was warf das für ein Licht auf die Stadt und vor allem auf die Polizei? Ganz offensichtlich hatte dieser Killer überhaupt keine Angst, erwischt zu werden. Wenn der in diesem Tempo weitermachte, war der Massenmörder Fritz Haarmann ein Kleinkrimineller dagegen. Und Ostermann war überzeugt davon, dass er selbst, Leiter der KFI 1, zuständig für Tötungsdelikte und vermisste

Personen, als unfähigster Beamter der Polizei Niedersachsens in die Geschichte eingehen würde.

»Ich habe Ihnen nicht die Leitung dieser Ermittlungen übertragen, damit Sie Ihre Zeit damit verplempern, nach vermissten Frauen zu suchen, sondern nach einem irren Mörder«, sagte Ostermann und ging vor seinem Schreibtisch auf und ab.

»Aber ich bin überzeugt davon, dass diese Frauen in das Schema des Mörders passen und wir vielleicht was über ihn rausfinden, wenn wir das Umfeld dieser Vermissten beleuchten«, verteidigte Charlotte ihre Vorgehensweise. Sie war an der Tür stehen geblieben, um sich bei Bedarf möglichst schnell aus dem Staub machen zu können.

»Sie haben, wenn ich das richtig sehe, aber keinerlei Informationen für mich? Machen Sie außer Ihrer Jagd nach weggelaufenen Frauen noch was anderes?«

»Wir befragen die Gäste und Angestellten des Courtyard Hotels, die Angestellten des Sprengel-Museums und des Landesmuseums. Wie Sie wissen, gibt es direkt am Maschsee und am Maschteich nicht viele Wohnhäuser, und das Rathaus ist nachts leer, ebenso wie die Museen.

»Außerdem kontrollieren wir alle insulinpflichtigen Diabetiker in Hannover und Umgebung. Und wenn wir da keinen Erfolg haben, müssen wir die Suche auf Hildesheim, Braunschweig, Wolfsburg ...«

Ostermann brachte sie mit einer Handbewegung zum Schweigen.

»Ersparen Sie mir die Details und bringen Sie mir Ergebnisse. Und das bevor hier die totale Panik ausbricht.« Er griff nach einem Aktenordner und wedelte sie mit der Hand hinaus.

Charlotte machte die Tür etwas lauter als nötig hinter sich zu.

Als sie ihr Büro betrat, blieb sie abrupt stehen. Bergheim saß da mit einem reichlich mitgenommen aussehenden Mann Anfang vierzig und warf ihr einen undefinierbaren Blick zu.

Der Mann saß mit gesenktem Kopf auf ihrem Platz und hatte sie noch gar nicht bemerkt. Sie hatte das Gefühl, ihn zu kennen, wusste aber nicht, woher.

»Du kommst gerade richtig«, sagte Bergheim, »eine neue Vermisste.« Er wies mit dem Kopf auf den Mann, der ihr jetzt das Gesicht zuwandte.

»Das ist Herr Limbach, und er glaubt, dass seine Frau verschwunden ist.«

Charlotte wandte sich Herrn Limbach zu. »Sie *glauben* es? Was soll das heißen?«

Limbach zuckte mit der Schulter. »Sie wollte am Dienstag unsere Tochter zu ihrer Mutter bringen. Das hat sie auch gemacht, ist dann aber gleich wieder weg, um am Mittwoch einen Termin mit einem Klienten in Hamburg wahrzunehmen. Und unsere Tochter Liz hat sie bei ihrer Mutter gelassen. Am späten Mittwochabend, also gestern, wollte sie dann wiederkommen und die Nacht bei ihrer Mutter verbringen. Sie ist aber nicht aufgetaucht.«

»Und wieso meldet sie dann nicht Ihre Schwiegermutter als vermisst?«, fragte Charlotte.

»Meine Schwiegermutter«, meinte Limbach nur und verdrehte die Augen.

»Wo wohnt sie, wie heißt sie?«, wollte Charlotte wissen.

»In Lehrte und sie heißt Wertmann.«

Bergheim stand auf und bedeutete Limbach ihm zu folgen.

»Kann hier mal jemand was aufnehmen?«, rief er im Hinausgehen. Charlotte konnte noch sehen, wie sie zu Trogers Schreibtisch gingen. Dann setzte sie sich an ihren Schreibtisch und legte den Kopf in die Hände.

Sie hatte nur fünfzehn Minuten, um sich zu sammeln und das Gespräch mit Ostermann zu verdauen. Aber sie würde sich nicht davon abbringen lassen, sich um die »weggelaufenen Frauen«, wie Ostermann sich ausdrückte, zu kümmern. Ihr Gefühl sagte ihr, dass diese Häufung von Vermissten mit dem gleichen Profil etwas mit dem Mörder zu tun hatte.

Bergheim kam zurück, Limbach wartete draußen.

»Soll ich allein mitgehen?«, fragte Bergheim, als er sie so am Tisch sitzen sah. Abrupt stand sie auf.

»Kommt nicht in Frage.« Wortlos verließen sie das Büro.

Frau Wertmann, Limbachs Schwiegermutter, war Witwe und bewohnte eine kleine Parterrewohnung direkt in Lehrte, einer reizlosen Kleinstadt wenige Kilometer östlich von Hannover.

Nach dem Tod ihres Mannes vor vier Jahren war sie aus einem Bremer Vorort hierhergezogen, um in der Nähe ihrer Tochter und der Enkeltochter zu sein. Sie wirkte noch jung, hatte braun getönte, kurze Haare und trug blaue Jeans zu einem hellgrauen schlichten Baumwollpullover. Ihre Hand zitterte, als sie sie Charlotte reichte. »Kommen Sie doch herein, bitte«, sagte sie und führte die beiden Polizeibeamten und ihren Schwiegersohn in ein geräumiges, spärlich eingerichtetes Wohnzimmer.

Kaum hatte Charlotte sich gesetzt, erschien ein kleines dunkelhaariges Mädchen in der Tür, das einen grauen Stoffhasen umklammerte. Sie war höchstens fünf Jahre alt und das hübscheste Kind, das Charlotte je begegnet war. Ihre dunklen Augen schauten ängstlich von einem zum anderen. Als sie ihren Vater erblickte, lächelte sie kaum merklich. Frau Wertmann sah ihren Schwiegersohn an, und der erhob sich.

»Komm, mein Schatz, wir zwei gehen in dein Zimmer. Ich les dir was vor.«

»Kommen Sie wegen Mama?«, fragte das Kind und blickte Charlotte fragend an, ohne auf ihren Vater zu achten.

»Ja«, sagte Charlotte.

Als das Mädchen schwieg, nutzte Charlotte die Gelegenheit.

»Weißt du denn, wann du die Mama zuletzt gesehen hast?«

Sie nickte. »Als wir von Leas Geburtstag gekommen sind.«

Charlotte sah Frau Wertmann an. »Und sie ist dann gleich zu einem Klienten weitergefahren?«

»Ja«, sagte Frau Wertmann.

»Haben Sie eine Ahnung, wer dieser Klient war?«

»Nein, über ihre Arbeit hat sie selten gesprochen.«

»Und nach diesem Besuch wollte sie die Nacht bei Ihnen verbringen?«

»Ja, damit sie Liz nicht wecken musste.«

Frau Wertmann blickte zu Boden und strich mit einer fahrigen Bewegung über ihre Knie.

»Sie meinte, es könnte spät werden und ich sollte nicht auf sie warten, weil sie nach dem Termin noch mit einer Hamburger Kollegin essen gehen wollte.«

»Wissen Sie, wie die Kollegin heißt?«

»Nein.« Frau Wertmann schüttelte den Kopf.

Charlotte nickte Limbach zu, der neben seiner Tochter stand, sie auf den Arm nahm und mit ihr das Wohnzimmer verließ.

Kaum hatte Charlotte sich Frau Wertmann wieder zugewandt, als diese ihre Hand ergriff und sie flehentlich anschaute.

»Hören Sie, meine Tochter hat mich gebeten, sie ausschlafen zu lassen und Liz nach Bemerode in den Kindergarten zu fahren. Wir beide wollten anschließend zusammen frühstücken. Sie hatte mich um dieses Essen gebeten, weil sie über etwas mit mir reden wollte.«

»Wissen Sie worüber?«

»Nein, nicht genau. Aber«, sie fing an zu flüstern, »ich weiß, dass es mit der Ehe der beiden in letzter Zeit nicht zum Besten stand. Ich weiß das, weil Liz hin und wieder etwas erzählt. Sie sagt, dass die beiden sich gestritten haben und Mama zu Papa gesagt hat, dass sie weggehen wollte und sie – Liz – mitnehmen würde.«

»Können Sie sich vorstellen, worum es bei den Streitigkeiten ging?«

Frau Wertmann zuckte mit den Schultern.

»Ich hab so eine Ahnung, dass es ums Geld ging. Sehen Sie«, sie beugte sich vor, sodass ihr Gesicht kaum zwanzig Zentimeter von Charlottes entfernt war, »mein Schwiegersohn ist ein Phantast. Er hält sich für einen großen Architekten. Nun, vielleicht ist er das ja, ich kenn mich da nicht so aus. Jedenfalls kommt er mit dem Geld einfach nicht aus. Und außerdem ist er geschieden und hat schon zwei Kinder mit der ersten Frau. Meine Tochter hat mir das anfangs gar nicht erzählt, weil sie meine Einstellung zu … zu ihrem Mann kennt.«

»Und, was ist Ihre Einstellung zu Ihrem Schwiegersohn?«

Frau Wertmann wusste nicht recht, wie sie sich ausdrücken sollte, und rang die Hände.

»Also, wenn Sie mich fragen«, flüsterte sie kaum hörbar, »dann ist er ein Angeber und Frauenheld.« Sie blickte ängstlich zur Tür, als befürchtete sie, belauscht zu werden.

Endlich mischte Bergheim sich ein. »Glauben Sie, dass Ihre Tochter ihren Mann verlassen wollte?«

Frau Wertmann kniff die dünnen Lippen zusammen und seufzte.

»Ich wünschte, es wäre so, aber meine Tochter ... sie ist kein besonders mutiger Mensch, wissen Sie.« Dann schüttelte sie den Kopf. »Wenn sie das wirklich erwogen hat, dann muss es schlecht um die Beziehung stehen. Und außerdem ist ja Liz noch da. Sie liebt ihren Vater – wenn ich auch nicht genau weiß, warum, er kümmert sich eigentlich selten um sie.«

»Fällt Ihnen sonst noch was ein, was uns weiterhelfen könnte? Etwas, das sie gesagt hat. Vielleicht was ganz Nebensächliches.«

»Was glauben Sie, wie ich mir schon das Hirn zermartert habe, aber mir fällt einfach nichts ein. Ich hab mir unsere Gespräche immer und immer wieder durch den Kopf gehen lassen. Es muss ihr etwas zugestoßen sein. Sie würde nie freiwillig das Kind verlassen.«

Frau Wertmann friemelte umständlich ein Taschentuch aus ihrer Hosentasche und hielt es sich vor das Gesicht.

»Hören Sie«, sagte sie dann zu Charlotte und sah sie flehentlich an, »Sie glauben doch nicht, dass ihr dasselbe zugestoßen ist wie dieser Frau, die Sie an diesem See gefunden haben, oder?«

Charlotte wusste nicht, was sie sagen sollte, außer, dass sie das auch hoffte, mehr als alles andere. Aber auch sie konnte sich nicht vorstellen, dass eine Mutter einfach so von ihrem Kind wegblieb. An ihre Nachbarin wollte sie dabei gar nicht denken.

Sie überprüften noch mit Hilfe der Fotos, ob Frau Wertmann oder ihr Schwiegersohn eine der anderen Vermissten kannte, jedoch ohne Erfolg.

Charlotte bat Frau Wertheim noch um ein Foto ihrer Tochter – Limbach hatte keines dabeigehabt. Sie öffnete eine Schublade und drückte ihr das Bild einer hübschen mittelblonden Frau

Anfang dreißig in die Hand. Die Haare waren schulterlang, und sie trug einen Seitenscheitel. Mit dem Mund lächelte sie, aber die Augen blickten ernst. Charlotte drehte das Foto um. Nach dem Datum war es gerade mal drei Monate alt.

Sie bedankte sich, und wenige Minuten später saßen sie wieder im Auto. Bergheim fuhr, Limbach saß hinten. Charlotte drehte sich um und sah ihn prüfend an.

»Warum haben Sie uns nicht gesagt, dass Sie Probleme mit Ihrer Frau haben und sie Sie verlassen wollte?«

Limbach wurde weiß im Gesicht. »Hat *sie* Ihnen das erzählt?« Er legte den Kopf zurück. »Dieses gehässige alte Weib konnte mich noch nie leiden.« Dann sah er Charlotte fast mitleidig an. »Ich habe Ihnen nichts davon erzählt, weil es mit ihrem Verschwinden nichts zu tun hat.«

»Tatsächlich«, erwiderte Charlotte ruhig. »Was wir in diesem Zusammenhang für wichtig halten und was nicht, das überlassen Sie in Zukunft uns. Worüber haben Sie mit Ihrer Frau gestritten?«

Er verzog den Mund. »Über Geld.«

Charlotte wartete.

»Es ging immer um Geld. Sie war der Meinung, ich gebe zu viel aus.«

»In welcher Beziehung?«

»Für unser Haus. Als Architekt hat man gewisse Maßstäbe. Ich kann nicht in einem Reihenhaus wohnen, wenn Sie verstehen, was ich meine.«

»Verstehe, Sie brauchen etwas Repräsentativeres.«

»Genau, das Haus, in dem ein Architekt wohnt, ist seine Werbung. Bettina will das einfach nicht einsehen.«

Charlotte betrachtete den Mann eine Weile. Er sah gut aus, zweifellos. Das mit dem Weiberheld war bestimmt nicht aus der Luft gegriffen. An wen erinnerte er sie bloß?

Sie fuhren zurück zum ZKD, wo Limbach sein Auto geparkt hatte. Charlotte und Bergheim gingen noch einmal in die Räume der KFI 1, um mit Troger zu sprechen, der sich zu Hause bei Limbach umsehen sollte.

»Geh ins Bad und schau, ob du ein paar Haare findest«, sagte sie zu Troger. Das Haaresammeln wurde langsam zur schlechten Gewohnheit. Aber solange die Tote vom Maschteich nicht identifiziert war, mussten sie alle Möglichkeiten in Betracht ziehen.

Dann ging Charlotte in ihr Büro, wo Bergheim gerade sein Handy wieder in die Jackentasche steckte.

»Privat«, sagte er mit undurchdringlicher Miene, als sie ihn fragend ansah.

Charlotte hatte kein Recht, wütend auf ihn zu sein, aber sie kreidete es ihm an, dass er sie kein bisschen an seinen Gefühlen teilhaben ließ.

»Sie könnte die Tote vom Maschteich sein«, lenkte Bergheim ab. »Wir hätten ihnen doch das Foto von der Leiche zeigen sollen.«

»Und, was glaubst du, hätten sie darauf erkennen sollen?«, brauste Charlotte auf. »Die karierte Bluse? Was würde das beweisen? Im Grunde gar nichts.«

Bergheim sah sie schweigend an.

Charlotte beruhigte sich etwas. »Ich weiß, ich bin zu rücksichtsvoll für diesen Job. Das glaubst du doch, oder?« Sie kramte ihren Autoschlüssel aus ihrer Jackentasche hervor. »Aber ich versuche nun mal, den Menschen Kummer zu ersparen, wenn es geht.«

»Dagegen spricht doch nichts, Charlotte«, sagte er sanft. »Hauptsache, die Ermittlungen werden dadurch nicht verzögert.«

Als sie ihren Vornamen aus seinem Mund hörte, fiel ihr Zorn in sich zusammen. Sie konnte sich nicht erinnern, dass er sie einmal so genannt hatte. Meistens blieb er bei dem unpersönlichen »Kommissarin«.

»Ich muss gehen«, sagte sie heiser und verließ fluchtartig das Büro.

Es war Donnerstagabend halb neun. Auf dem Heimweg hatte Hohstedt Charlotte angerufen und ihr mitgeteilt, dass die Befragung der Courtyard-Hotelgäste und der Angestellten bisher nichts ergeben hatte und die beiden angrenzenden Museen nachts geschlossen und weitgehend leer waren. Nur das Sprengel-Museum leistete sich einen Nachtwächter, der aber nichts gesehen und gehört hatte. Hohstedt hatte den Verdacht, dass der sein Geld im Schlaf verdiente.

Das Restaurant »Loretta's« an der Culemannstraße – nur wenige Meter vom Maschteich entfernt – schloss um zwölf seine Pforten. Um diese Zeit war noch viel zu viel Verkehr in diesem Bereich der Stadt, um dort unbemerkt eine Leiche ablegen zu können. Trotzdem hatten sie den Wirt und die Angestellten befragt und ihnen die Fotos der vermissten Frauen vorgelegt. Auch die Gäste würde man befragen, so weit man ihrer habhaft werden konnte. Das »Loretta's« hatte zwar eine Menge Stammkunden, aber der Wirt kannte die meisten nur beim Vornamen.

Jetzt saß Charlotte mit einer Mineralwasserflasche in der Hand auf ihrem Sofa und versuchte, ihre Kopfschmerzen zu ignorieren. Sie hatte bisher noch nie das Gefühl gehabt, ein Fall wachse ihr über den Kopf, aber dieses Mal … Alle Befragungen waren bisher ergebnislos verlaufen. Niemand hatte etwas gesehen oder gehört, was verdächtig wäre oder auch nur annähernd einer Spur gleichkam.

Vor zehn Minuten hatte Bergheim angerufen. Er hatte sich das Büro von Bettina Limbach vorgenommen und keinen Hamburger Klienten in ihrer Kartei oder ihrem Computer gefunden. Dann hatte er angefangen, die Mittelklassehotels in Hamburg abzutelefonieren, bisher ohne Erfolg. Nirgends war eine Bettina Limbach abgestiegen. Dann hatte er sich die Mühe gemacht, alle Krankenhäuser auf der Strecke Hannover-Hamburg anzurufen, obwohl es in dem besagten Zeitraum keinen Unfall mit Personenschaden gegeben hatte.

Charlotte argwöhnte bereits, dass die Frau ihrem Gatten und ihrer Mutter eine Lüge aufgetischt hatte und sich der Hamburger Klient möglicherweise als Hannoverscher Geliebter entpuppen würde. Wie sollte sie das dann Ostermann erklären?

Trotz allem hoffte Charlotte, dass sie Unrecht hatte und Bettina Limbachs Verschwinden nichts mit ihren Mordfällen zu tun hatte.

Es war zum Verzweifeln. Sie nahm einen Schluck aus der Flasche und hielt sie sich gegen die Stirn.

Dabei fiel ihr Blick auf das kleine Sideboard neben dem Fernseher, in dem sie ihre Bücher aufbewahrte. Sie las gern und bedauerte oft, dass ihr der Beruf so wenig Zeit dazu ließ. Einer der Krimis von Georges Simenon lag aufgeschlagen mit den Seiten nach unten vor den anderen, die ordentlich eingeordnet waren. Sie konnte sich beim besten Willen nicht erinnern, wann sie das letzte Mal einen Maigret-Krimi in der Hand gehabt hatte. Höchstens, als sie die Bücher beim Einzug eingeräumt hatte, und Gäste hatte sie hier auch noch keine gehabt. Nur ihre Freundin Miriam war vor einiger Zeit zum Essen hier gewesen. Aber ein Buch, das dermaßen misshandelt herumlag, wäre Charlotte längst aufgefallen. Die Maigret-Krimis waren eine gebundene Ausgabe, und sie selbst legte ihre Bücher niemals mit den aufgeschlagenen Seiten nach unten irgendwo ab.

Charlotte stellte die Flasche hin, stand auf und nahm ihr Sideboard unter die Lupe. Da war nichts Auffälliges. Die Bücher in den anderen Fächern standen brav in Reih und Glied wie die anderen Krimis und waren genauso verstaubt. Sie blickte unwillkürlich über ihre Schulter.

Die Jalousien waren noch geöffnet, und sie stellte erschrocken fest, dass das Fenster neben der Balkontür nur angelehnt war. Da konnte bequem jemand einsteigen. Wie konnte das passieren? Sie machte sich zwar selten die Mühe, das Fenster ganz zu schließen, und meistens stand es auf Kipp, was grob fahrlässig war, aber sie glaubte einfach nicht, dass jemand in den dritten Stock hinaufklettern würde, um ausgerechnet in ihre Wohnung einzubrechen. Es war doch viel einfacher, die Wohnungstür aufzubrechen.

Sie konnte sich nicht erinnern, das Fenster ganz geöffnet zu haben. Es ließ sich allerdings nur schwer schließen. Wahrscheinlich war der Rahmen verzogen. Charlotte musste kräftig drücken, bevor der Riegel einrastete. Darauf musste sie in Zukunft achten!

Dann öffnete sie die Balkontür. Draußen war es noch hell,

aber in den meisten der umliegenden Wohnungen brannte bereits Licht. Sie lehnte sich über die Brüstung und sah sich um. Direkt unter ihrem Balkon gab es eine Rasenfläche, die ein Schild »Rasen betreten verboten – Die Verwaltung« zierte. Zum Betreten gab es einen Spielplatz, auf dem Charlotte noch nie Kinder gesehen hatte. In einer der Wohnungen gegenüber schien jemand irgendwas zu brutzeln, denn das Fenster wurde geöffnet, und Rauch kam heraus. Bestimmt ein Mann, der keine Ahnung von Dunstabzugshauben hatte.

Charlotte blickte nach unten auf die Balkone des ersten und zweiten Stocks und dann auf den über ihr. Wenn sie nahe der Wand auf das Geländer stieg, konnte sie sich an den Gitterstäben des oberen Balkons festhalten und sich an der Wand hochziehen.

Im Grunde waren die Wohnungen hier leicht zu knacken, zumindest nachts, wenn keiner auf die Hauswände guckte. Es war kein Problem, in ihre Wohnung einzudringen, die Balkontür hatte nicht mal ein Schloss. Der Balkon rechts von ihrem war etwa drei Meter, der zur Linken höchstens eineinhalb Meter entfernt. Eigentlich genügte eine Leiter, die man einfach über die Geländer legte, und man konnte bequem in die Nachbarwohnung einsteigen, wenn man schwindelfrei war.

Sie wusste, dass die Wohnung rechts neben ihr eine ältere Dame bewohnte, die sehr zurückgezogen lebte. Charlotte hatte sie erst einmal gesehen, als ein junger Mann sie besuchte. Sie sollte sich diese Frau – wie hieß sie noch, irgendwas mit Sch… – mal genauer ansehen. Vor allem wollte sie wissen, wer einen Schlüssel hatte. Dabei fiel ihr ein, dass dieser Exfreund ihrer Nachbarin zur Linken einen Schlüssel für deren Wohnung besaß.

In diesem Moment sah sie wieder den Hund. Den hatte sie doch neulich schon beobachtet. War das vor oder nach dem Verschwinden von Elli Broker gewesen? Es schien sich niemand um den Hund und seine Hinterlassenschaften zu kümmern. Dennoch schien er zu wissen, wohin er gehörte. Er lief auf einen jungen Mann zu, der seinen Hund jenseits des Innenhofes an der Marktstraße spazieren führte.

Charlotte kniff die Augen zusammen und beobachtete, wie

die beiden Hunde sich verbellten. Der Mann konnte seinen Schäferhund kaum bändigen, sodass der kleinere zwar Abstand hielt, sich den beiden aber trotzdem an die Fersen heftete, was den Schäferhund weiter an seiner Leine zerren ließ.

Langsam bewegte sich das Grüppchen Richtung Wülferoder Straße, und Charlotte verlor sie aus den Augen. Sie schloss die Balkontür und ging zum Regal, nahm das Buch, klappte es zu und steckte es zurück an seinen Platz.

Was glaubte sie denn? Dass jemand sich die Mühe machte, bei ihr einzusteigen, um ihre Bücher zu lesen? Sie war einfach überarbeitet und unkonzentriert. Wenn dieser Fall gelöst war, würde sie sich für einen Yogakurs anmelden. Andrea wurde nicht müde, ihr das zu empfehlen. »Gerade in deinem Beruf braucht man einen Fluchtpunkt«, das waren ihre Worte, »sonst kann man das Grauen doch gar nicht verarbeiten.«

Normalerweise hörte sie nicht auf das Gerede ihrer Schwester. Dieser ganze Esoterikkram war ihr gründlich zuwider. Sie war es gewohnt, mit Fakten zu arbeiten und nicht mit Schwingungen.

Charlotte ließ sich aufs Sofa fallen und versuchte zu entspannen. Dann wurde ihr plötzlich klar, wen sie da gerade gesehen hatte.

Das war doch dieser Typ! Böttcher oder so hieß er, der Freund ihrer verschwundenen Nachbarin und Vater ihres Kindes. Wieso trieb der sich hier rum? Dann erinnerte sie sich dunkel, dass er ganz in der Nähe wohnte. Jedenfalls war ihr das aufgefallen, als sie die Vermisstenanzeige überflogen hatte.

Sie schloss erschöpft die Augen und massierte ihre Schläfen. Was um Himmels willen ging hier vor? Drei vermisste Frauen innerhalb von acht Tagen und zwei Tote.

Ein gefundenes Fressen für die Pressefritzen. Sie konnte sich lebhaft vorstellen, wie sich die Redaktionschefs die Hände rieben, weil die Leute gar nicht anders konnten, als alle Zeitungen zu kaufen, die ihnen jedes verdammte Detail dieser grauenvollen Tode in die sicheren vier Wände tragen würden.

Solche Grausamkeit war ihr in ihrer Laufbahn noch nicht begegnet, und sie musste sich eingestehen, dass sie Angst hatte. So viel Angst, dass sie sich in ihrer eigenen Wohnung nicht mehr sicher fühlte. Nicht nur, dass sie paranoide Züge entwickelte, sie war zunehmend zerstreut. Ständig vergaß sie das Licht auszuschalten, ließ Schubladen offen, und einmal hatte sie sogar morgens ihre Bettdecke nicht zurückgeschlagen, obwohl sie zerknüllte Betten hasste und das sonst sofort nach dem Aufstehen erledigte.

Vielleicht litt sie ja an beginnendem Alzheimer, oder ihre Mutter hatte recht, wenn sie sagte, dass ihr Beruf jeden auf die Dauer kaputt machen würde und einen Mann hätte sie schließlich auch nicht. Das war unbestreitbar richtig. Sie hatte mal wieder keinen Mann. Charlotte seufzte. Womöglich machte die Trennung von Thomas ihr mehr zu schaffen, als sie sich eingestehen wollte.

Ihr Handy klingelte, und Charlotte erschrak. »Mein Gott, du musst was für deine Nerven tun!«, sagte sie laut zu sich selbst.

Ihre Freundin Miriam war dran. Genau die brauchte sie jetzt.

»Hi, Charlotte«, kam es gut gelaunt vom anderen Ende, »was für ein Wunder, dass ich dich erwische. Du musst sofort rüberkommen. Wir haben eine Riesenportion Spaghetti gekocht und brauchen dringend Unterstützung. Was sagst du?«

Charlotte hatte zwar überhaupt keinen Hunger, aber sie überlegte nicht lange und sagte zu.

»Wahnsinn«, hauchte Miriam ungläubig und sprach wohl mit Lukas, ihrem Freund, »stell dir vor, sie kommt tatsächlich.«

Charlotte legte auf. Sie wunderte sich darüber, wie erleichtert sie war, dass sie heute Abend nicht allein sein würde. Entschlossen stand sie auf und verließ die Wohnung, nicht, ohne an der Tür noch einen kontrollierenden Blick zurückzuwerfen.

Freitag, 21. Juni

»Erstaunlich«, sagte Wedel und rückte seine Brille zurecht. »Wo kriegen Sie bloß immer diese Haarbüschel her?«

Charlotte antwortete nicht, und der Satz war wohl auch nicht wirklich als Frage gemeint. Es war Freitagmorgen, neun Uhr, und Charlotte und Bergheim hatten sich gerade in Wedels Büro in der MHH eingefunden.

»Also, die Tote ist Corinna Brandes, und sie starb – dreimal dürfen Sie raten – an einem hypoglykämischen Schock.«

Die beiden Beamten schwiegen betreten.

Nach einer Weile hatte Charlotte sich gefangen. Obwohl sie gefühlt – gewusst hatte –, dass es sich bei der Toten um ihre Nachbarin handelte, hatte sie die Wahrheit sorgfältig in einen entlegenen Winkel ihres Gehirns geschoben, wo sie für eine Weile keine Schmerzen verursachte.

»Was ist mit den Verletzungen im Gesicht? Würden Sie sagen, sie ähneln denen von Elli Broker?«

»Worauf Sie sich verlassen können. Derselbe Rechtshänder, kräftig, wahrscheinlich männlich. Haben Sie die Hände gefunden?«

Bergheim schüttelte den Kopf, stand auf und ging zum Fenster.

»Wo sollen wir die suchen?«

»Vielleicht im Maschteich oder im See?«, fragte Wedel.

»Wie soll das gehen?«, fragte Bergheim ärgerlich. »Mit einem Sieb?« Er drehte sich um. »Hände kann man überall entsorgen.« Dann blickte er zu Boden.

»Entschuldigung.«

Charlotte räusperte sich. »Was gibt es sonst? Ist sie vergewaltigt worden? Oder sonst wie misshandelt?«

Wedel schüttelte den Kopf. »Keine Vergewaltigung, keine Misshandlung, so weit sich das bei dem Zustand der Leiche feststellen lässt.«

Bergheim griff in seine Jackentasche und warf sich eine Handvoll Sonnenblumenkerne in den Mund.

»Wie kannst du jetzt bloß essen?«, fragte Charlotte und schüttelte sich. Dann blickte sie hilfesuchend Wedel an. »Haben Sie irgendeine Vorstellung, was diesen Frauen passiert sein könnte?«

Wedel schüttelte den Kopf. »Muss irgendein Verrückter sein.«

»Wie stirbt man an einem hypo…«

»Hypoglykämischen Schock«, ergänzte Wedel. Er wiegte den Kopf. »Auf jeden Fall nicht so schnell. Es gehen Krampfanfälle voraus. Der Kranke wird aggressiv, zittert, fällt dann ins Koma. Bei massiver Unterzuckerung: Kreislaufversagen. Dazu kommt, dass sie wahrscheinlich längere Zeit nichts mehr gegessen hatte. Im Dickdarm haben wir noch Stuhl gefunden, lässt sich aber nicht mehr feststellen, was sie gegessen hat. Und wenn jemand zwei, drei Tage nichts isst, kann man – je nach Konstitution – sowieso von einer Unterzuckerung ausgehen. Da braucht's dann gar nicht mehr so viel Insulin.«

Charlotte schüttelte den Kopf. »Wieso bringt man jemanden auf diese Weise um?«

Wedel zuckte mit den Schultern.

»Es ist sauber und kostet nicht viel Mühe. Vorausgesetzt man kommt an das Insulin heran. Und das ist nicht ganz so einfach. Entweder hat man ein Rezept, oder man klaut es.«

»Vielleicht ist auch einer gestorben, und es ist einfach übrig geblieben.«

»Möglich, aber das lässt sich ja herausfinden.«

Bergheim klopfte auf seine Armbanduhr. »Wir sollten uns beeilen. Ostermann erwartet uns um zehn beim ZKD.«

»Ja«, sagte Charlotte gedankenverloren. »Könnten wir es mit einem Sadisten zu tun haben?«

»Wäre möglich, aber dann wären wohl noch andere Misshandlungen sichtbar«, sagte Wedel und erhob sich.

Er klappte den Aktendeckel zu und ging ohne ein weiteres Wort hinaus. Charlotte blieb noch einen Moment sitzen, um sich zu sammeln.

Pünktlich um zehn saßen Charlotte, Bergheim, Troger, Schliemann und Mertens zusammen mit Herman Wulf, einem Beamten von der Sitte, am Besprechungstisch, und Ostermann ging vor ihnen auf und ab.

»Frau Wiegand«, knurrte er. »Ich muss Sie nicht darüber aufklären, dass die Presse uns im Visier hat. Bisher habe ich mir und Ihnen«, er blickte bedeutungsvoll in die Runde, »die Reporter vom Hals gehalten, und zwar aus dem einfachen Grund, weil ich denen nichts zu erzählen hatte. Ich werde die Meute noch bis morgen Nachmittag hinhalten. Dann gibt es eine Pressekonferenz, und ich gedenke, dort nicht mit leeren Händen zu erscheinen. Also«, er zog einen Stuhl heran, »ich habe Wulf noch zu Ihnen abkommandiert.« Er wies mit dem Kopf auf den Beamten von der KFI 2. »Und jetzt erwarte ich Vorschläge zu Ihrem weiteren Vorgehen.« Er sah fragend in die Runde.

Wulf kaute auf seiner linken Backe herum, Mertens kratzte sich am Kopf, und Schliemann blickte erwartungsvoll Charlotte an. Die räusperte sich.

»Wie weit seid ihr mit den Apotheken?«

Wiebke Mertens traute sich. »Wir haben in Laatzen angefangen und arbeiten uns langsam Richtung Innenstadt vor. Bemerode, Wülferode, Anderten, Döhren und so weiter. Wir haben alle Rezepte der letzten drei Monate angefordert und die meisten der Patienten kontrolliert. Es sind meist alte Leute, die würden so eine Tat schon kräftemäßig nicht auf die Reihe kriegen. Oder die sogenannten juvenilen Diabetiker, da gibt's schon Zehnjährige, aber die meisten sind im mittleren Alter, und auf die konzentrieren wir uns.«

Mertens schnappte nach Luft. »Zusätzlich telefonieren wir mit sämtlichen Arztpraxen und lassen uns die Namen der insulinabhängigen Patienten geben und vergleichen sie mit den Rezepten, die eingereicht wurden. Bis jetzt sind wir auf keine Unregelmäßigkeiten gestoßen. Keiner hat mehr Insulin angefordert, als er unter normalen Umständen verbrauchen würde. Trotzdem nehmen wir uns die männlichen Patienten im passenden Alter vor, und wenn das nichts bringt, erweitern wir einfach den Radius ...« Mertens hielt inne und wurde rot, als sie den Blick Bergheims auf sich gerichtet sah.

Charlotte verdrehte die Augen. »Geht auch die Sterbefälle der letzten drei Monate bei den Diabetikern durch und fragt die Hinterbliebenen, wo das restliche Insulin geblieben ist«, sagte sie unwirsch. »Troger, wie sieht's bei euch aus? Was ist mit Hohstedt?«

»Hat sich heute Morgen krankgemeldet, hat kein Wort rausgekriegt«, sagte Troger und hüstelte, wie um zu sagen, dass er auch nicht ganz auf der Höhe war. Troger war eben nicht mehr der Jüngste, und seitdem bei seiner Frau vor zwei Jahren Brustkrebs diagnostiziert wurde, ging es mit ihm gesundheitlich ebenfalls bergab, und Ostermann hatte ihm den jugendlichen Hohstedt zur Seite gestellt. Ob das eine kluge Entscheidung war, blieb zweifelhaft, denn der Junge meldete sich öfter krank als Troger.

»Wir haben Grasdorf, Rethen und Gleidingen abgearbeitet. Vom Alter her gibt's ein paar, die in Frage kämen, aber bei den Rezepten gibt's ebenfalls keine Unregelmäßigkeiten. Keiner, der plötzlich mehr verbraucht hätte, und außerdem haben fast alle ein Alibi.«

Ostermann erhob sich. »Ist denn das Insulin die einzige Spur, die Sie verfolgen?«

Charlotte warf Schliemann einen fragenden Blick zu. Der schüttelte den Kopf. »Fehlanzeige auf der ganzen Linie. Wir haben sämtliche Gäste und Angestellten des Courtyard Hotels befragt. Kein Mensch hat irgendwas Verdächtiges am Maschteich bemerkt. In Sichtweite ist dann nur noch das Sprengel-Museum und das Landesmuseum, und die sind nachts geschlossen. Wir haben einen Zeugenaufruf in der Hannoverschen Allgemeinen und der Neuen Presse gestartet. Bisher keine brauchbaren Hinweise. Aber nachts ist dort während der Woche auch nicht viel Verkehr, und wenn der Kerl einfach rückwärts an der Culemannstraße geparkt hat, braucht er nur seine Heckklappe zu öffnen, die Leiche rauszuziehen und den Abhang runterrollen zu lassen. Dauert keine sechzig Sekunden.«

»Das kann doch nicht wahr sein«, sagte Ostermann. »Da wirft einer mitten in einer Großstadt eine Leiche aus dem Auto, und keiner will was gesehen haben!« Dabei bedachte er jeden seiner Untergebenen mit einem vorwurfsvollen Blick, so als ob dieser Umstand ihrer Unfähigkeit zu verdanken wäre.

In diesem Moment ergriff Wulf das Wort. »Also, wir haben uns mal um den ominösen Transporter gekümmert, der laut Aussage von einigen Campern am Birkensee gestanden haben soll. Leider konnten wir nicht mehr als die Farbe und die Marke herauskriegen, aber von denen ist zum Beispiel keiner als gestohlen gemeldet, und im näheren Umkreis von Hannover und Hildesheim sind davon fast dreihundert gemeldet. Ein paar Firmen haben eine ganze Flotte davon, aber bisher haben wir nirgendwo was feststellen können, das auf Prostitution schließen lässt, und auf den Reifen keine Hinweise auf Erdreich, scheinen bisher alle keinen Waldboden gesehen zu haben. Jedenfalls nicht die ungewaschenen.« Wulf sah auf die Uhr und warf Charlotte einen vorwurfsvollen Blick zu. »Einige von den Kollegen wissen gar nicht mehr, wie Schlafen geht.«

Charlotte gab einen verständnislosen Blick zurück und stand auf.

»Wir müssen an dieser Insulinspur dranbleiben. Wenn der Täter aus der näheren Umgebung kommt und Diabetiker ist, werden wir früher oder später auf ihn stoßen. Troger, du befragst die Leute in den beiden Wohnhäusern, Mertens begleitet dich. Und Hohstedt soll sich um den Computer der Toten kümmern, da muss er nicht reden. Außerdem müssen wir rausfinden, wie der Täter seine Auswahl trifft. Beide Opfer kamen aus Laatzen, wohnten keine zwei Kilometer voneinander entfernt. Wir müssen wissen, ob es sonst noch eine Verbindung zwischen ihnen gibt, oder ob der Mörder sie sich willkürlich aussucht. Ob er in seinem näheren Umfeld agiert oder sich die Mühe macht, aus anderen Stadtteilen oder sogar Städten zu kommen und in Laatzen zu grasen.« Sie schwieg einen Moment, schockiert über ihre Kaltschnäuzigkeit. »Das bedeutet, wir brauchen ein paar Beamte, die sich die Umgebung der beiden Häuser ansehen und vor allem die umliegenden Parkplätze nach fremden Nummernschildern absuchen. Wulf und Schliemann, das könntet ihr übernehmen.«

»Und was sollen wir mit dem Parkplatz vom Leine-Einkaufszentrum anstellen?«, unterbrach sie Wulf.

»Wie wär's mit ein paar Kameras?« Charlotte warf Ostermann einen fragenden Blick zu, der nickte nur, dazu brauchte er eine richterliche Erlaubnis. Er würde sich darum kümmern.

»Und vergesst die Angestellten vom Leine-Center nicht. Vielleicht ist denen jemand aufgefallen. Kollege Bergheim und ich werden uns jetzt um die Angehörigen von Corinna Brandes kümmern und uns das Umfeld der beiden Frauen genauer ansehen. Zeigt jedem, der euch in Laatzen über den Weg läuft, die Fotos.«

Sie nahm die Akte Broker/Brandes vom Tisch, legte Bergheim die Hand auf die Schulter und wandte sich auf dem Weg zur Tür noch mal an Ostermann. »War sonst noch was?«

Der schüttelte den Kopf und zupfte an seiner Unterlippe. Wahrscheinlich überlegte er sich bereits die Formulierungen für die Pressekonferenz.

Charlotte saß neben Bergheim im Auto und hatte Herzklopfen. Sie hatte immer Herzklopfen, wenn sie einem Menschen die Nachricht vom Tod eines nahen Verwandten überbringen musste. Sie war sicher, dass diese Menschen sie dafür hassten, sie verantwortlich machten, einfach, weil sonst niemand greifbar war. Sie wollte sich gerade mit einer Atemübung ablenken – das hatte Andrea ihr empfohlen – als ihr Handy klingelte.

Es war Sabine Brandes. Charlotte biss sich auf die Lippen.

»Ach, Frau Brandes«, sagte sie und blickte hilfesuchend Bergheim an, »wir sind gerade auf dem Weg zu Ihnen. Ich fürchte, wir haben keine guten Nachrichten. Ja, so ist es wohl … nein, das wissen wir nicht, aber, Frau Brandes, wir sind in zehn Minuten bei Ihnen, dann reden wir. Ja … ja, bis gleich.«

Charlotte unterbrach die Verbindung und stieß hart die Luft aus. Bergheim kaute schon wieder auf seinen Sonnenblumenkernen.

Sabine Brandes war nur mit einem rosafarbenen Frotteemantel bekleidet, als sie mit verweinten Augen die Tür öffnete. Auf dem Arm trug sie den Jungen, der – den Kopf auf ihre Schulter gelegt – friedlich an seiner Flasche nuckelte.

»Kommen Sie«, sagte sie, »ich bringe nur eben den Jungen ins Bett.«

Sekunden später war sie wieder bei ihnen. »Was ist passiert?«, fragte sie atemlos.

Charlotte nahm ihren Arm und sagte: »Wir sollten uns setzen.«

Bergheim ging voran ins Wohnzimmer, und sie setzten sich. Bergheim auf den futuristischen Sessel und die beiden Frauen auf das schwarze Sofa. Das Leder war wider Erwarten warm und die Möbel bequemer als sie aussahen. Auf dem Glastisch lag mit den Seiten nach unten aufgeschlagen ein Krimi von Elizabeth George.

»Nun sagen Sie schon endlich! Was ist passiert? Wo haben Sie sie gefunden?«

»Frau Brandes«, begann Charlotte, »wir haben die Tote vom Maschteich identifiziert. Es ist Ihre Schwester, und sie ist ermordet worden. Es gibt keinen Zweifel.«

Sabine Brandes atmete heftig. »Woher wollen Sie das wissen? Vielleicht hatte sie einen Unfall! Wer sollte denn Corinna ...« Sie zitterte plötzlich.

»Sollen wir Ihren Mann anrufen?«, fragte Charlotte.

Bergheim schwieg, während seine Wangenknochen arbeiteten. Frau Brandes nickte. »Seine Handynummer ist gespeichert«, sagte sie, und Bergheim ging zum Telefon.

Nach einer Weile kam er aus dem Flur zurück. »Er sagt, er braucht eine halbe Stunde.«

Charlotte sah auf die Uhr. »Frau Brandes, können wir Ihnen ein paar Fragen stellen? Sie wollen uns doch sicher helfen, den Tod Ihrer Schwester möglichst schnell aufzuklären.«

Frau Brandes nickte und wischte sich mit dem Ärmel ihres Mantels über die Augen.

»Wir ... waren ziemlich verschieden, Corinna und ich, wissen Sie.«

Sie griff in die Tasche ihres Bademantels und zog ein Papiertaschentuch heraus.

»Sie war immer so lebenslustig und sorglos und ... eigentlich verantwortungslos.«

Sie verbarg ihr Gesicht in den Händen. »Ich hab's ihr immer wieder gesagt, dass das kein Beruf für eine Mutter ist. Eine Mutter gehört nicht hinter eine Kneipentheke, wo sie dauernd angemacht wird, sondern zu ihrem Kind, vor allem nachts und vor allem, wenn es noch so klein ist. Und dann dieser Vater! Dieses Kind von einem Vater! Sagt, er studiert! Ich frage mich bloß, wann er das macht. Ich seh ihn immer nur rumlungern. Und heiraten wollte er sie unbedingt! Keinen Beruf, kein Geld, keine Lust zu arbeiten.« Sie schluchzte laut, riss sich aber sofort zusammen. »Aber«, sagte sie leiser, »wir müssen Rücksicht auf den Jungen nehmen. Er ... er hat seine Mutter zwar nicht oft gesehen, aber sie war seine Mutter, und jetzt ist sie tot.« Sie weinte leise in ihr Taschentuch.

Charlotte streichelte sanft ihren Rücken. Sie sah Bergheim an. Wie sollte sie ihr bloß mitteilen, dass jemand ihrer Schwester das Gesicht zertrümmert und ihre Hände abgehackt hatte.

»Haben Sie irgendwas zu trinken?«, fragte Bergheim. »Likör, Schnaps, Wein?«

»Ja, im Küchenschrank neben dem Kühlschrank steht alles Mögliche.«

Er fand eine zur Hälfte geleerte Flasche Grappa und mehrere Flaschen Rotwein. Er nahm den Grappa, drei Gläser und goss ein. Dann trug er die Gläser ins Wohnzimmer und stellte sie auf den Tisch.

Charlotte sah ihn verwundert an, während er nur was von »außergewöhnlichen Maßnahmen« murmelte. Sie hielt Frau Brandes deren Glas hin.

»Trinken Sie, Sie werden's brauchen.«

»Frau Brandes«, begann Charlotte dann, »ich weiß, wie schwer das jetzt für Sie sein muss, aber ... Haben Sie denn Ihre Mutter schon erreicht?«

Frau Brandes schüttelte den Kopf. »Sie weiß noch nicht, dass Corinna tot ist. Sie sitzt im Zug, und ich ... ich kann sie einfach nicht anrufen. Ich sag's ihr, wenn sie ankommt, heute Abend kurz nach sieben am Bahnhof.«

Charlotte nahm einen Schluck von ihrem Grappa. »Frau Brandes, wir müssen Ihnen leider noch sagen, dass … dass der Schädel Ihrer Schwester nach ihrem Tod zertrümmert wurde und man ihre Hände abgetrennt hat.«

Sabine Brandes starrte sie ungläubig an. »Wie … wie meinen Sie das?«

Charlotte war bewusst, dass sie nicht wirklich eine Antwort erwartete, und sie senkte nur den Kopf.

»Aber«, Sabine Brandes atmete jetzt schneller, »wer tut denn so was?«

»Das versuchen wir herauszufinden.«

»Das war bestimmt er.« Frau Brandes keuchte nur noch.

»Wer? Wen meinen Sie?«

»Na, ihren früheren Freund! Dieses Baby von einem Freund! Der war doch immer so eifer… süchtig.«

»Frau Brandes!«, rief Charlotte, aber Bergheim war bereits an ihrer Seite und legte beide Hände vor ihren Mund. »Sie hyperventiliert. Hast du 'ne Tüte oder so was?«

Charlotte wandte sich suchend um.

»Nimm die Zeitung da und mach eine Tüte«, kommandierte Bergheim mit einem Blick auf die Sofaecke.

Charlotte rollte mit fliegenden Händen eine Tüte aus der Illustrierten und hielt sie Sabine Brandes vor das Gesicht. Dass die uns hier bloß nicht zusammenklappt, dachte sie mit klopfendem Herzen. Nach wenigen Minuten ging es der Frau besser.

»Atmen Sie ganz ruhig«, sagte Bergheim und legte ihr die Hand auf den Arm.

In diesem Moment ging die Tür auf, und ein Mann im dunklen Anzug kam herein. Er blickte eher ärgerlich als besorgt, fand Charlotte.

»Ihrer Frau geht's schon wieder besser. Es war wohl zu viel Aufregung für sie«, sagte sie vorsorglich.

Der Mann blickte von Charlotte zu seiner Frau und zu Bergheim.

»Könnte mir vielleicht mal jemand erklären, was genau passiert ist?« Er sah seine Frau an. »Was hat Corinna wieder angestellt?«

Charlotte fand diese Formulierung bemerkenswert. »Ihre Schwägerin ist am Maschteich tot aufgefunden worden. Sie ist ermordet worden.«

Der Mann wurde blass.

»Lieber Himmel, das war Corinna, die Sie da gefunden haben. Ich hab's in den Nachrichten gehört«, sagte er und setzte sich endlich zu seiner Frau auf das Sofa. »Ja ... und wissen Sie schon wer's war?«

Charlotte schüttelte den Kopf. »Sie würden uns helfen, wenn wir Ihnen noch ein paar Fragen stellen könnten.«

Herr Brandes legte seine Hände um die zuckenden Schultern seiner Frau und nickte.

»Wann haben Sie Ihre Schwägerin das letzte Mal gesehen?«

»Das ist Wochen her«, sagte Herr Brandes. »Ich kann Ihnen da nicht helfen. Meine Schwägerin und ich hatten nicht viel Kontakt.«

Charlotte hätte ihn gern gefragt, warum er seine Schwägerin nicht gemocht hatte, aber das musste warten.

»Wie ist's bei Ihnen, Frau Brandes? Ist Ihnen noch was eingefallen, seitdem wir uns in der Wohnung gesehen haben?«

»Nein ... nein, wirklich nichts. Ich zermartere mir den Kopf, aber ich kann mir einfach nicht vorstellen, wie das alles passieren konnte.« Dann blickte sie Charlotte fest an. »Aber diesen Studenten! Den müssen Sie sich vorknöpfen. Der war immer so eifersüchtig, hat sie ständig bedrängt und wollte ihr Vorschriften machen, obwohl sie sich schon vor Kevins Geburt von ihm getrennt hatte.«

»Wann haben sie sich das letzte Mal gestritten?«

»Das weiß ich nicht mehr. Ist wohl schon länger her. Aber ich war ja auch nicht immer dabei.«

»Worum ging's bei dem Streit?«

Frau Brandes zuckte mit den Schultern. »Ich glaube, sie hatte jemanden kennengelernt. ›Der hat Geld‹, hat sie gesagt. Sie wollte immer raus aus ihren ... kleinen Verhältnissen ...« Sabine Brandes blickte Charlotte an und wies mit den Augen in Richtung ihres Mannes.

Charlotte beschloss, das Thema vorerst auf sich beruhen zu lassen.

»Können Sie mir sagen, wie der Mann heißt?«

»Nein, sie hat nicht oft mit mir über ihre Bekanntschaften gesprochen.«

»Bekanntschaften? Waren es mehrere?«

»Das kann man wohl sagen«, mischte sich jetzt ihr Mann ein. »Wenn es nicht die Schwester meiner Frau wäre, würde ich sie als ... na, Sie wissen schon was ... bezeichnen.«

»Hör doch auf damit! Sie war einfach naiv! Das war ihr Fehler.«

In diesem Moment begann das Kind zu weinen, und Frau Brandes sprang auf.

Herr Brandes seufzte und legte den Kopf in die Hände. »Das hab ich befürchtet.«

»Was haben Sie befürchtet?«, wollte Bergheim jetzt wissen.

»Dass wir auf dem Kind sitzen bleiben.«

Charlotte und Bergheim sahen sich an und erhoben sich.

»Kommen Sie bitte morgen zum Präsidium und geben Ihre Aussagen zu Protokoll. Wenn Ihnen noch irgendwas einfällt, das uns helfen könnte ... hier ist meine Karte.«

»Blöder Spießer«, sagte Bergheim, als sie draußen waren.

Charlotte nickte. »Wir sollten ihn überprüfen.«

»Okay, ich werde Mertens damit beauftragen«, sagte er.

»Mach das«, sagte Charlotte, »und wir sollten uns als Nächstes den Ex von Corinna Brandes vornehmen. Ich bin mir übrigens fast sicher, ihn gestern mit seinem schlecht erzogenen Hund bei uns in der Marktstraße gesehen zu haben.«

»Wohnt er nicht in der Gegend?«

»Schon, aber das macht ihn nicht weniger verdächtig.«

»Allerdings.«

»Außerdem grüble ich darüber nach, woher ich Limbach kenne. Ich bin mir sicher, dass ich ihm schon mal begegnet bin.«

»Wahrscheinlich in irgendeiner Kneipe«, grinste Bergheim, »scheint eine starke Wirkung auf Frauen auszuüben.«

»Quatsch«, sagte Charlotte heftiger als gewollt, »aber ich komm schon noch drauf. Irgendwann komm ich drauf.«

Es war bereits halb fünf am Freitagnachmittag, als sie Björn Böttcher in die Mangel nahmen.

Er schlug die Beine übereinander. So wie er dasaß, wirkte er auf Charlotte wie ein beleidigter kleiner Junge. Fast erwartete sie, er würde gleich anfangen zu weinen. Sie warf Bergheim einen Blick zu, aber der schaute Böttcher nur ausdruckslos an. Charlotte lehnte sich zurück.

»Sie wollen also ernsthaft behaupten, dass Sie Corinna Brandes ausgerechnet an dem Abend ihres Verschwindens nicht mit Ihrem Besuch beehrt haben, wo sie doch seit Wochen fast täglich vor ihrer Wohnungstür auflaufen. Dafür gibt's mehrere Zeugen.«

»Am Donnerstagabend war ich da! Sie haben mich doch gesehen! Glauben Sie denn wirklich, ich wäre da aufgekreuzt, wenn ich gewusst hätte, dass sie verschwunden ist?«

»Billiger Trick! Und außerdem wussten Sie ja, dass das Kind da war, und das wollten Sie holen.«

»Nein!« Böttcher klatschte mit der flachen Hand auf den Tisch und funkelte Charlotte an. Aber der Moment des Auflehnens verebbte schnell, und er sank wieder in sich zusammen.

»Was ist mit dem Lokalverbot im ›Brauhaus Ernst August‹? Sie haben einen Gast geschlagen.«

»Der hatte Corinna belästigt.«

»Corinna Brandes hat aber ausgesagt, der Mann hätte ihr nur einen Abschiedskuss auf die Wange gegeben.«

»Ts, Corinna hat's nie geschnallt, wenn einer was von ihr wollte. Außerdem war das irgendein Ausländer, und die haben öfter eine merkwürdige Einstellung Frauen gegenüber.«

»Wie meinen Sie das?«

»Na ja, die glauben, ein Lächeln ist gleich 'ne Einladung.«

»Der Mann war ein Manager aus Prag und während der Cebit

fast jeden Abend mit einer Gruppe im Brauhaus. Alle anderen Mitglieder der Gruppe«, Charlotte beugte sich vor, »Corinna Brandes übrigens auch, haben damals ausgesagt, dass Sie den Mann ohne Vorwarnung vom Hocker gerissen und ihm eine Ohrfeige versetzt hätten.«

»Hatte er auch verdient«, murmelte Böttcher. »Was wollen Sie eigentlich von mir? Das ist drei Monate her, und es hat keine Anzeige gegeben.«

»Ja, weil der Mann so gutmütig war, sie zurückzuziehen. Sie können von Glück reden!«

Charlotte musterte ihr Gegenüber mit einem gewissen Widerwillen. Was für ein verwöhnter Bengel, dachte sie und sah, wie Bergheim seine Tüte mit den Sonnenblumenkernen aus der Tasche holte und sie geräuschvoll öffnete. Er bot zuerst Charlotte, dann Böttcher davon an. Beide lehnten ab. Bergheim grinste und bediente sich.

»War Corinna Brandes Ihre erste Beziehung?«, fragte er dann.

»Ich bin dreiundzwanzig. Was glauben Sie?«

Als keiner der beiden Beamten reagierte, reckte er den Kopf und zog die Augenbrauen hoch.

»Auf jeden Fall die erste mit Kind«, sagt er und grinste. »Jedenfalls soweit ich weiß.«

»Werden Sie mal deutlicher!«, kommandierte Charlotte.

»Mein Gott, die anderen waren eher flüchtige Bekanntschaften. War nicht wirklich das Richtige dabei.«

»Sie meinen *die* Richtige. Und jetzt spucken Sie's schon aus! Waren Sie noch Jungfrau, als sie mit Corinna Brandes ins Bett gingen?«

Böttcher lief rot an, was die Frage für Charlotte hinreichend beantwortete.

»Das geht Sie überhaupt nichts an!«, blaffte Böttcher.

»Nun kommen Sie schon«, sagte Bergheim. »Wir verstehen das ja. Sie haben sie eben geliebt, und sie hat das gar nicht zu schätzen gewusst, nicht wahr? Und dann ist da noch das Kind. Die Mutter ist völlig überfordert, hört nicht auf Sie, bedient stattdessen in Kneipen, wo sie ständig von anderen Männern angequatscht wird. Da kann einem schon mal der Geduldsfaden reißen.«

Böttcher starrte Bergheim an.

»Was wollen Sie mir hier eigentlich anhängen? Dass ich sie umgebracht habe? Sie spinnen ja komplett! Ich hab sie geliebt!« Jetzt fing er wirklich an zu heulen. Er stand auf. »Ich will sofort hier raus.«

Charlotte hatte sich schon gefragt, wann der junge Mann wohl darauf kommen würde, zu gehen. Sie konnte ihn nicht daran hindern, beschloss aber, sein Anliegen vorerst zu ignorieren. Was sie außerdem wunderte, war, dass er noch keinen Anwalt verlangt hatte. Das war entweder naiv oder besonders raffiniert.

»Warum konnten Sie sich nicht damit abfinden, dass Corinna Brandes die Beziehung beendet hatte?«

»Wie bitte?« Böttcher setzte sich wieder. Er schien es langsam zu genießen, dass man sich so ausgiebig mit ihm beschäftigte.

»Sie hat die Beziehung nicht wirklich beendet. Sie kannten Corinna nicht so wie ich. Sie war echt flatterhaft. Früher oder später wäre sie doch zurückgekommen. Schon wegen des Kindes.« Er lächelte. »Sie war doch froh, dass sie mich hatte, ist doch allein gar nicht klargekommen. Und ihre Schwester ist genauso eine. Die glaubt doch wirklich, dass sie meinen Sohn in die Finger kriegt. Die wird sich noch wundern.«

»Kennen Sie diese Frauen?«, fragte Charlotte und legte ihm Fotos von Elli Broker, Margit Hof und Bettina Limbach vor.

Er warf einen Blick auf die Bilder. Charlotte beobachtete ihn genau, und das unmerkliche Zucken seiner Augenbrauen entging ihr keineswegs.

Böttcher zuckte mit der Schulter. »Woher sollte ich die kennen?«

»Das fragen wir Sie«, sagte Bergheim, dem Böttchers schnoddriges Benehmen langsam auf die Nerven ging.

Böttcher klopfte mit den Fingerspitzen auf den Tisch. »Ich hab diese Frauen nie gesehen«, sagte er und stand auf. »Ich gehe jetzt, oder spricht was dagegen?«

Charlotte schüttelte sanft den Kopf und wies mit der Hand zur Tür.

»Was für ein mieser kleiner Scheißer«, sagte Bergheim, als sich die Tür hinter ihm geschlossen hatte.

»Ja, das sehe ich auch so, der klassische Stalker«, sagte Charlotte. »Aber glaubst du wirklich, der hat Schneid genug, eine Frau zu entführen und sie dann auf so eine Weise umzubringen?«

»Keine Ahnung. In seiner Familie und seinem Freundeskreis ist jedenfalls keiner Diabetiker, und unter den Studenten in seinem Fachbereich haben wir zwei ausgemacht, die aber beide unseren Björn nicht kennen und auch kein Insulin vermissen. Wenn der jemals Insulin besessen hat, muss er's irgendwo gefunden haben oder es außerhalb Hannovers geklaut haben.«

»Es ist zum Kotzen«, Charlotte sprang auf, »wir kommen keinen Schritt weiter.«

»Immerhin hat er ein Motiv und ein wackliges Alibi.«

»Für die Nacht haben so viele kein sicheres Alibi. Hast du eins? Siehst du, ich auch nicht. Und außerdem vergisst du, dass wir zwei Tote haben, und mit Elli Broker und den anderen Frauen können wir den Bengel bis jetzt nicht in Verbindung bringen, auch wenn ich glaube, dass er zumindest Elli auf dem Bild erkannt hat.«

»Die Vermissten müssen ja nicht unbedingt was mit den beiden Toten zu tun haben.«

»Glaubst du das wirklich?«, fragte Charlotte.

»Ich möchte es glauben.«

Charlotte bemerkte es sofort, als sie die Wohnung betrat. Irgendwas stimmte nicht. Die Lichter waren aus, der Fernseher auch. Ein strenger Geruch hing in der Luft. Sie ging in die Küche und kontrollierte Herd, Kaffeemaschine und Wasserkocher. Nichts. Vielleicht schmorte die Musikanlage. Sie ging zurück ins Wohnzimmer, konnte aber nichts Verdächtiges entdecken. Blieb nur das Badezimmer.

Als sie die Tür öffnete, schlug ihr der Gestank von verbrann-

tem Plastik entgegen. Sie knipste das Licht an und hustete. Der
Föhn steckte in seiner Halterung und war völlig verschmort. Sie
eilte durchs Wohnzimmer und stellte entsetzt fest, dass die Balkontür einen Spalt offen stand. Ihr Herz fing wild an zu klopfen,
und sie sah sich unwillkürlich um. Nervös ging sie durch die
Wohnung. Alles war normal, bis auf das Bad.

Sie betrachtete den verschrumpelten schwarzen Föhn, ohne
einen klaren Gedanken fassen zu können. Wie konnte das passieren? Der Föhn konnte auf keinen Fall an gewesen sein, als sie
die Wohnung verlassen hatte. Und außerdem hatte das Gerät einen Überhitzungsschutz. Es ging automatisch aus, wenn es zu
heiß wurde. Und sie wusste, dass der Mechanismus funktionierte, denn sie hatte sich mehrfach darüber geärgert, dass das Ding
so oft ausging. Sie wickelte etwas Toilettenpapier ab und nahm
den Föhn mit dem Papier aus der Halterung. Der Schalter stand
zwischen Stufe zwei und drei, so, als wenn er verrutscht wäre.

Vorsichtig schob sie den Föhn mit dem Griff zurück in den
Haltering an der Wand. Der Schalter lag direkt am Ring auf, möglicherweise war der Griff langsam immer weiter nach unten ge-
rutscht und der Schalter dadurch verschoben worden. Das würde heißen, dass der Föhn den ganzen Tag angeschaltet war und
natürlich irgendwann heißlaufen musste. Sie warf das Papier in
die Toilette und nahm das noch immer warme Gerät, um es vorerst auf dem Balkon zu deponieren.

Dann setzte sie sich auf den einen der beiden Stühle und legte
den Kopf in die Hände.

Irgendwas stimmte nicht. Vielleicht war sie krank? Aber für
Alzheimer war sie doch wohl zu jung, oder nicht? Jedenfalls hatte ihre Schwester mal gesagt, das finge meist erst mit fünfzig an,
oder später. Aber vielleicht war sie ja die Ausnahme, die die Re-
gel bestätigte. Vielleicht hatte sie ja einen Tumor im Gehirn, der
ihr nach und nach den Verstand raubte? Sie schluckte und fasste
sich unwillkürlich an den Hinterkopf. Thomas hatte in den letzten Monaten oft zu ihr gesagt, sie habe nicht alle Tassen im
Schrank. Aber ihrer Meinung nach hatte Thomas auch nicht alle
Tassen im Schrank.

Vielleicht sollte sie den Föhn mit ins Präsidium nehmen und auf Fingerabdrücke untersuchen lassen. Aber mit welcher Begründung? Und außerdem hatte sie keine Ahnung, wer den Föhn schon vor ihr benutzt hatte. Sie wusste nicht mal mehr, ob es ihrer war oder Thomas'. Alles Quatsch, sagte sie sich, Kriminalhauptkommissarin Charlotte Wiegand lässt sich von einem verkohlten Föhn nicht aus der Fassung bringen.

Sie atmete tief durch und ließ den Blick durch die einsetzende Dämmerung über den Innenhof wandern. Und da war er wieder. Der Hund saß an einem der Müllcontainer, die zum gegenüberliegenden Haus gehörten. Er war mittelgroß, hatte Schlappohren und ein braun-weiß geflecktes Fell. Charlotte drehte sich um und verließ die Wohnung. Die drei Stockwerke nahm sie zu Fuß und lief zum Notausgang, der auf den Hinterhof führte. Der Hund saß immer noch da. Er machte einen verängstigten Eindruck, und niemand schien sich für ihn zu interessieren. Sie ging über den Platz und näherte sich vorsichtig dem Tier.

»Na komm, mein Guter«, sagte sie und schnalzte mit der Zunge.

Der Hund blickte sie misstrauisch an, lief aber nicht weg. Sie war auf zehn Meter herangekommen, als eine männliche Stimme hinter ihr polterte.

»Du blöde Töle hast den ganzen Müllcontainer auseinandergenommen!«

Ein Stein verfehlte Charlottes Kopf um Haaresbreite. Der Stein prallte mit einem Scheppern an dem Blechcontainer ab, und der Hund ergriff die Flucht. Wütend wandte Charlotte sich um.

»Zum Teufel, was fällt …« Sie stutzte, als sie in das wütende Gesicht des Hausmeisters blickte, der bereits zum zweiten Wurf ausholte. »Hören Sie auf damit!«, schrie sie. »Oder wollen Sie hier noch jemanden verletzen?!«

Im Haus oben wurden die ersten Fenster geöffnet.

Ziegler, der Hausmeister, senkte den Arm und sah sie verächtlich an.

»Ja, klar, das könnt ihr Bullen, Tiere beschützen, aber dafür sorgen, dass hier nicht reihenweise Frauen abgeschlachtet werden, dafür reicht's nicht.«

»Reden Sie keinen Blödsinn, und wieso regen Sie sich so über den Hund auf? Hat er Sie gebissen?«

»Mich beißt kein Hund«, sagte Ziegler, »aber er hat mir schon zweimal den Müllcontainer ausgeräumt.«

»Könnte auch ein Waschbär gewesen sein.«

»War's aber nicht.«

»Seit wann läuft der Hund hier rum?«, wollte Charlotte wissen.

»Weiß ich doch nicht. Ist ja wohl auch egal, wie wär's, wenn Sie sich nützlich machten und ihn wegschafften?«

»Daran haben Sie mich ja gerade gehindert.«

Sie wandte sich ab und lief in die Richtung, die der Hund genommen hatte. Aber sie konnte ihn nirgends entdecken. Sie lief über die Anlagen und trat in einen Haufen Kot.

»Mist!«, rief sie und wischte mit ihrem Turnschuh über das Gras. Entnervt gab sie auf und beschloss zurückzugehen. Wahrscheinlich war das sowieso wieder nur eins ihrer Hirngespinste. Bevor sie irgendwelchen herrenlosen Hunden hinterherrannte, sollte sie noch mal in die Akte Broker gucken und rausfinden, wie der Hund hieß und wie er aussah.

Als sie wieder im dritten Stock ankam, stellte sie fest, dass ihre Wohnungstür weit offen stand.

Den Samstag verbrachte Charlotte zu Hause.

Sie räumte ihre Wohnung auf und ging ins Leine-Center, um einzukaufen, einen Cappuccino zu trinken und sich davon zu überzeugen, dass es außerhalb ihres Polizeialltags ein ganz normales Leben gab, mit ganz normalen Menschen. Eine andere Wirklichkeit, in der niemand dem anderen nach dem Leben trachtete und man sich über Trivialitäten wie falsches Wechselgeld aufregen konnte. Wo Frauen oder Männer sich darüber Gedanken machten, was sie ihren Familien zum Essen vorsetzen wollten oder welches Gastgeschenk sie zur abendlichen Party mitbringen sollten.

Charlotte hatte das Gefühl, dass dieser Teil des Lebens in ihrem Alltag nicht stattfand. Seit ihrer Trennung von Thomas hatte sie sich zunehmend auf ihre Arbeit konzentriert und verspürte wenig Lust, abends ins Kino oder auf Partys zu gehen.

Vielleicht wurde sie langsam alt, und in den letzten Wochen hatte sie sich oft gefragt, ob sie für den Rest ihres Lebens so weitermachen wollte: ihren Job, hin und wieder eine kurze Reise und vielleicht irgendwann wieder eine Beziehung, obwohl sie nicht wusste, ob und wann sie einem Mann wieder vertrauen können würde.

Charlotte schob diese Gedanken beiseite. Wohin sollte das führen?

Sie löffelte den Milchschaum aus ihrer Tasse und verließ die Kaffeebar im Obergeschoss. Bei Real kaufte sie Lachs, eingelegten Ingwer, ein Baguette, Rucolasalat, Tomaten und eine Flasche Frascati für ihr Abendessen. Sie gönnte sich bei Goertz ein neues Paar Schuhe. Schwarze Riemchensandalen mit High Heels. Viel zu teuer, aber das war ihr egal.

Anschließend ging sie zu Subway, bestellte sich ein Hühnchen-Sandwich mit Tomaten, Gurken und Paprika und ging dann gemütlich die kaum dreihundert Meter zurück zu ihrer Wohnung. Das Wetter war traumhaft und ließ sogar das Grün der Bäume in dieser trostlosen Betonlandschaft saftiger erscheinen. Vielleicht sollte sie Schwimmen gehen, zum Altwarmbüchener See oder zum Maschsee-Bad.

Aber dann hatte sie plötzlich wieder die Leiche von Corinna Brandes vor Augen, und ihr verging die Lust, sich in den Maschsee zu stürzen.

Nein, sie würde es sich auf ihrem kleinen Balkon gemütlich machen. Einen Krimi von Agatha Christie lesen und hoffen, dass niemand anrief. Manchmal musste man einfach der Realität entfliehen.

Sonntag, 23. Juni

Um halb fünf Uhr am Sonntagmorgen klingelte ihr Handy. Es war Troger, und er flüsterte. »Wie's scheint, haben wir den Wagen gefunden.«

»Welchen Wagen?«, fragte Charlotte schlaftrunken.

»Na, den Transporter vom Birkensee. Das Nummernschild ist gefälscht.«

»Oh«, sagte Charlotte und war hellwach. »Wo?«

»Am Steintor in einem Hinterhof. Die Einfahrt ist direkt neben der Erotic-Bar.«

Der Steintorkiez am Rande der Fußgängerzone, war Hannovers Rotlicht- und Vergnügungsviertel. Zahlreiche Clubs, Bars, Diskotheken und Bordelle konkurrierten hier um Kundschaft.

»Wer ist noch da?«, fragte Charlotte, die mit einer Hand versuchte, ihre Jeans anzuziehen.

»Schliemann ist reingegangen, und Wulf und Mertens sind auch da, sitzen im Auto.«

»Ist Ostermann informiert?«

»Natürlich.«

»Okay, weiß Bergheim Bescheid?«

»Nein, ich dachte, das machst du. Hier ist im Moment nicht viel los, es kommen nur hin und wieder ein paar Freier aus dem Haus. Ich steh hier am Schaufenster, ist aber alles dunkel.«

»Ich brauche fünfzehn Minuten«, sagte Charlotte. Sie schlüpfte in ihren Pullover, riss ihre Jacke vom Garderobenhaken und verließ die Wohnung. Auf dem Weg nach unten rief sie Bergheim an. Es dauerte eine Ewigkeit, bis er dranging, und er hörte sich ziemlich verschlafen an.

»Troger hat angerufen, sie glauben, dass sie den Wagen gefunden haben. Er steht am Steintor, neben der Erotic-Bar. Weißt du, wo das ist?«

»Ich glaub schon«, kam es ironisch vom anderen Ende. Jeder Polizist kannte das Steintorviertel.

»Gut, ich bin unterwegs.«

Charlotte warf sich hinter das Steuer und gab Gas. Um diese Zeit war die Hildesheimer Straße zum Glück ziemlich ausgestorben, und sie schaffte die knapp zehn Kilometer von Laatzen bis zur City in etwas weniger als fünfzehn Minuten.

Es war schon fast hell, als sie am Steintor ankam. Sie parkte den Wagen Am Marstall und bog zu Fuß in die kleine Seitenstraße ein. Die Erotic-Bar war nicht mehr beleuchtet. Troger stand am Schaufenster und starrte auf das Riesenposter, auf dem eine dürftig in Leder gekleidete Schwarzhaarige mit Pfennigabsätzen abgebildet war, die eine Peitsche schwang. Troger war wie die anderen die ganze Nacht auf den Beinen gewesen. Mit der Halbglatze und in seiner abgetragenen Anzugjacke und der verblichenen Jeans wirkte er wie ein einsamer Rentner auf Freiersfüßen. Es war noch recht kühl, und Charlotte schlug den Kragen ihrer Jacke hoch. Mit Ausnahme Trogers war die Straße menschenleer. Kaum war die Sonne aufgegangen, verzogen sich die Nachtschwärmer in ihre Betten.

»Wo sind die anderen?«

Troger wies mit dem Kopf auf die andere Straßenseite, und in diesem Moment stieg Wulf aus seinem Wagen und kam zu ihnen herüber. Gemeinsam betraten sie den dunklen, engen Hinterhof, dessen schweres Eisentor geöffnet war. Charlotte blickte sich um. Die wenigen Fenster waren verschlossen und dunkel. Es standen nur zwei Wagen im Hof, ein blauer Audi und ein grauer Mercedes Van.

»Woher wisst ihr, dass das der richtige ist?«, fragte Charlotte.

Troger grinste. »Wirf mal 'n Blick rein. Er ist offen.«

Charlotte öffnete vorsichtig die Beifahrertür und blickte nach hinten. Die Ladefläche war komplett mit Fellen und Kissen bedeckt. Darunter lag wahrscheinlich eine Matratze. Sie ließ die Tür sachte ins Schloss fallen.

»Nettes Liebesnest«, sagte Bergheim, der plötzlich hinter ihr stand.

Charlotte zuckte zusammen. »Herrgott, musst du mich so erschrecken?«

Bergheim ignorierte den Vorwurf. »Ist das alles, was ihr habt? Ein paar Kissen und Felle und ein gefälschtes Nummernschild?«, fragte er.

»Außerdem sind an den Reifen und am Kotflügel Spuren von Erdreich«, flüsterte Wulf.

Charlotte nickte.

»Wann ist Schliemann reingegangen?«

»Ungefähr vor einer halben Stunde. Übrigens mit einer Rothaarigen.«

»Wo sind sie rein?«

»Vorne, sie hatte einen Schlüssel.«

»Hm, dann wollen wir uns mal anschließen. Wulf, du kommst mit uns, und du, Troger, kümmerst dich um den Wagen. Danach gehst du am besten erst mal nach Hause und schläfst. Siehst aus, als würdest du's brauchen.«

Troger widersprach nicht und holte sein Handy aus der Tasche. Wulf hatte unterdessen noch zwei Beamte angefordert und war zum Auto zurückgegangen, um Mertens zu instruieren.

Dann standen er, Bergheim und Charlotte am Vordereingang, und Wulf drückte auf einen der namenlosen Klingelknöpfe. Als nach einer Weile niemand öffnete, drückte er alle vier. Mertens sollte mit den beiden anderen Beamten den Hinterausgang sichern, falls auf diesem Weg ein paar Vöglein das Weite suchen sollten.

Nach einer halben Minute ging der Türsummer, und die drei betraten das Treppenhaus. Es war halbwegs sauber, wenn auch der Putz teilweise von den Wänden bröckelte. Irgendjemand musste eine Flasche Raumspray mit Lavendelduft versprüht haben. Der Geruch war so penetrant, dass Charlotte unwillkürlich die Luft anhielt.

Der Flur war klein und spärlich beleuchtet. Am ersten Treppenabsatz stand eine junge Frau im Morgenmantel.

»Wenn Sie nich 'n verdammt guten Grund ham, hier son Aufstand zu machen, dann ruf ich die Polizei.«

»Ist schon da«, meinte Charlotte, die, gefolgt von den beiden anderen, zwei Stufen auf einmal nahm.

»Wissen Sie, wem der Mercedes Van draußen gehört?«

Die Frau verschloss sich sofort. Sie kniff die unterlaufenen Augen zusammen und schob ihr dünnes, strähniges Blondhaar aus dem Gesicht.

»Weiß ich nich und interessiert mich nich.«

»Wie heißen Sie, wo wohnen Sie?«

»Geht Sie zwar nix an, aber Tulic heiß ich, und wohnen tu ich im ersten Stock.«

»Sind Sie allein?«

Charlotte stand direkt neben der Frau. Sie war älter, als sie zuerst vermutet hatte. Ihre Haut war aufgeschwemmt und grobporig, an den Wimpern hing noch Tusche. Sie zog den Morgenmantel enger um ihren üppigen Körper.

»Soll das jetzt hier 'n Verhör sein, oder was?«

Charlotte gab Bergheim ein Zeichen. Der ging an den beiden Frauen vorbei und platzierte sich vor der geöffneten Wohnungstür. Das Haus schien wie ausgestorben, nichts rührte sich.

»Hey, was fällt Ihnen denn ein?«, protestierte die Tulic, aber Bergheim war bereits in der Wohnung, und plötzlich hörte man Geschrei von draußen. Offensichtlich wollte sich jemand über den Hinterhof davonmachen.

Charlotte ließ die Frau stehen und hechtete hinter Bergheim her, während Wulf den Flur sicherte. Bergheim war in einen rückwärtigen Raum gelaufen, in dem die Blonde vom Treppenhaus wohl geschlafen hatte. Er war fast nur mit einem großen Bett möbliert. Es gab noch einen dunklen Schrank und ein Waschbecken, das schon bessere Tage gesehen hatte. Am Fenster stand eine Art Schreibtisch, davor ein gepolsterter Stuhl mit Armlehnen. Der Geruch nach Lavendel war überwältigend.

Bergheim stand am Fenster und fluchte.

»Scheiße, der hat sich was gebrochen. Sieht so aus, als bräuchten wir 'nen Krankenwagen.«

»Lass das Mertens erledigen. Was ist mit den anderen Räumen? Und wo zum Teufel ist Schliemann?«

Bergheim stieß die eine der zwei anderen Türen auf und

blickte in ein leeres Schlafzimmer. Das nächste Schlafzimmer war nicht leer. Schliemann lag nackt auf einem Bett, Hände und Füße an den Rahmen gefesselt, während eine Rothaarige rittlings auf ihm saß. Er versuchte sich durch ein tennisballähnliches Etwas in seinem Mund verständlich zu machen, brachte aber nur eine Art Knurren heraus.

Die Rothaarige trug ein schwarzes, fast unsichtbares Stück Stoff, das ihr lose über die Schultern hing. Sie machte keine Anstalten aufzustehen und schien die Situation zu genießen, was man von Schliemann nicht behaupten konnte. Bergheim konnte sich ein Grinsen nicht verkneifen. Er durchsuchte den Schrank, während Charlotte die Prostituierte aufforderte, von ihrem Kollegen runterzusteigen und ihr in den Flur zu folgen. Die kam der Aufforderung lächelnd und sehr langsam nach und versetzte Schliemann noch eine symbolische Ohrfeige. Wiebke Mertens hätte ihre helle Freude gehabt, dachte Charlotte, und überließ es Bergheim, den Kollegen Schliemann zu befreien.

Inzwischen hatte Wulf mit zwei Beamten die oberen Wohnungen durchsucht. Sie waren alle ähnlich wie die im ersten Stock und unbewohnt. Die Blonde wurde zusammen mit der Rothaarigen in einen Streifenwagen verfrachtet, was keine von den beiden sich widerstandslos gefallen lassen wollte.

Es war erst kurz nach sechs, aber vor dem Haus hatten sich mittlerweile zahlreiche Schaulustige eingefunden. Der Abschleppwagen stand noch auf der Straße und wartete, bis der Krankenwagen endlich abfuhr. Ein paar Beamte machten sich an dem grauen Van zu schaffen. Charlotte beobachtete, wie Mertens die Leute aufforderte weiterzugehen, was diese nur sehr zögerlich taten.

Charlotte wartete, bis Bergheim mit Schliemann aus dem Haus kam. Bergheim grinste sie nur an und ging zu seinem Auto, während Schliemann mit hochrotem Kopf eine Rechtfertigung versuchte.

»Sie hat mir die Waffe geklaut und mich damit bedroht. Ob du's glaubst oder nicht, die hat mich einfach … überwältigt.«

»Auf deinen Bericht bin ich mehr als gespannt, Schliemann«,

111

sagte Charlotte, ohne ihren Mitarbeiter anzusehen, dann folgte sie Bergheim zum Wagen.

Eine Stunde später warteten Charlotte und Bergheim in der Notaufnahme der Medizinischen Hochschule. Wulf und Mertens kümmerten sich im Präsidium um die beiden Frauen, die aber bisher kein Sterbenswörtchen von sich gegeben hatten.

»Hast du's noch mal versucht?«, fragte Charlotte, als Bergheim sein Handy wegsteckte.

»Keine Neuigkeiten. Die Damen sind wohl nicht zum Reden aufgelegt.«

»Wenn sich nicht bald was tut, müssen wir die Herrschaften wieder laufen lassen, bevor wir sie überhaupt einquartiert haben«, sagte Charlotte. »Bis jetzt können wir nicht mal nachweisen, dass sie was mit dem Wagen zu tun haben.«

Bergheim antwortete nicht und sah auf die Uhr. »Wann kommt denn da endlich mal einer raus?«

Als sollte er erhört werden, öffnete sich in diesem Moment die Tür des Behandlungsraums, und eine Frau im weißen Kittel trat heraus. Charlotte ließ Bergheim den Vortritt. Bergheim zückte seine Marke, und die junge Frau lächelte.

»Wilpert«, stellte sie sich vor und unterschlug dabei den Doktortitel, der ihren Namen auf dem kleinen Schildchen am Kittel zierte.

»Bergheim«, sagte Bergheim, »können Sie uns sagen, wann wir uns mit dem Patienten unterhalten können?«

Sie strahlte. »Was hat er denn verbrochen?«, fragte sie, ohne wirklich eine Antwort zu erwarten. »Er müsste in spätestens einer halben Stunde fertig sein. Der Fuß wird gerade verbunden, dann können Sie den Herrn wieder mitnehmen.«

»Dann ist es wohl nicht so ernst?«

»Jedenfalls ist nichts gebrochen, wenn Ihnen das eine Hilfe ist. Auf jeden Fall und ganz im Vertrauen«, sagte sie, »wäre ich Ihnen dankbar, wenn der Mann schnell wieder aus unserem Krankenhaus verschwinden würde. Wir haben keinen Bedarf an Scherereien, und der Herr sieht mir ganz nach solchen aus.

Unangenehmer Mensch.« Sie blickte Bergheim und Charlotte, die hinzugetreten war, forschend an. »Ich würde mich ja gerne noch mit Ihnen unterhalten«, sagte sie dann mit einem Blick auf Bergheim, »aber ich habe noch jede Menge Patienten, wie Sie sehen.«

Bergheim gab das Lächeln zurück und bedankte sich. Charlotte schwieg.

Als die Ärztin gegangen war, forderte Charlotte zwei Beamte an, die den Mann anschließend zum Präsidium bringen sollten. Bergheim sprach mit Wulf, der außer den Personalien noch nichts aus den Damen hatte herausbringen können. Noch bevor Bergheim sein Handy wieder einstecken konnte, wurde er bereits von einem vorbeikommenden Weißkittel ermahnt.

»Handys sind hier verboten, wissen Sie das nicht?«

»Doch«, sagte Bergheim und steckte das Ding weg.

Charlotte grinste. »Was ist, wollen wir was essen gehen?« Bergheim nickte. »Was hältst du von Mel's Diner?«

»Das ist nicht dein Ernst. Wenn ich jetzt Speck mit Eiern esse, ist mir für den Rest des Tages übel. Ich dachte an Croissants und Kaffee.«

Er zuckte mit den Schultern. »Also dann zum Mövenpick. Da gibt's beides.«

Das Mövenpick am Kröpcke gehörte zu Charlottes Lieblingslokalen und bot ein hervorragendes Frühstücksbüfett. Außerdem konnte man bei schönem Wetter draußen sitzen. Mittlerweile war es warm geworden, und der blaue Himmel verhieß einen sonnigen Sonntag.

Sie warteten noch auf ihre Ablösung und machten sich dann auf den Weg.

Der Mann, der ihnen zwei Stunden später im Vernehmungsraum gegenübersaß, war auch im Sitzen noch ein Riese. Er war massig und hatte schulterlange dunkle Haare, die er streng aus dem Gesicht nach hinten gekämmt trug. Niemand würde sich mit diesem Typen freiwillig anlegen. Er sah aus, als könnte er jeden Widersacher mit einem Handstreich in eine andere Daseinsform befördern. Charlotte lief eine Gänsehaut über den Rücken, wenn sie sich vorstellte, wie dieser Mann mit Frauen umgehen mochte.

»Also, Goran«, Charlotte zögerte, bevor sie den Nachnamen aussprach, »Schmidt. Wo haben Sie den Mercedes geklaut?«

Goran Schmidt lächelte und schwieg.

»Und warum sind Sie so überstürzt abgehauen?«

Goran Schmidt blickte gelangweilt auf seine makellos manikürten Fingernägel.

»Hören Sie«, sagte Charlotte, die sich ihren Ärger nicht anmerken ließ, »das Kennzeichen ist ein Phantasieprodukt, und obendrein haben wir Ihre Fingerabdrücke gefunden. Leugnen hat überhaupt keinen Sinn. Und bei Ihrem Vorstrafenregister können Sie's sich nur leichter machen, wenn Sie mit uns zusammenarbeiten.«

Charlotte wusste natürlich, dass er es sich alles andere als leichter machen konnte, wenn er zugab, den Van geklaut zu haben und für seine Huren zu benutzen. Aber wenn sie keine Spur von Elli Broker in dem Wagen fanden, konnten sie ihm kaum nachweisen, etwas mit der Toten zu tun zu haben, schon gar nicht, sie darin transportiert zu haben.

Goran Schmidt blickte Charlotte an. »Frau Kommissarin«, sagte er leise, und seine dunkle Stimme klang gefährlich ruhig und selbstsicher, »natürlich hab ich den Wagen gefahren, er gehört einem Bekannten, der ihn bei mir unterstellen wollte.«

»Wie heißt der Bekannte, wo ist er?«

Goran Schmidts Blick wurde mitleidig. »Aber Frau Kommissarin, ich hab ein ganz schlechtes Namensgedächtnis, und wo er hinwollte, das hat er mir nicht verraten, auch nicht, wann er wiederkommt. Nur, dass ich sein Auto benutzen darf, aber wenn ich gewusst hätte, dass es gestohlen ist«, er breitete ergeben die Hände aus, »hätte ich's natürlich nie angerührt.«

»Natürlich nicht«, sagte Charlotte und lächelte mokant, »und die Papiere haben Sie sich natürlich auch nicht angesehen.«

»Frau Kommissarin«, wieder dieses Grinsen, Charlotte verspürte den Drang, ihn zu schlagen, »ich vertraue doch meinen

Freunden. Außerdem will ich jetzt meinen Anwalt anrufen. Sie können mich hier nicht festhalten.«

Goran Schmidt kannte sich aus. In diesem Moment ging die Tür auf, und Wulf bat Charlotte hinaus.

Sie folgte ihm, während Bergheim schweigend sitzen blieb und Goran Schmidt beobachtete.

»Die Erde stammt vom Birkensee. Ich hab's grad von Werner aus dem Labor«, sagte Wulf ohne Einleitung.

»Gut«, sagte Charlotte und hatte zum ersten Mal Grund zum Lächeln. »Schon irgendein Hinweis auf Elli Broker oder Corinna Brandes? Oder vielleicht Blutspuren?«

Wulf schüttelte den Kopf. »Blut haben wir nicht gefunden, und die anderen Spuren werden noch ausgewertet. Und das kann noch dauern. Da drin wimmelt's von Haaren und Sperma.«

Charlotte biss sich auf die Lippen. »Mist, dann müssen wir den Kerl gehen lassen. Und ich wette, dass er was damit zu tun hat.«

Wulf zuckte mit den Schultern. »Bin ich mir gar nicht so sicher.«

Charlotte und Wulf gingen wieder hinein. Wulf blieb an der Tür stehen, während Charlotte sich Goran Schmidt gegenübersetzte.

»Also, Herr Schmidt«, sagte Charlotte, »was haben Sie am Mittwoch, den zwölften Juni, gemacht?«

Schmidt starrte Charlotte an. »Was wollen Sie mir anhängen? Ich will sofort meinen Anwalt sprechen.«

»Wer will Ihnen was anhängen? Ich frage Sie, was Sie an besagtem Tag gemacht haben. Ist das ein Problem für Sie?«

Schmidts Augen blitzten, sein Mund wurde schmal. »Sie können mich mal. Ich sag kein Wort mehr, und ich will sofort meinen Anwalt anrufen.«

Charlotte gab Bergheim ein Zeichen und verließ den Raum. Sollte sich Bergheim weiter mit diesem Gorilla befassen. Sie konnte Zuhälter nicht ausstehen, und dieser war durch und durch skrupellos. Sie hatte schon viele Prostituierte gesehen, halbe Kinder, die ihre Zuhälter anbeteten, solche, die noch fühlen konnten und Angst hatten, und solche, die gebrochen waren und sich arrangiert hatten. Ihre Augen waren leer und kalt. Es gab nur wenige, die kämpften, und wenn sie zu viel Ärger machten, sorgten die Zuhälter dafür, dass sie keine Konkurrenz mehr waren, und verpassten ihnen ein paar Narben im Gesicht.

Charlotte hatte sich informiert und wusste, dass Schmidt nicht nur Frauen laufen hatte. Er kontrollierte auch einige Stricher, die an der Nadel hingen, und mit Sicherheit vermittelte er auch Kinder. Aber das Einzige, was man ihm bisher hatte nachweisen können, waren Diebstähle, die damals noch unter Jugendstrafe fielen, und eine Messerstecherei, die für einen seiner Konkurrenten tödlich endete. Er hatte sieben Jahre gesessen und während dieser Zeit nützliche Kontakte geknüpft. Er war gut im Geschäft. Eins seiner Bordelle am Steintor firmierte unter »Bar« und warf gute Gewinne ab, die alle ordnungsgemäß versteuert wurden. Mehrere Dealer arbeiteten für ihn. Der ein oder andere war schon verhaftet worden, aber Goran Schmidts Name fiel nie. Keiner wollte sich mit dem Serben anlegen.

Seine Organisation war straff und lückenlos. Es wurde für ihn erpresst, bestochen, gemordet. Er handelte rücksichtslos, effizient, selbstherrlich und absolut emotionslos. Wulf war ihm schon lange erfolglos auf den Fersen.

Endlich kam Bergheim heraus, und gemeinsam gingen sie zu ihrem Büro.

»Glaubst du, er hat was damit zu tun?«, fragte Bergheim kauend.

»Guck dir den Typen doch an, der lässt sogar dich unterm Arm verhungern.«

»Schon möglich«, sagte Bergheim, »aber der scheint mir viel zu clever zu sein, um Leichen irgendwo abzulegen, wo sie schnell gefunden werden. Der würde sie doch besser verstecken.«

»Nicht, wenn er durch irgendwas gestört wird und die Leiche schnell loswerden muss, und einen anderen Grund, sie am Maschteich, mitten in der Stadt, einfach aus dem Auto zu werfen, gibt's ja wohl nicht.«

»Vielleicht doch«, sagte Bergheim. »Vielleicht treibt das

Schwein sein Spielchen mit uns und will in Haarmanns Fußstapfen treten. Die nächste Leiche finden wir dann in der Leine.«

Charlotte schauderte. »Es wird keine Tote mehr geben«, sagte sie. »Es darf keine mehr geben.«

In diesem Moment klingelte Charlottes Handy. »Ja? Ja, bin gleich da.«

Sie legte auf. »Ostermann – und das am Sonntag«, sagte sie ohne weitere Erklärung.

Er nickte nur. »Dann müssen wir wohl.«

Als Charlotte am Abend auf dem Heimweg war, hatte sie denkbar schlechte Laune. Sie hatte immer schlechte Laune, wenn sie einen wie Schmidt laufen lassen musste. Aber offensichtlich hatten weder Elli Broker noch Corinna Brandes in diesem Wagen gelegen, oder er hatte sie in Plastiktüten verpackt, um keine Spuren zu hinterlassen. Aber dann musste er schon riesige Tüten verwendet haben, wenn man bedachte, wie die Leichen zugerichtet waren.

Wie konnte überhaupt jemand unbemerkt einen blutüberströmten Körper transportieren, ohne Spuren zu hinterlassen? Die Laborproben hatten ergeben, dass bei beiden Fundorten kaum Blut in der Erde versickert war. Der Transport war also keine saubere Angelegenheit gewesen.

Wie waren die Frauen dorthin gekommen, wo man sie gefunden hatte? Es musste ein großer Wagen gewesen sein, zumindest mit einem großen Kofferraum. Oder ein Kleinlaster. Ein größerer Lkw wäre einfach zu auffällig gewesen. Leider hatten sie weder am Birkensee noch am Maschteich Reifenabdrücke sichern können.

Die Ampel sprang auf Gelb, und Charlotte bog in die Marktstraße ein. Das Garagentor öffnete sich schon, als sie plötzlich stehen blieb.

Er war wieder da. Der Hund lief in Richtung Straße.

»Hey!«, schrie Charlotte, öffnete die Wagentür und rannte hinter dem Hund her. Im Laufen versuchte sie, ihr Handy aus der Jackentasche zu kramen, konnte aber nicht wählen, weil sie den Hund nicht aus den Augen verlieren wollte. Sie sah, wie das Tier gemächlich den Bürgersteig entlang zum Nachbarhaus trottete und sich dort am Hofeingang niederließ.

Charlotte näherte sich vorsichtig, doch plötzlich stand der Hund auf und lief schwanzwedelnd auf den Mann zu, der gerade die Straße herunterkam. Charlotte blieb stehen und blickte verwundert in die Augen von Björn Böttcher.

Er machte eine Bewegung, als wollte er umdrehen, schien es sich aber im letzten Moment anders zu überlegen.

Charlotte stemmte die Fäuste in die Hüften. »Haben Sie neuerdings zwei Hunde?«

Böttcher schüttelte heftig den Kopf, während der Schäferhund an seiner Leine riss und knurrte. »Nein, das ist nicht meiner, rennt mir nur andauernd hinterher.« Das Knurren wurde lauter, und der fremde Hund wich etwas zurück.

»He, Sie!«, schrie jemand, und Charlotte drehte sich um. »Können Sie gefälligst mal Ihren Wagen aus der Einfahrt entfernen. Es gibt hier noch andere Mieter!«

Charlotte hatte keine Lust auf Diskussionen und zückte ihren Ausweis. »Polizeiliche Untersuchung. So leid es mir tut, aber Sie müssen warten.«

Der Mann zog den Kopf ein und knurrte etwas, das sich nach »Scheißbullen« anhörte. Charlotte ignorierte ihn und wandte sich wieder Böttcher zu.

»Nehmen Sie mal Ihren Kampfhund da weg.«

Sie hatte nicht viel Ahnung von Hunden, aber diesen Streuner musste sie fangen. Er hatte ein Halsband und schien dennoch herrenlos zu sein.

Sie sprach beruhigend auf das Tier ein, ging in die Knie und kraulte ihn am Ohr. Jetzt erst sah sie, wie erschöpft das Tier war. Sein linkes Vorderbein zitterte, und er schien völlig ausgehungert. Er war es nicht gewohnt, für sein Futter selbst zu sorgen.

Charlotte ergriff das Halsband des Tieres und zog es mit sanfter Gewalt hinter sich her. Björn Böttcher hatte sich ohne viele Worte aus dem Staub gemacht.

Der Hund folgte ihr willig. Er schien keine Kraft mehr für

Widerstand zu haben. Ihr Auto stand immer noch mit offener Tür vor der Garageneinfahrt, und der Typ hinter ihrem Wagen lehnte an seinem Audi und rauchte. Er blickte sie abfällig an, warf seine Zigarette weg und stieg ein. Charlotte hatte alle Mühe, den Hund in ihren Wagen zu hieven. Aber der Mensch hinter ihr rührte sich nicht und saß jetzt grinsend hinter dem Steuerrad.

Endlich stand sie mit dem winselnden Hund im Fahrstuhl und hoffte, dass der Hausmeister wie meistens mit seiner Frau vor der Glotze saß und sich nicht ausgerechnet jetzt im Treppenhaus herumtrieb. Sie hatte keine Ahnung, was die Hausordnung zu Haustieren sagte, glaubte aber – in Anbetracht des Schildes auf dem Rasen –, dass das hier nicht besonders liberal gehandhabt wurde. Aber egal. Sie musste im Präsidium anrufen und in Erfahrung bringen, wie Elli Brokers Hund hieß, und wenn dies tatsächlich ihr Hund war, würde sich Herr Böttcher eine verdammt gute Erklärung dafür einfallen lassen müssen, dass der Hund ihn so gut kannte.

Natürlich hatte sie Pech. Gerade als sich die Aufzugtür öffnete, kam der Hausmeister um die Ecke. Der Hund verzog sich winselnd hinter Charlottes Beine.

»Was, zum Teufel, soll das denn?«, brüllte Ziegler.

»Regen Sie sich nicht auf«, blaffte Charlotte und wäre beinahe über den Hund gestolpert.

»Blödsinn! Soll ich mich noch darüber freuen, dass er hier die Mülltonnen ausräumt? Und außerdem haben Sie noch keine Genehmigung eingeholt, einen Hund in der Wohnung zu halten. Wenn er wenigstens gut erzogen wäre …«

Charlotte hatte keine Lust auf pädagogische Ratschläge.

»Ist nur bis morgen. Ich kenne den Besitzer. Schönen Tag noch.« Damit zog sie den bellenden Hund hinter sich her und schob ihn in die Wohnung. Ziegler sah den beiden kopfschüttelnd nach.

Charlotte warf die Wohnungstür hinter sich zu, knipste das Licht an und ging in die Küche, während der Hund schnüffelnd jedes Zimmer erkundete. Sie nahm einen Plastikbehälter, füllte

119

ihn mit Wasser und stellte ihn dem Hund hin. Dann öffnete sie den Kühlschrank.

»Na klasse«, sagte sie und nahm ihre letzte Packung Salami heraus.

»Hallo, Hundchen!«, flötete sie, und der Hund kam erwartungsvoll auf sie zu. Sie verfütterte die ganze Packung Salami, fast zweihundert Gramm, und der Hund verschlang gierig jede Scheibe.

»So, das war's«, sagte sie und warf die leere Packung in den Müll. »Jetzt gibt's nur noch Brot.«

Sie zog endlich ihre Jacke aus, nahm ihr Handy und wählte die Nummer der KFI 1. Irgendwer würde schon da sein.

Schliemann meldete sich.

»Schau mal in die Akte Broker und sag mir, wie der Hund der Toten hieß«, sagte Charlotte ohne Einleitung.

»Moment«, brummte Schliemann. Charlotte öffnete eine Flasche Mineralwasser und ließ sich auf ihr Sofa fallen.

»Hallo?«

»Ja«, sagte Charlotte und hätte sich fast an ihrem Wasser verschluckt.

»Also der Hund hieß Dandy«, sagte Schliemann und zögerte einen Moment, bevor er weitersprach. »Ist das irgendwie wichtig?«

»Ja«, sagte Charlotte. »Ich melde mich wieder.«

Sie hatte keine Lust, sich mit Schliemann zu unterhalten, drückte das Gespräch weg und sah den Hund an, der erwartungsvoll vor ihr stand.

»Dandy!«, sagte sie, und der Hund sprang bellend und schwanzwedelnd neben sie aufs Sofa.

»Na, wer sagt's denn«, murmelte Charlotte und scheuchte Dandy vom Polster. Dann rief sie Bergheim an.

»Ich hab den Hund gefunden«, sagte sie, als er endlich dranging.

»Welchen Hund?«

»Na, den von Elli Broker, Mann.« Sie verdrehte die Augen.

»Ja, und was machst du jetzt mit ihm?«

Charlotte fand ihren Kollegen schrecklich begriffsstutzig.

»Na was, ich werd ihn adoptieren«, sagte sie. »Vielleicht kann er uns weiterhelfen. Überleg doch mal! Sie muss mit dem Hund unterwegs gewesen sein, als sie überfallen wurde. Sonst wäre der Hund doch in der Wohnung gewesen. War er aber nicht, er streunt hier durch die Gegend, vorzugsweise über die Wiese vor meiner Wohnung. Und rate mal, wen er zu kennen scheint! Björn Böttcher!«

Charlotte hörte eine leise Frauenstimme am anderen Ende. »Ist es was Wichtiges?«

Bergheim antwortete, aber sie konnte sein Gemurmel nicht verstehen. Dann war er wieder dran. »Okay, und was sollen wir jetzt machen?«

»Na, hör mal. Wir haben zwei Frauenleichen, und bei Böttcher gibt's offensichtlich eine Verbindung zu beiden.«

Bergheim räusperte sich. »Und wie sieht die Verbindung zu Elli Broker konkret aus?«

Charlotte schwieg einen Moment. »Ich sag doch, dass ihr Hund ihn kennt.«

»Und woran machst du das fest?«

Schweigen. »Na, er ist schwanzwedelnd auf ihn zugelaufen.«

»Und das ist alles?«

»Das reicht doch. Auf mich ist er nicht schwanzwedelnd zugelaufen.«

Bergheim seufzte. »Wie willst du das einem Richter erklären? Das beweist gar nichts. Böttcher hat selbst einen Hund, vielleicht hat er Leckerlis in der Tasche und ihm mal eins gegeben. Du hast ja selbst gesagt, dass der Hund schon länger streunt. Woher weißt du überhaupt, dass es der von Elli Broker ist?«

»Er hört auf den Namen.«

Bergheim schnaubte. »Hast du bei den Brokers angerufen?«

»Nein, das mach ich morgen.«

»Und wo bleibt der Hund so lange?«

»Na, hier bei mir.«

Bergheim schwieg zunächst. »Also, wie geht's jetzt weiter?«, fragte er dann.

Charlotte sah auf die Uhr, es war halb neun.

»Wir treffen uns morgen früh. Hol mich um halb acht ab.«
Charlotte warf ihr Handy aufs Sofa und lehnte sich zurück.
Der Hund lag zu ihren Füßen und schlief.

**

Sie fühlte, dass sie immer schwächer wurde. Ihre Hände konnte
sie nicht mehr benutzen, denn er hatte ihr die Finger gebrochen.
Selbst die Erinnerung an den Schmerz war so intensiv, dass ihr
Atem schneller ging. Aber mittlerweile fühlte sie gar nichts mehr,
und sie hatte aufgehört zu kämpfen. Sie hatte versucht mit ihm
zu reden, an sein Mitgefühl zu appellieren, und als das keinen
Erfolg brachte, hatte sie versucht, ihm die Augen auszukratzen.
Aber er war stark und sie schon zu schwach, um sich zu wehren.

Sie hätte das gleich zu Anfang ihrer Gefangenschaft tun sollen, als sie noch stark war und Hoffnung hatte, aber sie hatte zu
lange gewartet. Eine Zeit lang hatte sie gedacht, sie könnte durchhalten, doch nun wusste sie es besser. Sie hatte jedes Zeitgefühl
verloren, wusste nie, ob es Tag oder Nacht war. Alles, was sie
hatte, war die immer gleiche schummrige Beleuchtung, die sie
zum Wahnsinn trieb. Und das Essen. Am Anfang hatte sie nichts
gegessen, weil der Ekel größer war als der Hunger. Und dann
kam eine Zeit, in der sie alles in sich hineinschlang, ohne sich zu
fragen, was sie da eigentlich aß. Es war wohl eine Art Milchbrei,
manchmal auch Kartoffelbrei oder ein verschrumpelter Apfel.
Sie hatte immer nur einen Löffel und sehnte sich doch nach einem Messer, das sie dann – wenn schon nicht gegen ihn – gegen
sich selbst richten konnte, um dieser Qual eine Ende zu machen.

Aber seit einiger Zeit, sie wusste nicht, wie lange schon, war
ein Friede über sie gekommen, der sie nichts mehr empfinden ließ.
Sie lag hier und würde so liegen bleiben, ohne zu weinen, bewe-
gungslos, gedankenlos, bis sie hinüberglitt, und sie war sicher,
dass sie es nicht mal bemerken würde.

Montag, 24. Juni

Charlotte hatte ja keine Ahnung gehabt vom Alltag einer Hundebesitzerin. Bis zu diesem Morgen, an dem sie von Dandys Winseln aufgeweckt von ihrer Matratze sprang und mit dem Fuß unsanft die Hundeschnauze traf. Der Hund jaulte auf, und Charlotte erschreckte sich so, dass sie beinahe nach ihrer Dienstwaffe gegriffen hätte, die sie immer auf den Nachttisch legte. Dann erinnerte sie sich.

»Oh Gott«, seufzte sie und ließ sich wieder zurück in die Kissen fallen. Doch der Hund schien ein Problem zu haben. Sie sah auf ihren Wecker, es war halb sechs. Sie war es zwar gewohnt, zu den unmenschlichsten Zeiten aus dem Bett geholt zu werden, aber nicht von einem Hund. Dandy stellte sich mit den Vorderpfoten auf ihre Matratze und kratzte an ihrem Arm.

»Was willst du denn? Etwa raus? Das kann nicht dein Ernst sein«, murmelte Charlotte und schloss die Augen. Aber Dandy ließ sich nicht so leicht abwimmeln und fing zu allem Überfluss an zu bellen.

Charlotte kam hoch. »Bist du verrückt! Halt die Klappe!« Sie hielt dem Hund das Maul zu, aber er fing an zu knurren.

»Ist ja gut, ist ja gut.«

Sie sprach beruhigend auf ihn ein, aber Dandy rannte zur Wohnungstür und kratzte.

»Du willst doch wohl jetzt nicht Gassi gehen?« Dann fasste sie sich an die Stirn. »Verflixt, hab ich dich gestern Abend noch rausgelassen?«

Sie wollte es lieber nicht darauf ankommen lassen. Ihre Wohnung war mit Teppichboden ausgelegt. Rasch streifte sie ihre Jeans und einen Pullover über, kramte in ihrem Schrank nach einem alten dünnen Schal, den sie als Leine benutzen würde, und verließ die Wohnung. Der Hund hatte es eilig und rannte die Treppen hinunter. Charlotte keuchte hinterher. Kaum waren sie draußen, hob er das Bein und pisste gegen die Hauswand. Charlotte guckte weg. Puh, Glück gehabt, dachte sie und folgte dem Hund über den Rasen, wo er sein zweites Geschäft erledigte. Charlotte sah sich um und hoffte, dass hinter den Fassaden niemand im Fenster hing und sie zur Rede stellte. Der Hund zog an der improvisierten Leine, und Charlotte folgte ihm. Er steuerte die Müllcontainer des gegenüberliegenden Hauses an.

»Oh nein, mein Freund«, murmelte Charlotte, »nicht am frühen Morgen. Du kriegst bei mir was.«

Sie hatte Mühe, den Hund von seinem Weg abzubringen, und er stemmte sich mit allen vier Beinen gegen sie. Charlotte wechselte die Taktik. »Leckerli«, gurrte sie. Diese Sprache schien Dandy zu verstehen, denn er spitzte die Ohren und folgte ihr willig.

Wieder in der Wohnung hatte sie allerdings keine Ahnung, was sie dem Tier geben sollte. Ob er auch Käse mag, fragte sie sich und warf ihm eine Scheibe Gouda hin. Dandy beschnüffelte sie vorsichtig, verschlang sie und schaute Charlotte dann erwartungsvoll an.

»Wie's aussieht, bleibt für mich heute nur Marmelade.« Sie verfütterte den Rest Käse und gab ihm zum Schluss noch eine Scheibe Brot, die der Hund aber achtlos liegen ließ. Auch gut, dachte sie und bestrich eine Scheibe von dem guten Hannoverschen Gersterbrot mit Butter und Marmelade und setzte die Kaffeemaschine in Gang. Im selben Moment flog mit einem Knall die Sicherung raus, und das Licht ging aus. Reflexartig ging Charlotte in Deckung. Der Hund war zunächst hinausgelaufen, stand aber nun winselnd in der Küchentür.

»Was, zum Teufel …« Charlotte untersuchte vorsichtig die rauchende Kaffeemaschine, und jetzt erst sah sie, dass sie vollständig im Wasser stand. Der Fuß war so durchnässt, dass das Wasser in Rinnsalen den Schrank hinunterlief. Am Boden war eine riesige Pfütze, die der Hund langsam aufschlabberte.

Charlotte brauchte eine halbe Stunde, um die Küche wieder in Ordnung zu bringen. Das Wasser war bis unter den Eckschrank gelaufen, und das nasse Kaffeepulver hatte sich über die Arbeitsfläche ergossen und war an den Türen hinuntergelaufen. Und als sie die Kaffeemaschine auf den Balkon brachte, schien sie der kaputte Föhn höhnisch anzugrinsen.

Sie öffnete den Sicherungskasten, der neben dem Küchenschrank hing, und schaltete die Sicherung wieder ein.

Das wird langsam zur Gewohnheit, sagte sie sich. Es war kurz vor sieben, als sie sich an ihren kleinen aufklappbaren Küchentisch setzte.

Wo war das Wasser hergekommen? Sie versuchte sich zu erinnern. Wann hatte sie den letzten Kaffee gekocht? Es war schon ein paar Tage her, weil sie sich meistens nicht die Zeit nahm, in ihrer Wohnung zu frühstücken. Im Leine-Center gab es wunderbare Croissants, und der Kaffee war auch nicht zu verachten. Außerdem war sie meistens spät dran. Nur heute Morgen nicht. Und gestern Abend hatte sie nur kurz am Kühlschrank gestanden und den Hund gefüttert. War das Wasser da schon da gewesen?

Sie konnte sich nicht erinnern. Das Fenster war geschlossen, Regen konnte es also auch nicht gewesen sein, außerdem hatte es doch gar nicht geregnet, oder? Vielleicht hatte sie Wasser eingefüllt, es vergessen, und das Wasser war dann irgendwie ausgelaufen.

Ja, das war die plausibelste Erklärung. Sie wurde immer schlampiger und unkonzentrierter. »Reiß dich mal zusammen, Charlotte Wiegand, sonst geht noch deine Bude in Flammen auf«, sagte sie zu sich selbst und versuchte, ihre Ratlosigkeit zu ignorieren.

Sie war dankbar, als ihr Handy klingelte. Der Hund lief schwanzwedelnd ins Wohnzimmer und sprang auf das Sofa, wo ihre Jacke lag. Charlotte kramte nach dem Handy und zerrte den Hund auf den Boden.

»Ja«, sagte sie barscher als gewöhnlich.

Nach kurzem Schweigen sagte eine Männerstimme. »Na, das wird ein sonniger Tag heute, Kollegin. Wo bleibst du denn?«

»Komme sofort, hatte hier ein kleines Malheur zu beseitigen«, brummte sie.

»Hat der Hund auf den Teppich gepisst?«

»Quatsch«, sagte sie nur und legte auf.

»Der kommt in den Kofferraum«, sagte Bergheim und wies mit dem Finger auf den Hund, der ihn vorsichtig beschnüffelte.

»Das meinst du nicht ernst?«

»Doch. Guck dir mal die Pfoten an.«

»Der dreht doch durch im Kofferraum.«

»Dann nehmen wir eben dein Auto.« Bergheim stieg aus und schlug die Tür zu.

»Okay«, sagte Charlotte und drückte ihm den Schal in die Hand.

»Ich hol ihn aus der Garage, ihr wartet hier.«

Doch als Charlotte wenig später die Garagenauffahrt hinauffuhr, waren der Hund und ihr Kollege verschwunden. Sie parkte hinter Bergheims Wagen am Straßenrand und stieg aus.

Die beiden waren nirgends zu entdecken. Langsam wurde sie wütend. Sie hatten Wichtigeres zu tun, als einen Hund Gassi zu führen.

»Rüdiger! Zum Kuckuck, wo bist du?«, rief sie und hatte Mühe, den Verkehrslärm zu übertönen. Keine Antwort. Fluchend kramte sie ihr Handy hervor, das in ihrer Hand klingelte. Sie erschrak und hätte das lärmende Ding um ein Haar fallen lassen.

»Was soll das?«, rief sie in den Apparat, als sie Bergheims Nummer erkannte.

Seine Stimme klang gedämpft. »Hör zu, geh auf die andere Straßenseite und dann ungefähr fünfhundert Meter weiter, da ist eine Sozialstation und ein Parkplatz ...«

»Weiß ich«, unterbrach ihn Charlotte, »aber ...«

»Komm einfach her«, sagte er. »Wie weit bist du?«

Charlotte trabte los und überquerte die stark befahrene Marktstraße. Sie lief in die angegebene Richtung und sah Bergheim mit dem Hund am Straßenrand stehen. Direkt neben der Sozialstation befand sich ein Parkplatz mit vielen Bäumen, dahinter eine Rasenanlage vor einem mehrstöckigen Bau. Auf dem Rasen standen mehrere Müllcontainer.

Bergheim sah ziemlich blass aus.

»Guck dir das an«, sagte er und wies auf eine Stelle zwischen zwei Containern, die mit Müll übersät war. Charlotte rümpfte die Nase. Es stank erbärmlich.

Sie sah es nicht sofort, oder besser, sie erkannte es nicht sofort. Inmitten von Klopapierfetzen und einer aufgerissenen Mülltüte voller Windeln lag eine Hand. Sie lag auf dem Handrücken, die Finger halb zur Faust geballt, und war direkt am Handgelenk abgetrennt worden. Fliegen umsurrten die Wunde. Charlotte würgte unwillkürlich. Sie hatte schon Schlimmeres gesehen, aber diese Hand – so klein und weiß, die Finger gekrümmt, als ob sie nach etwas zu greifen schienen, das für immer unerreichbar für sie war – war schockierend in ihrer hilflosen Unschuld. Sie hörte, wie Bergheim Anweisungen ins Handy murmelte, und wandte sich einen Moment ab. Zwei Frauen klapperten mit ihren Walking-Stöcken die Straße entlang. Sie waren jung, vielleicht gerade mal dreißig.

»Dann kann ich die beiden ja morgen zur Musikschule fahren ...«, hörte Charlotte die etwas Korpulentere sagen, deren üppige Brüste im Takt ihrer Schritte wippten.

Fünfzehn Minuten später herrschte an der Marktstraße der Ausnahmezustand. Charlotte war es immer wieder ein Rätsel, wo innerhalb so kurzer Zeit so viele Leute herkommen konnten. Die Einsatzkräfte hatten alle Mühe, die Neugierigen zurückzuhalten.

»Nun gehen Sie doch weiter! Sie behindern die Ermittlungen.«

Das schien aber niemanden zu interessieren. Charlotte stand mit Bergheim vor der Stelle zwischen den Containern, noch war die Spurensicherung nicht vor Ort. Einige Uniformierte waren dabei, den Platz um die Container weiträumig mit Flatterband abzusperren.

Charlotte schüttelte den Kopf, während sie versuchte, den Hund zu beruhigen.

»Wenn diese Leute wüssten, wie viel Schaden sie anrichten, indem sie hier rumtrampeln und alle Spuren verwischen. Ob sie sich dann wohl zum Teufel scheren würden?«

»Sicher nicht«, sagte Bergheim und hob im selben Moment die Hand, um die drei Beamten in ihren weißen Plastikanzügen zu begrüßen, die sich mit ihren Koffern durch die Massen quälten.

Er ging auf den Kollegen Kramer von der Kriminaltechnik zu und führte ihn zu dem Müllberg.

»Ach du Schei…«, sagte der und blickte sich nach seinen Kollegen um. »Lange nicht mehr im Müll gewühlt, Leute.«

Die beiden anderen verzogen das Gesicht, nicht nur wegen des Gestanks, sondern weil sie die beneidenswerte Aufgabe hatten, den gesamten Müllberg zu durchforsten.

Bergheim und Charlotte warteten noch, bis die Beamten die Menge zerstreut hatten, und machten sich dann auf den Weg zum ZKD.

Nach ein paar Minuten brach Charlotte das Schweigen.

»Warum, zum Teufel, verpackt dieser Scheißkerl die Körperteile seiner Leichen nicht so, dass sie keiner findet.«

»Warum versteckt er die Leichen nicht so, dass sie keiner findet?«

»Vielleicht ist er einfach zu blöd dazu!«

»Ja«, sagte Bergheim, »oder er hat keine Zeit.«

»Oder er treibt einfach nur ein makabres Spiel. Womöglich hat er die Hände an vier verschiedenen Stellen entsorgt – wie bei einer Schnitzeljagd – und lacht sich über uns kaputt.« Sie schlug wütend auf das Lenkrad.

Bergheim blickte sie von der Seite an. »Auf jeden Fall konzentriert sich das Ganze zunehmend auf die Gegend um das Leine-Center.«

»Und warum dann die Leiche am Maschteich?«

»Ich denke, das war ein Ablenkungsmanöver«, sagte Bergheim. »Der will uns beschäftigen.«

»Was ist das bloß für ein Arschloch«, sagte Charlotte grimmig.

Sie war wütend, dass sie auf der Stelle traten, während dieser Unmensch unbehelligt Frauen abschlachtete und ihre Körperteile in Hannover verteilte. Sie hatte schon wieder Kopfschmerzen. Womöglich ging dieser Fall wirklich über ihre Kraft.

»Sag mal«, meinte sie dann zögernd, »findest du, dass ... dass ich mich irgendwie verändert habe in letzter Zeit?«

Er sah sie fragend an. »Wie meinst du das?«

»Na ja, bin ich irgendwie vergesslich, oder ... hab ich in letzter Zeit öfter vergessen, den Computer oder die Kaffeemaschine im Büro auszuschalten?«

Bergheim hob die Brauen. »Wie kommst du darauf? Hat Ostermann sich beschwert?«, fragte er belustigt.

»Nun antworte mir doch einfach mal«, sagte sie unwirsch, während sie die Schnauze des Hundes beiseiteschob, der versuchte, ihren Nacken zu lecken.

»Nein, du bist nicht vergesslicher als sonst. Hast du irgendwas verloren? Deine Schlüssel?«

Sie schüttelte den Kopf. »Nein, aber ... entweder stimmt mit mir oder mit meiner Wohnung etwas nicht.«

Er wandte sich ihr zu. »Was ist passiert?«

»Na ja, vor zwei Tagen ist mein Föhn verkokelt, und heute Morgen ist mir meine Kaffeemaschine um die Ohren geflogen.«

Sie schaute ihn fragend an.

»Hört sich an, als würde was mit der Elektrik nicht stimmen«, sagte Bergheim. »Hast du mal einen Elektriker beauftragt oder den Hausmeister?«

Charlotte zuckte mit den Schultern. »Bis jetzt noch nicht, aber das ist ja dann wohl die nächste Maßnahme.«

Er nickte nur.

»Mist«, sagte Charlotte, als sie heftig auf die Bremsen treten musste. »Können diese Typen nicht aufpassen!« Sie öffnete ihr Fenster und schrie dem Teenager ein »Augen auf!« hinterher, was dieser schon aufgrund der Tatsache ignorierte, dass er zwei Stöpsel im Ohr hatte.

»Meine Güte, es dauert nicht mehr lange, dann ist auf den Straßen kein Mensch mehr ansprechbar.« Damit bog sie in die Waterloostraße ein.

Hohstedt und Troger schauten etwas betreten, als Charlotte und Bergheim mit dem Hund das Büro betraten.

»Ostermann wartet schon«, sagte Hohstedt in Charlottes Richtung.

»Ja, ja … hat mal jemand einen Plastikbecher oder so was? Der Hund braucht Wasser.«

Troger grinste. »Ich geh mal in die Küche, da gibt's bestimmt 'nen Eimer.«

»Weiß einer, ob in der Broker-Akte ein Foto von dem Hund sichergestellt ist? Wenn nicht, muss sich jemand darum kümmern. Es wird sich ja wohl eins auftreiben lassen, sonst muss jemand noch mal in der Wohnung nachsehen. Troger, übernimm das mal.«

Charlotte streichelte den Hund, der aufgeregt an ihrem Schreibtisch herumschnüffelte.

»Und wir bringen es dann am besten hinter uns«, sagte sie mit Blick auf Bergheim.

Ostermann war mehr als ungehalten.

»Wenn Sie mir nicht bald mit irgendeinem Ergebnis kommen, zieh ich Sie von dem Fall ab«, schnauzte er, nachdem er dem Bericht über den Fund der Hand mit zusammengezogenen Brauen gelauscht hatte. »Es ist doch wohl sonnenklar«, dozierte Ostermann weiter, »dass dieser Schmidt was damit zu tun hat. Wieso haben Sie den noch nicht festgenagelt?«

Charlotte schluckte. »Wir haben in dem Wagen nicht den geringsten Hinweis auf Elli Broker oder Corinna Brandes gefunden. Kein Haar, keine Hautpartikel, kein Blut.«

»Dann suchen Sie weiter! Finden Sie eine Verbindung zwischen den Frauen. Zeigen Sie ihre Fotos bei seinen Prostituierten herum, bei den Gästen in seinen Kneipen. Meine Güte, muss ich Ihnen denn wirklich Ihre Arbeit erklären?«

Nein, dachte Charlotte, musst du nicht, tust du aber. Als ob wir darauf noch nicht gekommen wären!

»Auch da haben wir bisher nichts rausgefunden. Entweder kennt wirklich keiner die toten oder vermissten Frauen, oder die reden aus Angst nicht.«

Ostermann wischte ihren Einwand mit einer Handbewegung beiseite. »Erzählen Sie mir nicht, was Sie nicht haben. Meine Geduld ist fast am Ende. Sie haben noch zwei Tage, wenn Sie mir dann nichts liefern können, übernimmt Bergheim die Leitung der Soko.«

Charlotte wusste natürlich, dass Bergheim nichts dafür konnte, aber sie war trotzdem wütend.

Sie verließ ohne ein Wort zu sagen die Direktion, nahm den Fahrstuhl nach unten und marschierte Richtung Markthalle. Wenn sie schon nicht rauchen konnte, dann brauchte sie jetzt einen anständigen Kaffee, schon wegen der Kopfschmerzen. Essen konnte sie nichts, obwohl es schon fast zwölf war.

Als sie nach einer knappen Stunde wieder ihr Büro betrat, saß Bergheim dort und sah sie vorwurfsvoll an.

»Das ist keine Lösung«, sagte er nur.

»Weiß ich auch«, schnappte sie und ließ sich auf ihren Stuhl fallen.

Sie legte die Hände vor das Gesicht und seufzte. Dann sah sie ihn an. Er betrachtete sie aufmerksam, ohne zu lächeln. Er sah nicht so aus, als wäre er scharf auf ihren Job, zumindest hatte sie den Eindruck.

»Es liegt nicht an dir«, sagte er dann ruhig. »Ich könnte auch nicht mehr tun. Das ist blinder Aktionismus von Ostermann, du kennst ihn doch.«

»Ja«, sagte sie, »ich kenne ihn ... trotzdem hat er irgendwie recht. Wir müssen was übersehen haben.«

Er zuckte mit den Schultern. »Was? Acht Polizisten sind unterwegs, zeigen die Fotos rum, befragen Leute. Das dauert seine Zeit.«

»Vielleicht stellen sie ja nicht die richtigen Fragen oder fragen nicht die richtigen Leute.«

»Möglich.«

»Was glaubst du? Hat er beide Hände an derselben Stelle entsorgt?«

»Schwer zu sagen, einerseits erschwert es die Ermittlungen, wenn er die Körperteile an unterschiedlichen Stellen ablegt, andererseits birgt es auch ein gewisses Risiko, wenn er sie an mehreren Orten verteilt. Er könnte gesehen werden. Allerdings – vielleicht liegst du mit deiner Schnitzeljagd gar nicht so daneben. Wer weiß schon, was in so einem kranken Hirn vorgeht.«

»Wenigstens waren die Finger noch alle dran«, sagte Charlotte mehr zu sich selbst. Sie schüttelte sich unwillkürlich, als sie die kleine, unschuldige Hand wieder vor Augen hatte.

Es klopfte, und Troger stand mit dem Hund in der Tür.

»Ich hab mit dem Handy ein Foto nach Aurich geschickt. Die haben zwei Beamte zu den Brokers geschickt, und die waren ganz aufgeregt, als sie den Hund gesehen haben. Das wäre der ihrer Tochter, haben Sie gesagt, und ob sie ihn abholen könnten, wollten sie wissen.«

»Na, immerhin etwas, das klappt«, seufzte Charlotte. »Sag ihnen, wir rufen sie an, wenn sie den Hund holen können. Im Moment weiß ich noch nicht, ob er uns bei den Ermittlungen nützlich sein kann.«

Troger nickte und schloss die Tür.

Charlotte fiel partout nicht ein, woher sie ihn kannte. Er saß da mit seinem Dreitagebart und feuchten Augen und machte ihnen bittere Vorwürfe.

»Es kann doch nicht sein, dass Sie noch keine einzige Spur gefunden haben! Das können Sie mir einfach nicht erzählen. Und andauernd hört man diese Nachrichten von einem Irren, der Frauen verstümmelt ... was glauben Sie, wie ich mich fühle?«

Charlotte schluckte. »Herr Limbach, wir arbeiten mit allen zur Verfügung stehenden Kräften an dem Fall. Natürlich ist diese Warterei schwer für Sie, aber wir haben noch keinen Beweis dafür, dass Ihre Frau wirklich entführt wurde.«

Sie wusste selbst, wie wenig glaubwürdig sich das anhörte. Limbach schien derselben Meinung zu sein. Er sprang auf und schlug mit der Faust so heftig auf den Schreibtisch, dass ihm eine Tolle seines dunklen Haares in die Stirn fiel.

»Reden Sie keinen Quatsch! Meine Frau verlässt ihre Tochter nicht.«

»Woher wollen Sie das so genau wissen?«

»Ich weiß es eben. Ich kenne meine Frau.« Er fuhr sich mit der Hand über die Stirn und schob die Haare zurück. »Vielleicht sollte ich einen Privatdetektiv beauftragen. Die Polizei scheint ja unfähig zu sein!«

Charlotte schürzte die Lippen. »Es steht Ihnen natürlich frei, private Ermittlungen anzustellen, wenn Sie das Geld dafür ausgeben wollen. Ich persönlich habe gegen Hilfe nichts einzuwenden.«

Limbach blickte sie seltsam an. »Ich gehe davon aus, dass ich benachrichtigt werde, wenn Sie etwas herausfinden.«

»Natürlich«, sagte Charlotte. »Sie hören von uns.« Limbach verließ ohne Gruß ihr Büro.

Hohstedt hatte eine Leine besorgt und stand nun mit dem Hund in Charlottes Bürotür.

»Was machen wir nun mit dem hier? Ich hab in der Stadt Hundefutter besorgt. Der hatte echt Kohldampf, aber ich kann ihn nicht mitnehmen, meine Freundin hat 'ne Allergie.«

Charlotte streckte bereits die Hand aus. »Lass ihn erst mal hier. Wenn Kramer nichts weiter findet, werden wir noch mal 'ne kleine Runde durch die Wohnsiedlungen am Leine-Center drehen.«

Sie sah auf ihre Uhr. Halb drei, mittlerweile müssten die Beamten den Müll durchforstet haben. Sie wunderte sich, dass Kramer sich nicht meldete, und griff nach dem Telefon. Bergheim hatte sich kurz verabschiedet.

»Muss für meinen Sohn ein Handy besorgen, hab ich ihm versprochen. Bin in einer Stunde wieder zurück«, hatte er gemurmelt und war verschwunden.

Es klingelte lange, bis Kramer sich endlich meldete.

»Was ist denn nun?« Charlotte konnte es nicht leiden, wenn sie warten musste. »Habt ihr sie endlich gefunden?«

»Was meinen Sie? Die zweite Hand?« Kramer flüsterte.

»Ja, was denn sonst?«, fragte Charlotte ungeduldig.

»Eine Leiche«, antwortete Kramer.

Sie erwischte Bergheim, kurz nachdem er das Gelände der Direktion verlassen hatte.

»Das mit deinem Sohn musst du leider verschieben«, sagte sie nur.

»Eine Leiche, weiblich, wahrscheinlich noch keine vierundzwanzig Stunden tot. Wir treffen uns am Auto. Ich bringe den Hund mit.«

Wedel war bereits vor Ort, als Charlotte und Bergheim bei den Containern eintrafen. Charlotte hatte den Hund vorerst im Wagen gelassen.

Als sie den Fundort erreichten, waren bereits zwei Kamerateams zur Stelle. Natürlich, dachte Charlotte. Welcher Reporter ließ sich schon so einen Glücksfall entgehen. Man war ausgezogen, den Fund einer Frauenhand zu dokumentieren, und stolperte unversehens über eine weitere Frauenleiche. Die dritte innerhalb von elf Tagen.

Charlotte hielt sich ein Tempo vor die Nase, als sie sich zwischen den beiden großen Containern hindurchzwängte. Dr. Wedel kniete neben einem Frauenkörper, der noch halb in einer dunkelgrauen Folie eingewickelt war. Sie konnte das Gesicht der Toten nicht sehen, weil Wedel mit seinem ausladenden Leib ihren Kopf verdeckte. Charlottes Herz klopfte, und sie war erleichtert, als sie sah, dass der Körper unversehrt war.

»Können Sie sagen, woran sie gestorben ist?«, fragte Charlotte durch ihr Taschentuch.

»Nein, keine Verletzungen«, sagte Wedel, »sie ist schätzungsweise achtzehn bis zweiundzwanzig Stunden tot, aber die Todesursache ist im Moment nicht erkennbar. Keine Fremdeinwirkung, so weit ich sehen kann, keine Würgemale. Hautfarbe ist normal, an Sauerstoffmangel ist sie nicht gestorben. Muss was Inneres gewesen sein.« Wedel erhob sich. »Morgen wissen wir mehr.« Er nahm seinen Koffer.

»Wird langsam zur Gewohnheit, das«, meinte er im Weggehen. Mittlerweile kniete Bergheim neben der Leiche. Die Frau war blond, relativ jung, vielleicht fünfundzwanzig, und schlank. Sie trug ein weißes T-Shirt mit tiefem Ausschnitt und weiße Jeans.

Die Füße waren nackt, die Nägel dunkelrot lackiert. Charlotte wandte sich an einen der Beamten, der hinter ihr Müll in eine Plastiktüte packte.

»Haben Sie Schuhe gefunden?«

Der schüttelte den Kopf. »Bis jetzt noch nicht, aber wir suchen noch.«

Bergheim erhob sich. »Sieht nicht so aus, als ob das hier ein und derselbe Täter gewesen wäre.«

»Nein«, sagte Charlotte leise, während sie das Gesicht der Toten musterte. Sie war auf eine etwas grobe Art hübsch. Das Gesicht war eckig, die Nase etwas zu groß, aber gerade. Die vollen Lippen waren halb geöffnet. Graue Augen starrten leblos in den blauen Himmel. Charlotte wandte sich ab und arbeitete sich aus dem Müll heraus. Bergheim folgte ihr.

»Ich hab das Gefühl, sie schon mal gesehen zu haben«, sagte Bergheim auf dem Weg zum Auto. »Aber sicher bin ich mir nicht.«

Charlotte sah ihn an und fragte sich, von wie vielen Frauen er wohl dasselbe sagen konnte.

Mittlerweile waren sie an ihrem Auto angelangt. Der Hund bellte und wedelte mit dem Schwanz.

»Ja, du brauchst Bewegung«, sagte sie, »und ich auch. Komm«, meinte sie zu Bergheim. »Lass uns ein bisschen gehen und nachdenken.«

Sie machten sich auf den Weg wie ein Paar, das seinen Hund ausführt. Die Sonne schien immer noch warm, und es wehte ein schwacher Wind. Sie gingen eine Weile die Marktstraße entlang, bogen in die Wülferoder Straße in Richtung Wülferode ein und marschierten bis zum Expo-Park.

Merkwürdig dachte Charlotte, man geht gerade mal zehn Minuten und befindet sich plötzlich auf dem Land. Weite Wiesenflächen mit hohen Bäumen erstreckten sich vor ihnen. Von den Hochhauskomplexen, die keine fünfhundert Meter entfernt lagen, war hier nichts zu sehen. Für Charlotte war Laatzen immer nur die »Vorstadt der Wohnsilos« gewesen, dabei befand sich unberührte Natur quasi vor ihrer Haustür. Man musste sich nur die Mühe machen, ein paar Schritte zu gehen.

Sie kehrten um und schlenderten wie unter Zwang zurück zum Leichenfundort. Der Hund bellte und zog kraftvoll Richtung Pestalozzistraße und dann nach rechts. Charlotte beschleunigte ihre Schritte.

»Anscheinend kennt er den Weg. Ist wohl die Runde, die sein Frauchen immer mit ihm gegangen ist.«

Sie gelangten zu einem kleinen, von Hochhäusern umgebenen Weiher, wo der Hund durstig das schmutzige Wasser schleckte und eine Entenmutter mit ihren Jungen verscheuchte. Charlotte sah sich um. Ein netter Versuch, das Grau der Betonbauten durch einen Hauch von Idylle zu besänftigen, dachte sie.

»Meine Phantasie reicht wohl nicht aus, um mir vorzustellen, was sich hier abgespielt hat«, sagte Bergheim nach einer Weile.

»Ich meine, immerhin wohnen hier mehrere Tausend Menschen auf relativ kleinem Raum zusammen. Und wir finden mittendrin, bei den Müllcontainern, eine Frauenleiche und die Hand einer anderen Frau. Irgendwer muss doch was gesehen haben!«

Charlotte nickte. »Zumindest können wir davon ausgehen, dass wir es mit zwei Tätern zu tun haben.«

»Oder er weicht von seinem Schema ab.«

»Möglich, aber unwahrscheinlich, und außerdem …«, sie hatte Mühe, den Hund zurückzuhalten, »… außerdem würde er ja wohl kaum die Hand der einen zusammen mit der Leiche der anderen verstecken.«

»Wieso nicht? Es ist viel unwahrscheinlicher, dass es zwei Mörder gibt, von denen jeder seine Leichen beziehungsweise Leichenteile im selben Müllcontainer entsorgt.«

Charlotte schwieg und zuckte dann mit den Schultern. »Nichts ist unmöglich.«

»Kann auch sein, dass er genau diese Schlussfolgerung erwartet, nämlich, dass der Zustand der Leiche auf verschiedene Täter schließen lässt. Wie's scheint, liebt er die Abwechslung.«

»Ich wette«, sagte Charlotte, ohne auf Bergheims Antwort zu reagieren, »dass er hier ganz in der Nähe lebt.«

»Oder er will uns von seinem eigentlichen Wohnort ablenken.«

Charlotte antwortete nicht. Der Hund pinkelte auf den Asphalt.

Bergheim sah auf die Uhr und fluchte leise.

»Dein Sohn?«, fragte sie.

Er nickte nur. »Ich muss gehen.«

»Klar«, sagte sie und sah ihm nach, wie er mit großen, federnden Schritten zurückging, die Hände in den Taschen der Jeans vergraben. Erst jetzt bemerkte sie, wie müde sie war. Nur noch heim und ins Bett, dachte sie. Aber vorher musste sie wohl noch ein paar Worte mit dem Hausmeister reden. Erstens wegen Dandy und zweitens wegen ihrer Elektrogeräte.

Eine Viertelstunde später klingelte sie bei Zieglers. Frau Ziegler öffnete. Sie war eine verblühte Frau, Charlotte schätzte sie auf Anfang bis Mitte fünfzig. Vielleicht war sie jünger, aber ihr Haar war grau und dünn.

»Was wollen Sie?«, fragte sie unwirsch, als sie Charlotte sah. Doch dann erblickte sie den Hund, und ein Lächeln erhellte ihre Züge. Sie wirkte sofort um Jahre jünger.

»Na, das ist ja ein Hübscher. Haben Sie sich jetzt einen Hund zugelegt?« Dabei bückte sie sich zu Dandy hinunter und streichelte ihn.

Charlotte verneinte. »Den hab ich nur für ein paar Tage in Pflege. Ich hoffe, das geht in Ordnung?«

Dandy und Frau Ziegler schienen ein Herz und eine Seele zu sein. »Aber ja«, sagte sie, ohne im Streicheln innezuhalten. »Hunde sind doch für uns kein Problem. Wissen Sie …«, sie erhob sich, »wir hatten ja auch mal einen Hund, einen Mischling. Ich weiß gar nicht, was da alles drin war.«

Charlotte hatte weder Lust noch Zeit sich Frau Zieglers Hundegeschichte anzuhören.

»Na wunderbar«, fuhr sie dazwischen, »dann haben Sie ja Verständnis dafür, wenn ich ihn für ein paar Tage bei mir einquartiere.«

»Aber natürlich, wissen Sie, mein Mann liebt ja Hunde eigentlich, aber seit unsere Lilly gestorben ist ... sie war sehr krank, müssen Sie wissen ...«

»Ja, das ist ja wirklich bedauerlich, aber ich wollte Ihren Mann auch noch wegen einer anderen Sache sprechen. Ist er da?«

Sie schüttelte den Kopf. »Nein, er ist bei seinen Meerschweinchen ... wissen Sie, als der Hund gestorben ist ...«

»Ja, Frau Ziegler«, sagte Charlotte und schaute auf ihre Uhr, »das ist wirklich sehr interessant, aber leider hab ich heut Abend noch einen Termin. Vielleicht können Sie Ihrem Mann bestellen, dass ich Probleme mit meinen Elektrogeräten habe. Vielleicht stimmt irgendwas mit den Leitungen nicht.«

Frau Ziegler hatte sich wieder zu Dandy hinuntergebeugt und streichelte ihn.

»Natürlich, ich sag ihm Bescheid. Wir haben da schon mehrere Beschwerden. Neulich kam Frau Dietrich, vom zweiten Stock, ich weiß nicht, ob Sie sie kennen ... hat gesagt, dass aus ihrem Gefrierschrank jede Menge Wasser ausgelaufen wär, obwohl er einwandfrei funktioniert. Sie hatte einen von der Firma da ... ich weiß gar nicht, von welcher sie den ... ist aber auch egal, jedenfalls hatte sie ihren Elektriker da, und der hat gesagt, dass das Gerät einwandfrei funktioniert. Aber, ist ja auch klar, die wollen ja schließlich nicht schuld sein, wenn irgendwas nicht klappt, und außerdem war wohl die Garantie noch nicht abgelaufen. Bei meiner Mutter ist auch immer alles kaputt, aber das ist ja auch kein Wunder, wo sie immer so durcheinander ist. Letzte Woche ruft sie uns mitten in der Nacht aus dem Bett. Wir mussten dann hinfahren. Sah gar nicht gut aus, und wir haben sie dann ins Siloah Krankenhaus gebracht. Sie glauben gar nicht, wie leichtsinnig alte Leute manchmal sind ...«

Charlotte hatte abgeschaltet.

»Und außerdem«, fuhr Frau Ziegler flüsternd fort, »Sie sind doch bei der Polizei. Haben Sie denn da schon was rausgefunden? Ich meine, diese toten Frauen. Und dann auch noch unsere Frau Brandes! Ich bitte Sie! Da kriegt man's doch mit der Angst zu tun! Wir haben jetzt noch ein Sicherheitsschloss ...«

»Ja, Frau Ziegler, das ist wirklich eine schlimme Sache, aber

138

ich darf Ihnen dazu nichts sagen. Ich muss jetzt wirklich gehen.«
Charlotte fragte sich, wann Frau Ziegler Luft holte, und wandte
sich energisch ab.

»Und vergessen Sie nicht, Ihrem Mann Bescheid zu sagen.«
So schnell ihre müden Beine es erlaubten, lief Charlotte die
Treppe hinauf. Der Hund trabte lustlos hinter ihr her.

***

Dass Frauen immer kratzen mussten! Sie kapierten einfach nicht,
dass er das nicht duldete! Dagegen musste er doch was tun! Aber
diese hatte jetzt verstanden. Vor allem hatte sie aufgehört zu schrei-
en. Sie wehrte sich auch nicht mehr. Obwohl es viel interessanter
war, wenn sie sich wehrten. Dafür redete sie wieder. Und wenn
sie redete, begann er sich komisch zu fühlen. Das war nicht das,
was er kannte. Und er wusste auch nicht, ob es das war, was er
wollte. Aber irgendwie gefiel es ihm, wenn sie redete. Sie redete
anders als die anderen, hatte versucht rauszufinden, wie er hieß.
Er lächelte in sich hinein. So dumm war er nicht! Seinen Namen
würde er keiner verraten. Trotzdem, er war in der offenen Tür
stehen geblieben, um ihr zuzuhören. Ein unverzeihlicher Fehler!
Das durfte ihm nicht wieder passieren! Aber ihre Stimme war so
angenehm, und sie sprach, als würde sie ihn schon lange kennen.
Vielleicht kannte sie ihn wirklich? Er musste vorsichtig sein! Er
durfte sich nicht von ihr überrumpeln lassen. Eine Frau würde ihn
nie überrumpeln. Nie mehr. Vielleicht würde er ihr das nächste
Mal zeigen, wer der Herr war. Ja, vielleicht sollte er das tun.

Dienstag, 25. Juni

Charlotte fühlte sich ungewöhnlich frisch, als sie mit der versammelten Mannschaft im Besprechungsraum saß und Ostermann seine Predigt hielt. Das lag wohl an dem morgendlichen Rundgang mit dem Hund.

»Ich muss Ihnen nicht sagen, dass der gute Ruf der Kripo Hannover in Ihren Händen liegt.«

Charlotte entging nicht, dass Ostermann sie ausschloss, indem er sie demonstrativ übersah. Nur als er den Raum verließ, sah er sie an und tippte dabei auf seine Armbanduhr.

Als er die Tür hinter sich geschlossen hatte, blickte sie in die Runde.

»Ich weiß, wie ihr euch fühlt. Mir geht's genauso. Aber es wird nicht besser, wenn wir die Motivation verlieren. Also, bleibt dran, Leute. Wir werden das hier zu Ende bringen, und zwar zu einem guten.«

Die Beamten sahen sie an, und sie senkte den Blick. Die Sicherheit, mit der sie sprach, war eine Lüge. Sie war keinesfalls so optimistisch, wie sie tat, und sie war wütend. Wütend, dass jemand drei Frauen töten konnte und dass sie nicht in der Lage gewesen waren, ihn aufzuhalten.

»Martin, wie lange brauchst du noch mit dem Computer von Corinna Brandes?«

»Bin fast fertig. Hab bis jetzt nichts Interessantes gefunden. Die hat zwar ein paarmal einen Single-Chatroom angeklickt, aber mit keinem Kontakt aufgenommen. Hat sich wohl nicht getraut. Ein paar E-Mails hab ich gefunden. Sind von ihrer Schwester und einer alten Schulfreundin, die jetzt im Allgäu auf einem Bauernhof lebt«, sagte Hohstedt mit einem Achselzucken. »Und bei der Broker hat sich da gar nichts getan. Frage mich, warum die überhaupt 'n Computer hatte. Internetanschluss hatte sie keinen, und sonst scheint sie das Ding auch nicht benutzt zu haben.«

»Sie hat ja noch nicht so lange hier gewohnt«, sagte Charlotte.
»Und die Telefone? Auch keine Spuren?«

Wiebke Mertens räusperte sich. »Nein, die Brandes hat hauptsächlich mit ihren Kolleginnen telefoniert und mit ein paar Müttern aus einer Babygruppe. Dann noch mit ihrer Schwester und der Mutter. Und Elli Broker hat fast täglich mit ihren Eltern telefoniert und manchmal mit einer Freundin aus Aurich. Das hat uns bis jetzt nicht weitergebracht.«

Charlotte blickte Troger an, der den Kopf schüttelte. Sie hatten bei den Nachbarn der beiden Toten und denen von Margit Hof und Bettina Limbach alle vier Fotos rumgezeigt, ohne, dass jemand eine andere als die Nachbarin erkannt hatte.

»Anscheinend ist die einzige Verbindung zwischen den Frauen tatsächlich, dass sie alle im Südosten Hannovers wohnen«, sagte Troger.

Charlotte nickte. »Was ist mit dem Wagen von Elli Broker?«, fragte sie Schliemann, der rot wurde, als sie ihn ansprach, und der Kollegin Mertens verstohlen einen Blick zuwarf.

»Bis jetzt haben wir ihn nicht gefunden«, sagte er kleinlaut. »Der von Corinna Brandes steht in der Tiefgarage in der Marktstraße, und von Bettina Limbachs gibt's ebenfalls keine Spur.«

Charlotte trommelte mit den Fingern auf den Tisch.

»Seid ihr mit den Ärzten und Diabetikern schon durch?«, fragte sie dann.

»Nein«, sagte Mertens, »da fehlen noch einige.«

»Gut«, sagte Charlotte und stand auf. »Zeigt auch weiter die Fotos rum. Irgendwann wird irgendwer etwas wissen.«

Bergheim saß ihr gegenüber und kaute seine Sonnenblumenkerne. Sie warteten auf den Bericht von Wedel. Charlotte legte den Kopf auf den Tisch.

Sie wusste nicht, was ihr lieber war. Bei zwei Mördern würde sie sich auf jeden Fall weniger schuldig fühlen, denn die waren natürlich schwieriger zu fassen. Das Telefon klingelte und riss sie aus ihren Gedanken.

Wenig später saßen sie Wedel in dessen Büro gegenüber, das

man eigentlich kaum als Büro bezeichnen konnte. Dort, wo keine mit Ordnern und Registern gefüllten Regale standen, waren die Wände verkachelt. Die Einrichtung war spartanisch. Fenster fehlten völlig, und der einzige Gegenstand, der in dieser Umgebung einen annähernd heimeligen Eindruck behauptete, war der Schreibtisch aus Eichenholz.

»Also«, Wedel verlor keine Zeit, »die Frau war seit circa achtzehn Stunden tot, als sie gefunden wurde, war Mitte bis Ende zwanzig, gesund und unverletzt. Allerdings haben wir noch Spermaspuren von zwei Männern gefunden, aber keine Vaginalverletzungen, was darauf hindeutet, dass sie entweder ein reges Liebesleben führte oder – wahrscheinlicher – eine Prostituierte war.«

Charlotte sah Bergheim an. »Das passt überhaupt nicht zu unserem Mörder. Oder«, sie wandte sich Wedel zu, »er weicht von seinem Muster ab.«

»Tut er gar nicht«, sagte Wedel.

»Was heißt das?«

»Sie starb an einem hypoglykämischen Schock.«

Charlotte starrte Wedel an. Bergheim, der bisher mit seinem Stuhl gewippt hatte wie ein Grundschüler, hielt inne.

»Gibt es sonst irgendwelche Gemeinsamkeiten?«, fragte Charlotte heiser.

Wedel schüttelte den Kopf. »Keine. Die Frau ist – im Gegensatz zu den beiden anderen – unversehrt.«

War das endlich die ersehnte Spur?, fragte sich Charlotte, als sie in ihrem Peugeot saß. Sie hatten zwei genetische Fingerabdrücke. Vielleicht hatten sie Glück und fanden in der Datei eine Übereinstimmung.

Langsam stieg Charlotte die Treppen zu ihrer Wohnung hinauf. Wenn sie ehrlich war, graute ihr davor, wieder einen einsamen Abend vor dem Fernseher zu verbringen. Sie konnte mit Dandy einen Abstecher bei Willi machen. Willi war der Wirt der kleinen Kneipe an der Ecke, wo sich abends die Anwohner noch auf einen Absacker trafen. Man konnte ja zu Fuß nach Hause gehen.

Die Tür zur Kneipe stand offen. Radiomusik zusammen mit einem Schwall Zigarettenrauch waberte ihr entgegen. Willi, der Wirt, befand sich also wieder auf seinem Individualismuspfad, den er regelmäßig, unter Zuhilfenahme mehrerer Lüttje Lagen, bewanderte. »Soll mir einer in meinen vier Wänden das Rauchen verbieten ...«

Charlotte schlang die Hundeleine um einen Fahrradständer, streichelte Dandy und betrat den Schankraum durch eine Nebelwand.

»Hey, das is hier 'ne Privatveranstaltung«, zeterte Willi, während ihm Rauch aus den Nüstern stieß.

»Wunderbar, dann hast du bestimmt auch ein Herri für eine abgearbeitete Polizistin.«

»Ach nee, seit wann sind unsere Staatsdiener denn überarbeitet?«, tönten die beiden Stammgäste und inhalierten je zwei Kubikzentimeter Nikotin. Willi verzierte eins der bereits halb voll gezapften Biergläser mit einer Herrenhäuser Krone. Charlotte schnappte sich einen Barhocker und griff nach der Hannoverschen Allgemeinen, die neben dem Zapfhahn lag.

»Steht heute nix drin über Sie«, sagte Werner Jantz und leerte sein Bierglas. »Willi mach ma noch zwei Gedecke«, meinte er dann und zeigte auf seinen Kumpel und sich selbst. »Du trinkst doch noch einen, Jochen, oder? Und das Bier von der Frau Kommissarin kannste auch auf meinen Deckel schreiben. Oder trinken Se auch 'ne Lüttje Lage mit?«

»Bloß nicht«, sagte Charlotte und hob abwehrend die Hände.

Beim Lüttje-Lagen-Trinken hatte sie sich einmal blamiert. Das passierte ihr nicht noch mal. Die Lüttje Lage war eine speziell Hannoversche Art, Bier und Schnaps gleichzeitig zu trinken. Dabei nahm man zwischen Daumen und Zeigefinger ein kleines Glas Broyhan-Bier und hielt mit Mittel- und Ringfinger ein Schnapsglas dahinter. Dann floss, während man aus dem Bierglas trank, der Schnaps in das Bier – wenn man Glück hatte oder ein versierter Lüttje-Lagen-Trinker war. Zugegeben, Charlotte war damals bei ihrem ersten – und bislang letzten – Versuch auf dem Schützenfest vor sechs Jahren nicht mehr ganz nüchtern ge-

143

wesen. Aber Bier und Schnaps waren anstatt im Mund in ihrem Ausschnitt gelandet, was einen enormen Heiterkeitsausbruch ihrer Kollegen ausgelöst hatte.

»Brauchen wohl 'n Lätzchen, was?«, kicherte Jochen Rathmann, der sein halbes Leben als Mechaniker beim VW-Werk in Hannover-Stöcken verbracht hatte. »Willi, gib der Kommissarin doch ma eins von den Lüttje-Lagen-Lätzchen. Sonst bekleckert se sich, hehe.«

Charlotte ignorierte Rathmann ebenso wie Willi, der ihr ein Herrenhäuser hinstellte.

»Wissen Se nun eigentlich was von dieser Toten?«, wechselte Rathmann das Thema. »Wo Se doch so überarbeitet sind, müssten Se doch was rausgefunden haben. Wer isses denn nun?«

»Wer ist wer?«, fragte Charlotte, prostete Werner Jantz zu und setzte ihr Bier an.

»Wer is wer?« Rathmann verdrehte die Augen. »Na, der Kerl, der hier die Frauen abschlachtet. Die Hilde traut sich schon gar nich mehr vor die Tür«, sagte er an seinen Kumpel gewandt.

»Nee«, sagte der, »die Irmi auch nicht. Und die Polizei kommt ma wieder keinen Schritt weiter.«

Charlotte trank noch einen Schluck von dem herrlich kühlen Bier. »Ja, es ist zum Heulen«, sagte sie dann und leckte sich den Schaum von den Lippen. »Ist noch eins von diesen Frikadellenbrötchen da?«

»Nee.«

»Schade.« Sie trank ihr Bier aus und stand auf.

»Nächstes Mal geb ich einen aus«, sagte sie zu Werner Jantz.

»Ja, ja, wenn Se den Kerl eingebuchtet haben, können Se mal was springen lassen.«

Charlotte trat auf die Straße und sog tief die frische Abendluft ein. Sie musste schleunigst unter die Dusche und ihre Kleider zum Lüften auf den Balkon hängen.

Mittwoch, 26. Juni

Sein Hemd half ihr schließlich auf die Sprünge. Es war ein warmer Morgen, der einen sonnigen, heißen Tag verhieß, an dem er mit seiner Aktentasche vor dem Eingang eines der Häuser an der Marktstraße stand und mit einem älteren, gut gekleideten Herrn sprach. Charlotte war spät dran und zerrte ungeduldig den ewig im Gras schnüffelnden Hund hinter sich her. Beinahe wäre sie an ihm vorbeigelaufen, aber er stellte seine Tasche ab und zog die Jacke aus. Abrupt blieb sie stehen. Er hatte sie noch nicht gesehen, und Charlotte hatte nicht die Absicht, daran etwas zu ändern. Unauffällig machte sie kehrt und steuerte auf ein Gebüsch zu, das ihr eine gute Deckung bot, sodass sie ihn weiter unbemerkt beobachten konnte. Er hängte sich das Jackett über die Schulter und steckte die Hände in die Taschen. Der ältere Herr fuchtelte mit der Hand, während er auf sein Gegenüber einredete.

Das Hemd war gelb mit auffällig breiten weißen Längsstreifen, und sie hatte es schon einmal gesehen. Damals war es ihr aufgefallen, weil es sie an einen der Schlafanzüge ihres Vaters erinnerte. Ihr Vater fand ihn grässlich und trug ihn nur, weil es ein Geschenk ihrer Mutter war und »man im Bett Gott sei Dank nichts davon sieht«.

Dieses Hemd und diesen Mann hatte sie vor einigen Wochen schon einmal gesehen, und zwar vor der Wohnungstür ihrer Nachbarin Corinna Brandes. Damals hatte sie nicht so sehr darauf geachtet, konnte sich aber noch gut daran erinnern. Sie war mit Miriam und Lukas zum Tanz in den Mai verabredet gewesen und viel zu warm angezogen. Da hatte er vor der Wohnungstür ihrer Nachbarin gestanden.

Charlotte hatte genug gesehen. Sie drehte sich um und zog Dandy hinter sich her.

Zwanzig Minuten später traf sie mit einem durstigen Hund in der Direktion ein.

»Wo ist Bergheim?«, fragte sie ohne Gruß und warf Mertens die Leine zu.

»Am Computer«, antwortete Mertens überflüssigerweise, denn Charlotte war bereits in ihr Büro gestürmt.

»Rate mal, wen ich eben vor einem der Hochhäuser an der Marktstraße gesehen habe?«, fragte sie. »Niemand anderen als Eduard Limbach!«

»Ach«, sagte Bergheim und hob die Brauen.

»Und weißt du, wo ich ihn noch gesehen habe? Vor Corinna Brandes' Wohnungstür! Und das ist keine drei Monate her.«

Bergheim verschränkte die Arme. »Das ist interessant.«

»Kann man wohl sagen.« Charlotte stand auf und öffnete die Tür. »Wiebke! Kannst du mal bitte die Aussage von diesem Limbach raussuchen. Und finde raus, womit er gerade beschäftigt ist!«

»Du erinnerst dich doch, dass mir der Typ so bekannt vorkam? Jetzt weiß ich endlich wieso. Da hatte er auch dieses Hemd an. Und er hat sie bestimmt nicht aus beruflichen Gründen aufgesucht. Sein Benehmen hatte etwas Verstohlenes an sich«, sagte sie aufgeregt zu Bergheim. »Denk mal, wir können eine Verbindung herstellen zwischen einer der Toten und einer Vermissten, die *zufällig* seine Frau ist. Bestimmt hatte er ein Verhältnis mit Corinna, und die wollte es seiner Frau sagen, und da hat er sie umgebracht.«

»Wen?«

»Corinna.«

»Und warum ist dann seine Frau verschwunden?«

»Na, sie wird irgendwie dahintergekommen sein, dass ihr Mann sie betrügt. Sie wollte sich scheiden lassen, und da er sich noch eine Scheidung nicht leisten kann, hat er sie auch umgebracht. Du weißt, dass es diesen Typen auf eine mehr oder weniger nicht ankommt.«

Bergheim stellte die Tüte mit Sonnenblumenkernen auf den Tisch.

Wenig später kam Wiebke Mertens herein, lächelte Bergheim an und schob Charlotte eine Mappe hin.

»Hier ist die Aussage von Limbach. Finanziell scheint er am Ende zu sein. Vor zwei Tagen hat er seine Sekretärin entlassen. Offenbar hat er versucht, sich einen Großauftrag zur Neugestaltung von Mehrfamilienhäusern in Laatzen zu angeln. Hat aber wohl nicht geklappt.«

»Danke, das ging ja flott«, sagte Charlotte.

»Exsekretärinnen sind oft nicht besonders loyal«, antwortete Mertens, »und die von Limbach war ziemlich geschwätzig.«

Charlotte blätterte in der Akte und wunderte sich, dass sie nicht eher misstrauisch geworden war.

»Wir hätten ihn schon längst in die Mangel nehmen sollen«, sagte sie.

»Was hätte dabei herauskommen sollen? Dass er seine Frau umgebracht hat? Wir haben nicht mal ihre Leiche. Wir wissen nicht, ob sie tot oder lebendig ist. Vielleicht ist sie tatsächlich abgehauen. Und dass er Corinna Brandes gekannt hat, wussten wir ebenso wenig. Ich bin nicht mal sicher, ob wir's jetzt wissen. Schließlich hast du die beiden nicht zusammen gesehen. Er ist Architekt, und du hast selbst gesagt, dass dieses Haus umgebaut und saniert werden soll. Vielleicht wollte er sich nur schlaumachen.«

Charlotte starrte ihn an. »Wieso bist du bloß so schwer zu überzeugen?«

Er hob abwehrend die Hände. »Ich versuche nur, Schwachstellen aufzudecken, bevor wir handeln und womöglich auf die Nase fallen.«

»So viele Skrupel kennt man normalerweise nicht von dir.«

Er sprang plötzlich auf und fixierte sie. »Du hast keine Ahnung, wovon du redest, also lass es einfach.« Er ließ sich wieder auf seinen Stuhl fallen, und seine grauen Augen blitzten zornig.

Charlotte schwieg zunächst verdutzt. Offenbar hatte ihr Kollege auch seine Probleme mit diesem Fall.

»Glaub, was du willst«, sagte sie dann, »aber als wir ihm das Bild von Corinna Brandes vorgelegt haben, hat er gesagt, er kennt sie nicht. Ich finde, wir sollten den Kerl mal gehörig unter die Lupe nehmen.«

»Kann auf jeden Fall nicht schaden«, murmelte Bergheim und stand auf. »Komm.«

Eduard Limbach war höchst erregt, als er Charlotte und Bergheim im Präsidium gegenübersaß.

»Warum sitze ich hier? Wissen Sie etwas über meine Frau?«, fragte er und schaute von einem zum anderen.

»Kennen Sie diese Frau?«, fragte Bergheim und legte ihm das Foto vor, das Corinnas Schwester ihnen gegeben hatte. »Wir haben Sie das schon mal gefragt. Sie sollten sich Ihre Antwort gut überlegen.«

Limbach starrte auf das Foto und wurde blass.

»Was, was hat das mit dem Verschwinden meiner Frau zu tun?«

»Beantworten Sie einfach die Frage«, sagte Charlotte.

Limbach schluckte. »Ja, die kenn ich. Warum fragen Sie mich das?«

»Hatten Sie was mit ihr?«

»Ich glaube nicht, dass Sie das was angeht! Was soll das hier überhaupt? Wieso sagen Sie mir nicht, was los ist? Was ist mit meiner Frau?«

Guter Schauspieler, dachte Charlotte, aber so gut auch wieder nicht.

»Beantworten Sie die Frage«, insistierte Bergheim. »Hatten Sie was mit ihr?«

Limbach schien zu überlegen. Er rührte das Foto nicht an.

»Brauch ich einen Anwalt?«

»Weiß nicht, brauchen Sie einen? Wieso beantworten Sie die Frage nicht?«

»Ich will sofort meinen Anwalt sprechen«, sagte Limbach. »Sofort.«

Charlotte reichte ihm ihr Handy. »Bitte.«

Er nahm das Handy. »Ich weiß doch die Nummer nicht auswendig.«

»Auskunft«, sagte Charlotte, bevor sie aufstand und hinausging.

Vor der Tür schlug sie mit der Faust gegen die Wand.

»Mistkerle, verdammte Mistkerle«, fluchte sie leise
Troger kam vorbei. »Redet er?«
»Ja, mit seinem Anwalt.«
»Mistkerl«, sagte Troger und ging weiter.
Charlotte genehmigte sich einen Kaffee, obwohl sie sich ei-
gentlich beruhigen sollte. Sie würde diesen Kerl kleinkriegen, mit
oder ohne Anwalt, das schwor sie sich. Ostermann kam ihr ent-
gegen.

»Na, endlich Ergebnisse, wie es scheint«, sagte er und klopfte
ihr auf die Schulter, bevor er weiterging.

Charlotte schnitt eine Grimasse und ging wieder zurück.
Hoffentlich hatte Bergheim Limbach jetzt ein bisschen weichge-
kocht.

Limbach heulte, als sie den Raum wieder betrat. Heulte wie ein
Kind und wischte sich die Nase an den Ärmeln seines hässlichen
Hemdes ab.

»Was glauben Sie eigentlich?«, schrie er. »Ich bin mittellos, und
meine Frau ist verschwunden! Und Sie fragen mich nach irgendwelchen Frauen! Wie kommen Sie überhaupt darauf?«

»Weil Sie gesehen worden sind«, sagte Charlotte ruhig. »Wir
haben eine Zeugin.«

»Was für eine Zeugin, und wo bin ich gesehen worden? Was
soll das heißen?

»Sie sind vor der Wohnungstür dieser Frau gesehen worden,
was nicht wirklich ein Problem wäre, wenn«, Charlotte wurde
lauter, »wenn diese Frau nicht vor ein paar Tagen bestialisch ermordet worden wäre!«

Limbach bekam große Augen. »Das … das wollen Sie mir
doch wohl nicht anhängen? Ich bin doch bloß hier, weil meine
Frau verschwunden ist!«

»Eben«, sagte Bergheim. »Wir glauben, dass Sie mehr über ihr
Verschwinden wissen, als Sie sagen.«

»Wie meinen Sie das?«, fragte Limbach.
Niemand antwortete. Limbach verbarg seinen Kopf in den
Händen. »Ich sage kein Wort mehr, bis mein Anwalt da ist.«

Sabine Brandes legte das Foto auf den Tisch und sah Charlotte an.

»Nein, den hab ich noch nie gesehen, wenigstens kann ich mich nicht erinnern. Glauben Sie, dass der es war?«

»Das wissen wir noch nicht«, sagte Charlotte, »bis jetzt können wir noch nicht beweisen, dass er ein Verhältnis mit Ihrer Schwester hatte. Wir hatten gehofft, dass Sie uns helfen können.«

Sabine Brandes neigte den Kopf. »Ich wünschte, ich könnte. Wissen Sie, was soll ich denn bloß dem Jungen später erzählen, wenn er mich nach seiner Mutter fragt und was ihr passiert ist?«

Charlotte nickte schweigend und steckte das Foto von Eduard Limbach wieder ein.

»Haben Sie sich diesen Björn denn noch nicht vorgenommen?«

»Doch, den bearbeitet gerade mein Kollege«, sagte Charlotte und sah auf die Uhr.

»Ich muss jetzt leider gehen.« Sie stand auf. An der Tür drehte sie sich noch mal um. »Wie geht's denn dem Kleinen?«

Frau Brandes zuckte mit den Schultern. »Er ist ja noch so klein. Im Moment fährt meine Mutter ihn spazieren. Aber mein Mann … na ja, er ist nicht so begeistert davon, dass er nun plötzlich ein Ziehkind hat.«

Charlotte klopfte ihr auf die Schulter. »Er wird sich schon dran gewöhnen. Und wenn Ihnen noch irgendwas einfällt. Sie haben ja meine Karte.«

Als sie wieder im Auto saß, telefonierte sie kurz mit Troger.

Sie hatten in Limbachs Auto und in seinem Büro jeden Staubkrümel aufgesaugt und ins Labor gebracht. Frau Bertram, seine Exsekretärin, hatte Corinna Brandes noch nie gesehen. Wenn sie nicht irgendwas von ihr bei ihm fanden, wie sollten sie ihm dann nachweisen, dass er log, wenn er behauptete, nur aus beruflichen Gründen in ihrer Wohnung gewesen zu sein?

Donnerstag, 27. Juni

Bergheim hatte eigentlich allein zu der ersten Frau Limbachs fahren wollen, aber Charlotte wollte sich selbst ein Bild von ihr und von der Ehe machen, die die Limbachs geführt hatten. Die Frau wohnte mit ihren beiden Töchtern bei Lüneburg in einem Haus, das man mit Fug und Recht als repräsentativ bezeichnen konnte. Charlotte hatte den Eindruck, dass es nur aus Glas bestand. Die Frau, eine dunkle Schönheit, kam ihnen in Jeans und fleckigem Herrenhemd entgegen. Sie trug einen Pferdeschwanz und wirkte wie ein junges Mädchen. Dabei musste sie die Dreißig längst überschritten haben.

»Entschuldigen Sie meine Aufmachung, aber man muss seinen Inspirationen folgen, wenn sie kommen.« Sie legte das schmutzige Tuch und den Pinsel auf eine gläserne Anrichte im Eingangsbereich und reichte zuerst Bergheim, dann Charlotte die Hand.

»Kathrin Limbach, aber das wissen Sie sicher«, sagte sie mit strahlendem Lächeln. »Kann ich Ihnen irgendwas anbieten? Kaffee? Saft?«

Charlotte verneinte. Bergheim nahm einen Orangensaft.

Frau Limbach führte sie in ein riesiges Wohnzimmer mit Blick auf einen makellosen, in Blüten ertrinkenden Garten vor einer sonnigen Heidelandschaft.

Sie stellte ein Glas mit Saft auf einen kleinen Beistelltisch neben der Couch und ließ sich dann auf einen der Sessel nieder. Sie saßen auf blassrotem Leder, der schwarz gefliste Boden war mit einem weißen Teppich bedeckt. Charlotte war froh, dass sie hier nicht mit Kaffee hantieren musste.

»Wann haben Sie Ihren Exmann zum letzten Mal gesehen?«, fragte Bergheim.

»Eddi?« Frau Limbach hob erstaunt die Augenbrauen. »Das muss Monate her sein. Ich glaube, es war im Winter, kurz nach Weihnachten.«

»Er ist also am Mittwoch letzter Woche nicht hier gewesen?«

»Nein, jedenfalls hab ich ihn nicht angetroffen. Wir waren am Mittwoch gar nicht da. Die Kinder sind von der Schule aus zu ihren Freundinnen gegangen, und ich hatte an dem Tag einen Termin bei der Volksbank. Einige meiner Bilder sollen dort ausgestellt werden.«

Sie sah von einem zum anderen. »Warum wollen Sie das wissen?«

»Wann haben Sie das Haus verlassen?«

»Meine Güte, so gegen halb zehn. Ist das wichtig? Ich dachte, es geht um Bettina.«

»Sie wissen sicher, dass die zweite Frau Ihres Exmannes seit letzter Woche verschwunden ist.«

Frau Limbach nickte. »Ja, das sagte Ihre Kollegin am Telefon. Ich frage mich allerdings, wieso Sie mich deswegen aufsuchen. Hier ist sie nicht, falls Sie das meinen.«

»Kennen Sie Bettina Limbach persönlich?«, mischte Charlotte sich ein.

»Ja, ich hab sie einmal kennengelernt, als Eddi die Kinder vom Flughafen abgeholt hat. Sie waren bei ihrer Großmutter – meiner Mutter – in München. Das war vor zwei Jahren oder so.«

»Und da war seine zweite Frau dabei?«

»Ja, ich nehme an, sie war neugierig.«

»Welchen Eindruck hatten Sie von ihr?«

»Was meinen Sie damit? Ob ich sie mochte?«

»Zum Beispiel, und ob Sie es für möglich halten, dass sie ihren Mann verlässt.«

Frau Limbach schüttelte den Kopf. »Eher nicht. Auf mich wirkte sie eher schüchtern und ein bisschen – weltfremd.«

»Was meinen Sie mit weltfremd?«

Sie lächelte. »Nun ja. Kleinbürgerlich?«

Charlotte mochte diese Frau nicht, aber sie versuchte, sich nichts anmerken zu lassen.

»Sie glauben also nicht, dass sie ihren Mann verlassen hat?«

»Nein, ich könnte mir eher vorstellen, dass sie irgendeinem Typen in die Hände gefallen ist. Außerdem ist sie verrückt nach ihrer Tochter. Zumindest hat Eddi das gesagt. Sie hätte ihre Tochter nicht einfach so verlassen. Jedenfalls kann ich als Mutter mir das nicht vorstellen.«

Bergheim sah sich um. »Hat Ihr Exmann dieses Haus entworfen?«

Sie nickte.

»Wohnen Sie allein hier?«

Sie lächelte hintergründig. »Natürlich mit meinen Töchtern.«

»Fällt Ihnen irgendein Grund ein, warum die zweite Frau Ihres Exmannes Sie aufsuchen sollte?«

Sie machte große Augen.

»Nein, warum?«

»Vielleicht zweifelt sie an seiner Treue.«

»Dann hätte sie keinen Grund, zu mir zu kommen.«

»Hat Ihr Mann Sie jemals betrogen?«

»Da bin ich mir sicher.«

»Wieso?«

»Eine Frau spürt so was.«

»War das der Grund für Ihre Trennung?«

»Nicht nur. Wir hatten uns einfach auseinandergelebt.«

»Haben Sie noch Kontakt zu Ihrem Exmann?«

»Er schickt den Kindern Geschenke zu ihrem Geburtstag und zu Weihnachten. Das ist alles.«

»Was für Geschenke?«

»Computer, Handy, was Teenager heutzutage so brauchen.«

»Ist Ihr Mann jemals gewalttätig geworden?«

Frau Limbach sah Charlotte einen Moment schweigend an. »Was glauben Sie? Dass er seine Frau um die Ecke gebracht hat?«

Sie lächelte. »Da kann ich sie beruhigen. Eddi verliert zwar manchmal die Nerven, aber er ist kein Schläger.«

Charlotte war erstaunt, als Bergheim sich erhob. »Ich glaube, wir haben Sie lange genug aufgehalten. Darf ich fragen, wie viele Ihrer Bilder Sie verkaufen?«

»Leider nicht viele. Sie sind wohl zu teuer – für ein breites Publikum. Wollen Sie sich meine Galerie ansehen?«

»Nein, danke«, sagte Bergheim, »wenn Sie uns jetzt noch verraten, wie viel Unterhalt Ihr Mann Ihnen zahlt, können wir Sie wieder Ihren Inspirationen überlassen.«

Ihr Lächeln verblasste. »Ich kann mir nicht vorstellen, dass das für Ihre Ermittlungen von Bedeutung ist.«

»Oh, doch«, sagte Bergheim, »aber wir kriegen das auch so raus.« Damit verneigte er sich leicht und wandte sich zur Tür. Charlotte konnte nur schweigend folgen. Seinen Orangensaft hatte er nicht angerührt.

Eine Viertelstunde lang fuhren sie schweigend durch die Lüneburger Heide und genossen den Blick auf die leicht hügelige Landschaft, die immer wieder von malerischen Baumgruppen unterbrochen wurde.

»Schade, dass die Heide noch nicht blüht«, sagte Charlotte. »Ein herrlicher Anblick ist das.« Sie wandte ihm das Gesicht zu. »Kennst du die Heide, wenn sie blüht?«

Er schüttelte den Kopf. »Leider nicht.«

»Schade«, sagte sie nur und nach einer Weile: »Glaubst du, dass der Limbach das alles bezahlt?«

»Ich bin mir ziemlich sicher«, sagte Bergheim mit einem grimmigen Gesichtsausdruck. »Manche Frauen sind wahre Künstler, wenn es darum geht, ihren Männern das Geld aus der Tasche zu ziehen.«

»Nu, nu«, wiegelte Charlotte ab, »es gibt auch raffgierige Männer.«

»Natürlich.«

»Jedenfalls ist es kein Wunder, dass die beiden sich um Geld gestritten haben. Wenn er seiner ersten Frau so viel Unterhalt zahlt, wie viel muss er dann verdienen? Und wie viel muss er wohl verdienen, wenn die zweite Frau ihn auch noch verlässt?«

»Eine Menge«, murmelte Bergheim und trat aufs Gaspedal.

»Glaubst du, das ist das Motiv?«

»Du nicht?«

Charlotte zuckte mit den Schultern. »Möglich, aber würde er sich dann so verhalten? Seine Frau als vermisst melden?«

»Natürlich, sonst würde er sich doch verdächtig machen.«

Charlotte dachte nach. »Er könnte auch sagen, sie hätte ihn verlassen, und irgendeine Geschichte von einem Liebhaber erzählen. Immerhin nimmt die Polizei die Suche auf, wenn jemand als vermisst gemeldet ist. Er hätte es sich leichter machen können.«

»Nicht mit der Schwiegermutter und dem Kind.«

»Wahrscheinlich nicht.«

Charlotte war gerade zu Hause angekommen, als es klingelte und der Hund anschlug. Sie musste sich eingestehen, dass sie sich mit dem Hund in der Wohnung sicherer fühlte. Sie streichelte ihn, zog ihre Schuhe aus und öffnete. Ziegler stand draußen mit seinem Werkzeugkasten.

»'n Abend, ich sollte mir mal Ihren Sicherungskasten ansehen?«

»Ja, bitte hier lang«, sagte Charlotte und führte ihn durch die Diele in die Küche.

Der Hund knurrte. »Außerdem wüsste ich gerne, ob hier irgendwelche Wasserrohre nicht dicht sind. Ich hatte neulich eine Riesenlache auf dem Fußboden.«

»Na ja, das Gebäude is eben nich mehr neu. Soll ja auch renoviert werden. Wird auch höchste Zeit, wenn Se mich fragen.«

Charlotte ließ den Hausmeister mit dem Sicherungskasten allein, um den Hund zu füttern, der an der Küchentür kratzte. Nach wenigen Minuten kam Ziegler aus der Küche.

»Der ist aber wirklich schlecht erzogen«, sagte er und deutete auf Dandy, der Ziegler aus sicherer Entfernung anknurrte. »Meiner hätte so was nicht gemacht.«

»Was erwarten Sie denn, wenn Sie mit Steinen nach ihm werfen«, sagte Charlotte.

Ziegler brummte nur. »Die Kratzer an der Tür müssen Se aber wegmachen.«

Charlotte verdrehte die Augen. »Ja, ja, haben Sie was gefunden?«

»Also der Sicherungskasten ist in Ordnung. Wüsste auch nicht, was daran kaputtgehen sollte.«

»Und kaputte Rohre gibt's auch nicht?«

»Also in der Küche hab ich jedenfalls nix gesehen. Und unter den Schränken ist auch alles trocken. Könnte höchstens mal in der Nachbarwohnung nachgucken, aber da sind auf dieser Seite soviel ich weiß gar keine Rohre.«

»Na gut, dann danke, falls noch mal was vorkommt, melde ich mich wieder«, sagte Charlotte. Sie wollte ihn loswerden.

Er war auch schon fast draußen, als er sich noch mal umdrehte. »Sagen Se mal, Sie sind doch Polizistin. Und Se ham doch mit dem Fall von unserer Mieterin hier und mit der Toten draußen zu tun. Ham Se da schon was rausgefunden? Meine Frau hat jetzt nachts immer Schiss.«

Charlotte schüttelte müde den Kopf. »Wir haben noch nichts, das druckreif wäre«, sagte sie.

Er zuckte mit den Schultern. »Na ja, bei der Brandes wundert's mich eigentlich nich. Die hat doch andauernd andere Kerle gehabt.«

Charlotte horchte auf. »Haben Sie das den Ermittlungsbeamten bei der Befragung gesagt?«

»Klar.«

Charlotte fiel etwas ein. »Warten Sie einen Moment.« Sie lief ins Wohnzimmer, wo ihre Jacke auf dem Sofa lag, und kramte das Foto von Limbach heraus.

Sie hielt es ihm unter die Nase. »Haben Sie den Mann schon mal gesehen?«

Er stellte seinen Werkzeugkasten ab und nahm das Bild in seine schwieligen, aber sauberen Hände.

»Den, na klar, das ist doch der Architekt, der hier alles umbauen will. Und nebenbei ...«, er neigte sich grinsend zu ihr herab, »hat er noch was mit unserer Frau Brandes gehabt, nich wahr. Ich hab's Ihnen ja gesagt. Die hatte andauernd andere.«

»Woher wissen Sie das?«, fragte Charlotte heiser.

»Na, ich hab die beiden doch mal im Fahrstuhl erwischt. Irgendwann zu nachtschlafender Zeit. Is er das etwa, den Sie suchen?«

»Wissen Sie noch, wann das war?«

»Ist noch gar nicht so lange her, vielleicht drei Wochen oder so.«

»Ich danke Ihnen«, sagte Charlotte aufgeregt. »Sie haben uns gerade sehr geholfen. Und jetzt muss ich dringend telefonieren.«

Freitag, 28. Juni

Es dauerte keine zehn Minuten, bis Limbach in Anwesenheit seines Anwalts zugab, ein Verhältnis mit Corinna Brandes gehabt zu haben.

»… aber umgebracht hab ich sie nicht! Das können Sie mir nicht anhängen!«

»Als man Ihnen das Foto von Corinna Brandes vorgelegt hat, haben Sie behauptet, sie nicht zu kennen. Warum haben Sie gelogen?«

»Warum wohl?!«, schrie Limbach. »Weil meine Frau nichts davon erfahren sollte!«

»Ihre Sekretärin sagt, Sie seien in der letzten Zeit zunehmend unkonzentriert und nervös gewesen. Weshalb?«

»Weshalb? Ich stecke bis zum Hals in Schulden! Diese blöde Kuh.«

»Sie wollten also Konkurs anmelden?«

»Nein, ich hab's noch versucht zu verhindern.«

»Wie?«

»Ich wollte mit meiner Exfrau sprechen. Ich weiß, dass sie jede Menge Bilder verkauft, aber sie kassiert trotzdem noch ihren vollen Unterhalt von mir.«

»Woher wissen Sie das?«

Limbach rieb sich die Augen. »Ich weiß, wie viele Bilder sie malt, wie viele davon sie verkauft und auch wie viel sie dafür kriegt.«

»Ihre Frau hat ausgesagt, dass sie am neunzehnten Juni gar nicht zu Hause war.«

Limbach schwieg. »Das hab ich ja dann auch festgestellt. Ich hab versucht, sie auf dem Handy zu erreichen. Aber das hat sie fast nie an. Nimmt es nur für den Notfall mit, Unfall oder Panne oder was weiß ich. Mindestens zwei Stunden hab ich auf sie gewartet, dann bin ich zurückgefahren.«

»Hat Sie jemand gesehen?«

»Das weiß ich doch nicht!«

»Waren Sie irgendwo essen?«

»Ich hab mir ein Brötchen gekauft und im Auto gegessen.«

»Wo haben Sie das Brötchen gekauft? Kann sich dort eventuell jemand an Sie erinnern?«

»Mein Gott, das war ein Supermarkt, da haben mich bestimmt Hunderte gesehen!«

»Also haben Sie für den neunzehnten Juni kein Alibi! Für den Tag, an dem Ihre Frau verschwunden ist.«

»Was wollen Sie damit sagen?«

»Wann haben Sie Corinna Brandes zum letzten Mal gesehen?«

Limbach sah seinen Anwalt an. »Muss ich darauf antworten?«

»Sie müssen hier überhaupt nichts sagen.«

»Eben«, sagte Limbach dann und sah Bergheim fest an.

»Sie haben Corinna Brandes umgebracht, weil sie wollte, dass Sie sich scheiden lassen. Sie wollte mit Ihrer Frau reden, und das wollten Sie unbedingt verhindern. Denn eine zweite Scheidung können Sie sich nicht leisten. Sie haben Corinna Brandes getötet, um Ihre Ehe und damit Ihr Geld zu retten. Um die Polizei in die Irre zu führen, und vielleicht auch, um ihre Identifizierung zu verhindern, hackten Sie ihr die Hände ab und zertrümmerten ihr Gesicht. Aber das war alles umsonst, Sie sind zu spät gekommen! Ihre Frau wusste schon Bescheid und wollte sich tatsächlich von Ihnen trennen. Also haben Sie sie ebenfalls aus dem Weg geräumt! Und jetzt sagen Sie mir bloß noch, dass Sie ihr auch die Hände und das Gesicht zerschlagen haben. Wie haben Sie sich dabei gefühlt?«

Limbach starrte Bergheim an. »Sie ... Sie sind ja völlig verrückt!«

»Sie haben für den Tag, an dem Ihre Frau verschwunden ist, und für den Todeszeitpunkt Ihrer Geliebten kein Alibi, aber Sie haben ein handfestes Motiv!«

Limbach legte den Kopf auf den Tisch. »Glauben Sie doch, was Sie wollen! Ich sage hier kein Wort mehr.«

Bergheim und Charlotte, die während der Befragung beobachtend an der Tür gestanden hatte, verließen den Raum und gingen schweigend den Flur entlang zum Büro.

»Wenn wir nicht mehr rausfinden, wird das nicht reichen«, sagte Charlotte, als sie an ihrem Schreibtisch saß. »Vor allem die Sache mit dem Insulin. Wie soll er da rangekommen sein. In seiner gesamten Verwandtschaft und Bekanntschaft haben wir keinen einzigen Fall von Diabetes gefunden.«

Charlotte schüttelte resigniert den Kopf.

Bergheim sah aus dem Fenster. »Vielleicht sind wir ja auf dem Holzweg, und es gibt noch einen ganz anderen Zusammenhang zwischen diesen Frauen. Zwei von ihnen wohnten in derselben Siedlung, wiesen die gleichen Verletzungen auf und sind durch Insulin gestorben. Die eine finden wir einem See, die andere am Maschteich. Eine dritte, deren Identität wir noch nicht kennen, wird ebenfalls in derselben Siedlung mit der gleichen Todesursache aufgefunden, ist aber unverletzt. Zwei weitere Frauen sind verschwunden, von denen die eine in Döhren wohnt – also etwa fünf Kilometer von Laatzen entfernt – und die andere mit dem Architekten verheiratet ist, der an einem Sanierungsprogramm in der Laatzener Siedlung beteiligt ist, aus dem die beiden Opfer kommen und wo die dritte Leiche mit der gleichen ungewöhnlichen Todesursache gefunden wird. Zu allem Überfluss ist eins der Opfer auch noch seine Geliebte gewesen.«

Er sah Charlotte an. »Sag mal, wird's dir nicht langsam mulmig in deiner Wohnung?«

Charlotte kaute an ihrem Daumennagel. »Irgendwas stimmt hier nicht. Angenommen, Limbach hat seine Frau und Corinna umgebracht, dafür hätte er ein Motiv, aber warum Elli Broker? Und was ist mit der Toten im Müllcontainer?

»Vielleicht hatte er mit denen auch ein Verhältnis.«

Charlotte verzog den Mund. »Irgendwie erscheint mir das zu einfach.«

»Vielleicht suchen wir doch verschiedene Täter.«

»Bei *der* Todesursache?«

»Stimmt. Was ist mit dieser Vermissten aus Döhren? Hat sich da was getan?«

Charlotte schüttelte den Kopf. »Nichts, aber auch rein gar nichts. Sie ist wie vom Erdboden verschluckt, genau wie Bettina Limbach.«

»Wie bringt man drei Frauen um, chauffiert sie durch die Gegend, wirft eine davon an den Maschteich, die andere an einen See und noch eine in einen Müllcontainer ohne einen einzigen Zeugen!«

Bergheim trat gegen den Aktenschrank, und Charlotte hatte plötzlich das Gefühl, dass eine wichtige Information in den Tiefen ihrer grauen Zellen verborgen war. Sie war da, aber sie musste sie in den richtigen Zusammenhang bringen, damit sie einen Sinn ergab. Was war das nur gewesen, dachte sie, als Bergheim ihre Grübelei unterbrach.

»Vielleicht sollten wir das mit dem Insulin endlich bekannt geben.«

»Ostermann will es nicht, und ich bin ausnahmsweise seiner Meinung. Man würde nur schlafende Hunde wecken.«

»Ich muss los«, sagte Bergheim unvermittelt. »Mein Sohn wartet auf mich.«

Charlotte sah ihn an. »Wo ist er jetzt? Wieder bei Gritt?«

Er nickte nur und nahm seine Schlüssel aus der Jackentasche. »Wir nehmen uns den Kerl morgen noch mal vor. Wär doch gelacht, wenn wir aus dem nichts rauskriegen, was?«

Er legte ihr die Hand auf den Arm und sah sie an. »Wir schaffen das schon.«

Charlotte sah sein Gesicht gefährlich nahe vor dem ihren und schluckte.

»Klar«, meinte sie.

Als er gegangen war, fiel ihr ein, dass sie ihre Eltern seit über einer Woche nicht angerufen hatte, obwohl ihre Mutter mehrfach auf ihre Mailbox gesprochen hatte. Aber sie wussten ja, dass sie mit der Aufklärung dieser schrecklichen Morde beschäftigt war. Schließlich war die Presse voll davon. Sie nahm ihr Handy aus der Tasche und wählte. Ihre Mutter nahm ab.

»Kind, wir haben uns schon Sorgen um dich gemacht. Hörst du denn deinen Anrufbeantworter gar nicht ab? Diese letzte Tote ist doch in der Nähe deiner Wohnung gefunden worden. Du kannst doch da jetzt nicht bleiben!«

»Mama«, sagte Charlotte und seufzte, »ich kann schon auf mich aufpassen. Und außerdem …«, sie lächelte, »hab ich jetzt einen Hund.«

»Einen Hund? Aber warum denn das? Fühlst du dich nicht sicher?«

»Nein, nein, er ist mir zugelaufen. Aber er ist sehr wachsam. Ihr braucht euch also keine Sorgen zu machen.« Sie konnte ihrer Mutter unmöglich die Wahrheit sagen.

»Pass nur gut auf dich auf. Und an den Geburtstag deines Neffen denkst du, ja? Andrea rechnet fest mit dir!«

Charlotte biss sich auf die Lippen. Den Geburtstag dieses kleinen Ekels hatte sie völlig vergessen. Sie wusste nicht mal das genaue Datum.

»Natürlich denke ich daran«, sagte sie und überlegte fieberhaft, an welchem Tag ihr Neffe geboren war.

»Wir sehen uns dann also am nächsten Freitag?«

Das waren noch sieben Tage.

»Ja, ich tu, was ich kann, aber im Moment kann ich gar nichts versprechen.«

»Du kannst nie irgendwas versprechen.«

»Also, Mama, bestell allen schöne Grüße und … wir sehen uns.«

»Ja, das hoffen wir.«

Erleichtert beendete Charlotte das Gespräch. Ihr Neffe war zwar eine Nervensäge, aber im Moment konnte sie sich nichts Schöneres vorstellen, als mit ihrer Familie seinen Geburtstag zu feiern.

Als sie die Wohnungstür aufschloss, kam ihr Dandy schwanzwedelnd entgegen.

»Na, mein Kleiner«, sagte Charlotte, die froh war, nicht in eine leere Wohnung zu kommen. Sie hatte Frau Ziegler gebeten, Dandy mittags auszuführen, solange er bei ihr war. Es war bereits sieben Uhr, und der Hund sprang an der Wohnungstür hoch, als sie sie geschlossen hatte.

»Ja, ist ja gut, wir gehen schon noch raus.«

Sie nahm die Leine vom Garderobenschränkchen, und fünf Minuten später lief sie mit dem Hund durch die Anlagen. Einer Eingebung folgend machte sie sich auf den Weg zu den Müllcontainern. An der Abgrenzung mit dem gelben Flatterband standen einige Männer mit den Händen in den Taschen und redeten. Charlotte hatte keine Lust auf diese Art von Gespräch und machte sich auf den Weg zum Weiher. Der Abend war warm, und es waren noch eine Menge Leute unterwegs. Jugendliche hatten sich um den Teich versammelt und Familien, die mit ihren Kindern am Betonufer standen und ihre Brotreste an die Enten verfütterten. Charlotte fragte sich einmal mehr, wie und wann der Mörder die Leiche im Container abgelegt hatte und wer wohl zu der fraglichen Zeit unterwegs gewesen war. Bisher war bei all ihren Befragungen nichts herausgekommen.

Die Frau war nicht hier getötet worden, der Täter hatte sie hierher transportiert. Entweder mit einem Wagen, dann könnte der Täter sonst wo herkommen, oder es war ein kräftiger Mann, der die Tote über eine mehr oder weniger lange Strecke tragen konnte. Aber Charlotte wusste, wie schwer Tote waren. Es war unwahrscheinlich, dass jemand den toten Körper einer Frau ohne Hilfe in einen Container bugsieren konnte. Charlotte schätzte die Höhe der Container auf fast eineinhalb Meter, wenn sie ihre eigene Größe von eins zweiundsiebzig als Maßstab nahm. Der Einzige, dem sie so viel Kraft zutraute, war Goran Schmidt. Weder Limbach noch Böttcher traute sie diesen Kraftakt zu. Aber wie konnte man bei den vielen Fenstern ringsherum sicher sein, nicht gesehen zu werden? Mittlerweile waren sie wieder in der Nähe der Container angelangt.

Die nächste Laterne war vielleicht dreißig Meter entfernt, und es war eine dunkle Neumondnacht gewesen. Außerdem hatte es geregnet. Der Container war offen gewesen und der Inhalt durchnässt. Vielleicht hatte wirklich niemand was gesehen. Wer trieb sich schon in einer dunklen, regnerischen Neumondnacht im Freien herum?

Der Hund zog sie in Richtung Container, aber sie hielt ihn

zurück. Der Abend war gerade richtig für einen Biergartenbe-
such. Für einen Moment erwog sie, Bergheim anzurufen, aber der
war beschäftigt. Dann vielleicht ihre Freundin Miriam und deren Freund Lukas. Charlotte überlegte es sich anders und entschied sich für einen Abend auf dem Balkon. Sie würde sich Spaghetti kochen – meine Güte, wann hatte sie die letzte gekochte
Mahlzeit zu sich genommen? – und eine Flasche von dem Merlot öffnen. Der Hund konnte ihr Gesellschaft leisten.

Samstag, 29. Juni

Den Samstagmorgen verbrachte Charlotte an ihrem Schreibtisch und erledigte ihren Papierkram. Am Nachmittag war sie mit Miriam verabredet. Sie wollten in der Ernst-August-Galerie am Bahnhof shoppen und anschließend in der »Ständigen Vertretung« – einer urigen Kneipe im Glaspalast der Nord-LB in der City – essen gehen. Frau Ziegler hatte sich netterweise bereit erklärt, Dandy auszuführen.

Charlotte genoss diese Nachmittage, die sie sich viel zu selten gönnten. Meistens war der Grund dafür Charlottes Zeitmangel.

Nachdem sie gegessen hatten – Miriam einen Salat mit gegrillter Putenbrust, Charlotte Pasta mit Lachs und Gemüse – , gingen sie noch ins »Brauhaus Ernst August« in der Altstadt, wo am Samstagabend die Post abging. Sie gönnten sich ein Hanöversch, das hauseigene Bier, und genossen die Partystimmung. Als Miriam dann richtig in Fahrt war, wollte sie noch in die »Bierbörse«, aber Charlotte zog es vor, mit der U-Bahn nach Hause zu fahren. Am Sonntag schlief sie bis elf und machte nach einem ausgiebigen Frühstück mit Schinken und Spiegeleiern einen langen Spaziergang mit Dandy. Sie hatte sich vorgenommen, die nähere Umgebung zu erkunden, und ging die Wülferoder Straße entlang bis zur Brücke, die über den Messeschnellweg führte. Wieder stellte sie erstaunt fest, dass die Umgebung hier ländlich war. Vor ihr lag der Expo-Park, und in der Ferne konnte man den alten holländischen Pavillon sehen, ein Überbleibsel der Weltausstellung.

Die Wülferoder Straße war hier nur noch ein Schotterweg, obwohl sie kaum anderthalb Kilometer gegangen war. Die Sonne schien hell, und Charlotte kniff die Augen zusammen. Es gab hier so viele Möglichkeiten, eine Leiche loszuwerden. Wenn der Täter sie nachts irgendwo auf diesen Feldern vergraben hätte, wäre sie wahrscheinlich erst sehr viel später entdeckt worden – wenn überhaupt. Wieso warf er sie in einen Müllcontainer? Er musste unter Zeitdruck gestanden haben.

***

Einmal hatte er seine Mutter eine Nutte genannt. Damals war er noch in der Grundschule gewesen. Hatte nicht mal richtig gewusst, was das Wort bedeutete. Aber er hatte gesehen, wie Fräulein Dunschen, seine damalige Deutschlehrerin, ausgerastet war, als sein Freund Hubert sie eine Nutte genannt hatte. Er hatte sich oft gefragt, ob Hubert – er war damals der Stärkste in der Klasse – wohl gewusst hatte, was er da sagte.

Seine Mutter war auch ausgerastet. Hatte ihm den Mund mit Seife ausgewaschen. Ihm mit ihren langen Krallen alles zerkratzt. Zwei Tage konnte er nicht richtig essen. Das wusste er noch genau. Und danach war es noch schlimmer geworden mit ihr. Danach hatte sie kaum noch mit ihm gesprochen, und angeguckt hatte sie ihn ja sowieso kaum. Hatte immer gesagt, da wäre was in seinen Augen, das mache ihr Angst, und er sollte sie nicht immer so anstarren. Dann hatte sie ihn an den Schultern rumgedreht und weggeschickt. Er war dann zu Leo gegangen, und der hatte ihn getröstet. Einmal hatte er auch versucht, seine Augen zu waschen – mit Seife. Das hatte wehgetan.

Aber jetzt war er am Zug! Keiner Frau würde er erlauben, ihn anzustarren. Und die hier, die machte auch, was er sagte.

Aber sie redete manchmal so merkwürdig mit ihm. Das hatte seine Mutter nie gemacht. Er fing langsam an, sich an sie zu gewöhnen. Sie hatte kapiert, dass er, und nur er, das Sagen hatte. Hatte auch lange genug gedauert. Dass manche Frauen aber auch gar nichts begriffen. Es war doch ganz einfach. Klappe halten und tun, was einem gesagt wird. Und die hatte er jetzt endlich so weit. Die muckte nicht mehr auf. Wenn das so blieb, würde er sie noch ein Weilchen behalten.

Montag, 1. Juli

Als sie am Montagmorgen ihr Büro betrat, wartete Schliemann auf sie. Er blickte zerknirscht zu Boden. Aber sie hatte keine Lust, sein unprofessionelles Handeln am Steintor zu diskutieren.

»Was gibt's?«, fragte sie, ohne ihn anzusehen.

Er räusperte sich. »Also, ich habe einfach mal in den Archiven der Kriminalfälle gestöbert ...«

»Das will ich hoffen«, unterbrach sie ihn, »gehört zu deinen Aufgaben.«

»Ja, sicher, aber ich bin noch ein bisschen weiter zurückgegangen. Um genau zu sein neunundzwanzig Jahre. Das war nicht im Computer.«

Charlotte wurde neugierig. »Und?«

Schliemann gab ihr eine abgegriffene Akte. »Das hab ich gefunden. Vor fast dreißig Jahren hat ein Mann in Döhren seine Frau erschlagen.«

»Und?«

»Er hat ihr Gesicht zertrümmert und ihre Hände abgehackt.«

Charlotte nahm die Akte zur Hand.

»Es war wohl eine Eifersuchtstat. Sie hatte was mit seinem Chef. Ein Nachbar hat ihn heulend im Garten neben ihr sitzend gefunden. Das Tatwerkzeug, einen Spaten, hatte er noch in der Hand. Hat den ganzen Prozess über den Mund nicht aufgemacht. Nur dagesessen und vor sich hin gestarrt. Der Richter hat ihm lebenslänglich aufgebrummt. Hat er ohne mit der Wimper zu zucken geschluckt.«

»Was ist mit dem Täter?«

»Er heißt Heinz Grünert, der Bruder von dem Immobilien-Grünert hier in Hannover, und das Beste kommt noch: Er wohnt seit drei Jahren wieder hier in der Gegend. Hat nach seiner Entlassung mehrere Jahre bei Schleswig in einem Heim für entlassene Strafgefangene gewohnt.«

Charlotte sprang auf und klopfte Schliemann auf die Schulter. »Gut gemacht, Schliemann. Finde raus, wo er wohnt, und ruf Bergheim an – wo ist der überhaupt? Er soll sofort zum Präsidium kommen. Wir treffen uns im Besprechungsraum. Mertens soll auch kommen, und sorg dafür, dass die anderen informiert werden.«

»Ich hab schon rausgefunden, wo er wohnt. In Garbsen, Lortzingweg 18.«

Als Bergheim fast eine halbe Stunde später den Besprechungsraum betrat, hatten Charlotte und Wiebke Mertens die Akte bereits durchgesehen.

»Wo bleibst du denn, zum Kuckuck? Wir haben keine Zeit zu verlieren. Ich klär dich im Auto auf. Schliemann, du und Mertens, ihr fahrt vor, geht aber nicht rein. Keine Experimente diesmal!«, sagte sie zu Schliemann. Der schüttelte den Kopf.

»Geht klar.«

Bergheim fuhr, während Charlotte Ostermann anrief und ihn kurz über die Akte Grünert aufklärte. Die Fahrt über die A 2 dauerte nur eine Viertelstunde.

»Ihr parkt vor Nummer sechzehn, Wiebke, du gehst durch die Gärten nach hinten«, sagte sie über Handy, als sie endlich vor dem Lortzingweg angekommen waren. »Rüdiger und ich gehen rein.«

Die Straße war an beiden Seiten gesäumt von eineinhalbstöckigen, ziemlich verwahrlosten Einfamilienhäusern. Die Vorgärten verdienten kaum diesen Namen, denn es schien sich seit Jahren niemand mehr um sie gekümmert zu haben. Eine einsame Rose blühte vor Nummer sechzehn. Es war still in der Straße, und die Atmosphäre war düster, obwohl die Sonne schien. Vor den Fenstern von Nummer achtzehn hingen schwere graue Stores. Kein Laut drang zu ihnen heraus.

Charlotte drückte auf die Klingel. Dem Mann, der ihnen wenige Sekunden später öffnete, sah man die Jahrzehnte im Strafvollzug nicht an. Er musste fast siebzig sein, war schlank und hielt sich auffallend gerade. Er trug abgetragene Jeans und ein braunweiß kariertes Hemd, das frisch gebügelt aussah. Sein kahler

Schädel war mit Altersflecken übersät. Aus einem faltigen Gesicht blickten sie kalte farblose Augen an. Charlotte fühlte sich seltsam berührt, als er sie ansah.

»Ich hab schon auf Sie gewartet«, sagte er heiser, »kommen Sie rein.«

»Wir möchten, dass Sie mitkommen«, sagte Charlotte.

»Auch gut«, erwiderte der Alte. »Kann ich ein paar Sachen mitnehmen?«

Charlotte gab Bergheim ein Zeichen, ihn nicht aus den Augen zu lassen, und folgte den beiden hinein. »Haben Sie was dagegen, wenn ich mich ein bisschen umsehe?«

»Bitte«, antwortete er mit einer ausladenden Handbewegung.

Heinz Grünert ging ins Bad und packte seinen Kulturbeutel. Dann ging er an Bergheim vorbei in eine Art Schlafzimmer. Es gab nur ein Bett und einen Kleiderständer, an dem einige ungebügelte Hemden und ein graues Wolljackett hingen. Über dem Stuhl neben dem schmalen Bett lag eine schwarze Hose. Daneben stand ein Wäschekorb mit Socken und wie es schien sauberer Unterwäsche. Das war die gesamte Möblierung.

Die Wohnung war dunkel, aber relativ aufgeräumt. Verstecken konnte man hier nicht viel, schon gar keine blutbefleckte Mordwaffe.

Charlotte ging in die Küche. Sie war so klein, dass nicht mal Platz für einen Tisch war. Es gab einen Kühlschrank, auf dem zwei Herdplatten und ein Wasserkocher standen, und eine Spüle mit Ablage. Daneben stand ein Küchenschrank aus weißer Spanplatte. Auf einem Regalbrett über dem Schrank stand ein Glas Instantkaffee, einige Gewürzdosen und ein Päckchen Teebeutel. Die Küche war sauber und schien nicht oft benutzt zu werden. Das Wohnzimmer – falls man es so nennen wollte – war ein Raum mit einem Sofa und einem Fernseher, der auf einem Ytongstein stand.

Neben dem Sofa stand ein kleiner Tisch mit einem Becher.

»Gehört Ihnen das Haus?«, wollte Charlotte wissen, als Bergheim und Grünert in der kleinen Diele standen.

»Nein, es gehört meinem Bruder, der es mir vorübergehend

vermietet, bis er einen Käufer gefunden hat, der seinen Preis bezahlt.«

Bergheim führte Grünert, der eine Art Rucksack in der Hand
hielt, hinaus.

»Bringt ihn ins Präsidium, wir warten noch auf die Spurensicherung«, sagte er zu Mertens, die vor der Haustür gewartet hatte. Charlotte schickte Schliemann, der die Hintertür sicherte, nach
vorn, und die beiden machten sich mit Grünert auf den Weg zum
Präsidium.

Bergheim und Charlotte gingen schweigend durch das Haus.
Es war leer, nur in einer kleinen Kammer, die wohl als Vorrats-
raum dienen sollte, standen zwei kleine Kisten mit alten Zeitungen und Gerümpel. Auf den ersten Blick wies nichts darauf
hin, dass hier jemand umgebracht worden war. Die Spurensicherung würde mit diesem Haus nicht besonders viel Arbeit
haben.

Sie hielten sich nicht länger in der Wohnung auf, sondern
machten sich auf den Weg zurück zum ZKD.

»Was glaubst du? Hat er's getan«, fragte Charlotte nach einer
Weile.

»Weiß nicht«, meinte Bergheim achselzuckend. »Ich kann mir
den Mann nicht so recht als Serienkiller vorstellen.«

»Das kann man nie«, unterbrach ihn Charlotte. »Er hatte jedenfalls damals nichts zu seiner Verteidigung vorzubringen.«

»Es gibt auch Zufälle.«

»Glaubst du wirklich?«

»Na ja«, sagte Bergheim, »immerhin liegen dreißig Jahre zwischen den Mordfällen.«

»Du meinst, innerhalb von dreißig Jahren können schon mal
zwei Täter auf die gleiche Idee kommen«, sagte Charlotte.

»Warum nicht? Dass einem einer den Schädel einhaut, ist nicht
ungewöhnlich. Und die Hände ... vielleicht Raserei. Man haut
einfach drauf, ohne nachzudenken. Und ob damals Insulin im
Spiel war, wissen wir nicht«, sagte Bergheim. »Konnte man das
vor dreißig Jahren überhaupt schon feststellen?«

»Keine Ahnung. Auf jeden Fall ist damals keiner auf die Idee gekommen, überhaupt eine Obduktion vorzunehmen, weil die Todesursache klar war.«

Bergheim ließ den Wagen sanft auf eine rote Ampel zurollen.

»Da war noch ein Kind, ein Junge, um die vierzehn. Stand völlig unter Schock. Er kam dann in eine Pflegefamilie, die ihn später adoptiert hat«, sagte Charlotte.

»Hat der Sohn eine Aussage gemacht?«

»Nein, er war völlig traumatisiert, hatte sich in seinem Zimmer eingesperrt und erst nach Monaten wieder angefangen zu sprechen.«

»Trotzdem«, sagte Bergheim, »kannst du dir vorstellen, dass dieser Mann die drei Frauen umgebracht hat? Er wirkt auf mich nicht gerade wie ein Muskelprotz.«

»Das kann täuschen, und eine Spritze mit Insulin kann ja wohl jeder verabreichen.«

»Und dann schlägt er ihnen die Hände ab und zertrümmert ihr Gesicht, genau wie damals bei seiner Frau.« Bergheim gab unvermittelt Gas und überholte einen Pick-up. »Was war mit dem Motiv?«

»Sie hatte ein Verhältnis mit seinem und ihrem Chef. Die beiden haben bei einer kleinen Spedition gearbeitet – er als Fahrer, sie im Büro.«

»Wie hat Grünert davon erfahren?«, fragte Bergheim.

»Am Vormittag des Tages, an dem er sie erschlagen hat. Ein Arbeitskollege hat es ihm gesteckt. Das heißt vielmehr, ein ehemaliger Arbeitskollege. Der hatte am Tag vorher die Kündigung bekommen und wollte wohl irgendwo Dampf ablassen. Da sein Chef sich leider zu der Zeit auf einer Geschäftsreise befand, hat er sich an Grünert gewandt.«

»Und der hat daraufhin seine Frau erschlagen, weil sein Chef, den er wahrscheinlich noch lieber erschlagen hätte, nicht greifbar war.«

»Eben«, sagte Charlotte.

»Wie viel hat er bekommen?«

»Lebenslänglich, aber wegen guter Führung vorzeitig entlassen.«

Charlotte zupfte an ihrer Unterlippe.

»Sag mal, hast du gesehen, ob er Insulin eingepackt hat?«

»Hat er nicht«, sagte Bergheim.

Grünert saß da wie ein Kirchenbesucher: Aufrecht, die Hände im Schoß gefaltet, den Kopf gesenkt, als wäre er in ein Gebet vertieft. Er schien die Beamten gar nicht wahrzunehmen. Bergheim und Charlotte wechselten sich mit der Befragung ab, die bei beiden ziemlich einseitig verlief. Man stellte ihm Fragen, legte ihm die Bilder der Frauen vor, überließ ihn eine Weile sich selbst, um dann mit der Befragung von vorn zu beginnen. Er reagierte einfach nicht. Es schien ihm alles egal zu sein. Als sie ihn des dreifachen Mordes beschuldigten, schüttelte er nur mit ernster Miene den Kopf. Als er die Bilder der übel zugerichteten Leichen sah, wandte er den Kopf ab. Er saß da, ließ die stundenlange Tortur über sich ergehen und schwieg eisern.

»Wie sollen wir den knacken?«, fragte Bergheim, als er mit Charlotte ins Büro zurückging.

Charlotte schüttelte müde den Kopf. »Gar nicht, schätze ich. Der hat einfach abgeschlossen. Dem kommt's auf ein paar Jahre Knast mehr oder weniger nicht an. Ist ihm völlig egal, ob er lebt oder stirbt.«

»Ja, den Eindruck hab ich auch. Aber –« Bergheim nahm die Isolierkanne und goss Kaffee in einen Becher. »Willst du auch?«

»Nein, danke.«

»Aber«, fuhr Bergheim fort und nahm einen Schluck, »wenn ihm alles egal ist, was spricht dann dagegen, sich alles von der Seele zu reden? Er könnte doch einfach gestehen. Warum so stur?«

»Vielleicht will er's uns einfach nicht zu leicht machen. Warum sollte er uns helfen?«

Bergheim seufzte. »Erfolgreiche Taktik. Wenn er so weitermacht, wartet 'ne Menge Arbeit auf uns, wenn wir ihm die Morde tatsächlich nachweisen wollen. Dass er für keine Tatzeit ein Alibi vorweisen kann und vor dreißig Jahren für einen ähnlichen Mord verurteilt wurde, wird kaum ausreichen.«

Charlotte trommelte mit ihren Fingern auf die Tischplatte.

»Wir haben nichts, was ihn mit diesen Frauen in Verbindung bringt. Da müssen wir zuerst ansetzen.«

Bergheim knallte seinen Becher so abrupt auf den Tisch, dass die schwarze Flüssigkeit auf die Schreibunterlage schwappte.

»Ja, glaubst du denn wirklich, dass dieser alte Mann drei Frauen umgebracht hat? Wo hat er das getan? In seinem Haus gibt's nichts, was darauf hindeuten könnte, dass dort Menschen abgeschlachtet wurden, was ja wohl nicht ohne Spuren abgeht. Und wenn er's woanders gemacht hat, wie hat er die Toten dann transportiert? Auto hat er keins, und mit dem Fahrrad ist das ja wohl schwer zu bewerkstelligen. Und vor allem, warum? Er hat doch überhaupt kein Motiv! Oder hältst du ihn für 'nen Psychopathen, der zwanghaft den Mord an seiner Frau wiederholt?«

Charlotte starrte Bergheim an. »Komm mal wieder runter! Ich hab ebenso Zweifel wie du, aber nur weil wir es für unwahrscheinlich halten, muss es das längst nicht sein. Und der Kerl macht einen ziemlich rüstigen Eindruck.«

»Also gut, dann sag mir, wie er an das Insulin gekommen ist.«

»Vielleicht hat er's einfach geklaut oder ein Knastbruder hat Insulin gespritzt.« Charlotte stand auf. »Vielleicht hat er ja einen Komplizen.«

»Aber warum das alles?«

»Warum! Wenn wir das wüssten, wär dieser Fall so gut wie gelöst.«

Charlotte ging hinaus und bat Mertens, das Team ins Besprechungszimmer zu bitten.

»Die meisten sind unterwegs«, sagte Mertens, »überprüfen immer noch die Diabetiker oder gehen mit Fotos hausieren.«

Eine Stunde später saßen Bergheim und Charlotte mit Troger, Hohstedt, Mertens und Schliemann im Besprechungsraum.

Charlotte räusperte sich. »Also, wir haben zwei Hauptverdächtige. Besser wäre, wir hätten nur einen. Wir müssen Grünerts Vergangenheit in diesem Heim durchleuchten. Wiebke und du, Manfred, ihr fahrt nach Schleswig und redet mit dem Betreiber dieses Heims und findet heraus, wer dort mit ihm zusammengewohnt hat, was unser Mann in den letzten Jahren dort getrieben hat. und warum er wieder zurück nach Hannover gegangen ist. Fragt auch nach, ob Diabetiker dort gewohnt haben, und fragt bei den Kollegen nach, ob dort irgendwann in eine Apotheke eingebrochen und Insulin geklaut wurde.«

Troger nickte. Charlotte sah, wie erschöpft er war, und hätte ihn gern nach Hause geschickt, wollte ihn aber vor den anderen nicht bloßstellen und schwieg.

»Dann brauchen wir ein paar Fotos von Grünert. Wir brauchen noch zwei Beamte, die sich den Wohnkomplex in Laatzen vornehmen und rausfinden, ob Grünert in der letzten Zeit dort gesehen worden ist. Ich glaube, Hallmann und Sievers sind noch frei. Stefan, du kümmerst dich um Grünerts Nachbarschaft. Wir müssen wissen, wann er kommt und geht und wer ihn besucht. Und Rüdiger und ich, wir nehmen uns mal seinen Bruder, diesen Immobilienheini, vor. Außerdem muss Grünert beschattet werden, wenn wir im Haus nichts finden.«

Hohstedt senkte den Kopf. Er hatte offenbar keine Lust, sich die Nacht im Auto um die Ohren zu hauen.

»Tut mir leid, Martin, aber du übernimmst die erste Schicht bis um neun. Ich sorge dafür, dass du dann abgelöst wirst.«

Hohstedt stöhnte.

Charlotte stand auf. »Also, Leute, ich hab einen Termin mit Ostermann, möchte jemand mitkommen?« Die Frage war rhetorisch, dennoch hatten es plötzlich alle eilig, ihre Aufgaben zu erledigen.

Der Chef rieb sich sichtlich zufrieden die Hände. »Na also, mehr Verdächtige, als wir brauchen. Es wäre allerdings besser, wenn wir endlich mit Beweisen aufwarten würden und einen von ihnen dingfest machen könnten. Wenigstens können wir die Presse erst mal beschäftigen. Wie gehen Sie weiter vor?«

»Wir durchleuchten Grünerts Kontakte in dem Heim und sein Privatleben. Außerdem werden Böttcher und Schmidt überwacht. Und da Limbach stur bei seiner Aussage bleibt, er sei in Lüneburg gewesen, befragen wir dort das Supermarktpersonal.«

Ostermann stützte die Ellbogen auf seinen Schreibtisch und legte die Fingerspitzen aneinander.

»Haben Sie schon mal darüber nachgedacht, ob dieser Grünert was mit dieser Firma zu tun hat?«

Charlotte sah ihren Vorgesetzten an. »Allerdings, das ist sein Bruder. Bergheim und ich haben bereits einen Termin mit ihm.«

Ostermann nickte. Charlotte nahm ihre Akten und stand auf.

»War sonst noch was?«

Ostermann schüttelte den Kopf und entließ sie mit seiner typischen Handbewegung.

Grünert Immobilien schien in der Tat ein florierendes Unternehmen zu sein. Sie betraten eines der aufwendig renovierten Bürgerhäuser an der Bödekerstraße. Man hatte nachträglich einen Fahrstuhl eingebaut. Das Treppenhaus war hell und geräumig. Hohe Sprossenfenster sorgten dafür, dass genügend Licht einfiel.

Die Firma Grünert residierte im dritten Stock. Sie nahmen den Fahrstuhl und standen wenig später in einem großzügigen Büro vor einer Rezeption, hinter der eine gepflegte junge Frau im Hosenanzug an einem futuristischen Schreibtisch auf eine Computertastatur einstocherte.

Als sie die Besucher erblickte, riss sie den Kopfhörer aus dem Ohr und stand auf.

»Herr Grünert erwartet Sie schon. Sie sind doch von der Polizei?«

Charlotte nickte, obwohl die Frage an Bergheim gerichtet war. Sie fragte sich, ob sie möglicherweise von einer besonderen Aura umgeben waren, die es den Mitmenschen ermöglichte, sie auf Anhieb als Polizisten zu erkennen.

Die junge Frau führte sie in ein Büro, das Charlotte die Sprache verschlug. Sie sahen direkt auf eine große Fensterfront mit angrenzendem Balkon und einem atemberaubenden Blick auf die Baumwipfel der Eilenriede, des weitläufigen Parks, der an den Stadtteil List grenzte. Man hätte kaum vermutet, dass sie sich mitten in einer Großstadt befanden.

174

Der Mann mit dem vollen weißen Haar, der hinter dem seitlich zum Fenster aufgestellten Schreibtisch saß, nahm ihre sprachlose Bewunderung lächelnd zur Kenntnis.

»Die meisten unserer Besucher reagieren so«, sagte er und stand auf. »Bitte setzen wir uns doch.«

Er deutete auf vier schwarze Ledersessel, die vor einem großen Ficus standen.

»Darf ich Ihnen etwas anbieten? Kaffee? Wasser?«, fragte er, als sie sich um den quadratischen Glastisch platziert hatten.

»Nein, danke«, sagten Bergheim und Charlotte gleichzeitig. »Wir würden gern gleich zur Sache kommen«, ergänzte Bergheim.

Ewald Grünerts Gesicht verdunkelte sich. »Fragen Sie ruhig. Ich weiß allerdings wirklich nicht, was ich Ihnen zu dieser alten Geschichte noch erzählen soll. Das ist immerhin dreißig Jahre her.«

»Stimmt es, dass Ihr Bruder vor drei Jahren Ihr Haus in der Lortzingstraße in Garbsen gemietet hat?«

»Ja, das stimmt. Es ist ein wenig attraktives Objekt, ich werde wohl noch investieren müssen, damit es gewinnbringend verkauft werden kann, habe aber im Moment andere Projekte, und deshalb hatte ich es meinem Bruder angeboten, nachdem die Vormieter ausgezogen waren.«

»Haben Sie seit der Rückkehr Ihres Bruders oft Kontakt zu ihm gehabt?«

Grünert seufzte. »Wissen Sie, nach allem, was damals geschehen ist, wollte ich den Kontakt eigentlich vollkommen abbrechen. Meine Frau Angela war von der ganzen Sache ziemlich mitgenommen und wollte mit meiner Familie nichts mehr zu tun haben. Sie hat sogar darauf bestanden, unserem Sohn Manfred, mit dem sie damals schwanger war, nichts von der Existenz dieser Verwandtschaft zu sagen. Nun«, er hob die Hand, »ich habe ihr ihren Willen gelassen. Mein Sohn weiß bis heute nichts von der Existenz des Onkels und seines Cousins.«

Charlotte wunderte sich immer wieder darüber, wie unterschiedlich sich Geschwister entwickeln konnten, und fand, dass

Glück und Pech im Leben in den seltensten Fällen gerecht verteilt waren. Aber war nicht jeder seines Glückes Schmied, wie ihre Mutter zu sagen pflegte? Wieso wurden die einen mit ihren Konflikten fertig und die anderen drehten durch? Schließlich war Grünert nicht der einzige gehörnte Ehemann. Und nicht jeder erschlug gleich seine Frau.

»Ihr Sohn ist Teilhaber Ihrer Firma?«, fragte Bergheim.

»Ja, aber nicht mehr lange, denn ich gedenke mich in ein oder zwei Jahren aus dem Geschäft zurückzuziehen, und dann gehört die Firma ihm.«

»Wissen Sie, was aus Ihrem Neffen geworden ist?«

»Soviel ich weiß, hat man ihn in einer Pflegefamilie untergebracht, wo er sehr gut aufgehoben war.«

»Und Sie haben ihn seit dem Tod Ihrer Schwägerin nicht mehr gesehen?«

»Nein«, sagte Grünert. »Ich bin nicht mal sicher, ob er noch weiß, dass es mich gibt. Wir hatten nämlich nie besonders viel Kontakt mit der Familie meines Bruders.«

»Sie und Ihre Frau haben in dem Prozess gegen Ihren Bruder als Zeugen ausgesagt ...«

»Ich ja, meine Frau nicht, aus Rücksicht auf ihre Schwangerschaft. Sie hätte sowieso nicht mehr erzählen können als ich, und das war schon wenig genug.«

»Sie haben natürlich von den Mordfällen der letzten Wochen erfahren.«

»Natürlich, wer hätte davon nicht erfahren. Ich bin froh, dass meine Frau zur Zeit in unserem Haus auf Teneriffa Urlaub macht. Sie würde sich nur unnötig aufregen.«

»Was ist Ihr Bruder für ein Mensch?«, fragte Charlotte.

Grünert atmete tief ein und wischte eine imaginäre Fluse von seiner Anzughose.

»Wissen Sie ... Heinz war immer, wie soll ich sagen ... ein schwieriger Typ.«

»Wie meinen Sie das?«

»Nun, er hatte oft Probleme mit seinen Mitschülern. Er prügelte sich gern, und ich erinnere mich noch gut an die Verzweiflung unserer Mutter, die sich immer wieder mit den Lehrern auseinandersetzen musste. Sehen Sie, ich bin zwei Jahre älter als mein Bruder, aber ich hatte nie Probleme, weder mit meinen Mitschülern noch mit den Lehrern und schon gar nicht mit den Eltern, was man von Heinz nicht gerade behaupten konnte. Er war ... cholerisch, rechthaberisch und nachtragend. Fragen Sie mich nicht, wie oft wir uns geprügelt haben.«

»Wie war das Verhältnis zu Ihrem Vater?«

»Sie meinen das Verhältnis meines Bruders zu meinem Vater. Na ja, es gab keins. Mein alter Herr – verzeihen Sie die Ausdrucksweise – konnte meinen Bruder nicht ausstehen, und der wusste das ganz genau. Hat ihm das Leben dann auch ordentlich schwer gemacht. Als das mit seiner Frau passierte, hat Vater einen Anfall gekriegt und ist ein paar Monate nach der Verurteilung gestorben. Unsere Mutter hat ihm das nie verziehen. Deswegen hat ihn auch keiner von uns besucht.«

»Sie meinen, er hat all die Jahre im Knast nie Besuch von Ihnen bekommen?«, fragte Charlotte ungläubig.

Grünert nickte. »Ich bin einmal hingegangen, aber er hat gesagt, ich soll verschwinden, er wolle keinen sehen. Also bin ich gegangen.«

»Und Sie haben es kein zweites Mal versucht?«

Grünert beugte sich vor und sah Bergheim scharf an. »Haben Sie eine Ahnung, was es für die Familie bedeutet, wenn einer aus ihrer Mitte als brutaler Mörder verurteilt wird?«

Er lehnte sich wieder zurück und schwieg.

»Sie wissen, dass Ihr Bruder aufgrund der Morde der letzten Wochen unter Verdacht steht?«

Grünert nickte. »Selbstverständlich. Fragen Sie mich nicht nach meiner Meinung. Ich habe meinem Bruder zwar das Haus vermietet, was im Nachhinein keine besonders gute Idee war, aber sonst habe ich keinerlei Kontakt zu ihm und kann Ihnen auch wirklich nicht weiterhelfen.«

»Wann haben Sie Ihren Bruder zum letzten Mal gesehen?«

»Vor drei Jahren, als ich ihm das Haus vermietet habe.«

»Welchen Eindruck machte er auf Sie?«

Grünert rieb sich die Stirn. »Hören Sie, der Kerl hat sich nach dreißig Jahren bei mir gemeldet und wollte, dass ich ihm eine Unterkunft besorge. Das habe ich getan. Wir haben uns bei der Schlüsselübergabe kurz gesehen. Weder er noch ich wollten miteinander reden. Er war alt geworden, genau wie ich. Er machte einen ganz und gar verschlossenen Eindruck. Aber das ist auch schon alles, was ich Ihnen sagen kann. Wir haben kaum zwanzig Minuten miteinander verbracht.«

»Weshalb wollte Ihr Bruder zurückkommen?«

Grünert zuckte mit den Schultern. »Vielleicht eine nostalgische Anwandlung. Ich habe keine Erklärung dafür.«

»Wissen Sie, ob er Kontakt zu seinem Sohn hat?«

»Wie sollte er? Er hat ihn doch selbst zur Adoption freigegeben. Da bleibt der Name der Familie doch anonym, und das ist auch das Beste, wenn Sie mich fragen.«

In diesem Moment klopfte es, und die Frau im Hosenanzug meldete, dass ein Kunde seit zehn Minuten warte. Charlotte hatte den Eindruck, dass Grünert mehr als erleichtert war.

»Wenn Sie keine weiteren Fragen haben ...«

Charlotte und Bergheim erhoben sich und ließen sich nach einem hastigen Abschied von der Frau im Hosenanzug hinausführen.

Sie mussten ein bisschen laufen, bis sie zu ihrem Auto kamen. In der List bekam man nur mit viel Glück einen Parkplatz.

»Was hältst du davon?«, fragte Charlotte, als sie die belebte Bödekerstraße entlanggingen.

»Ich weiß nicht«, sagte Bergheim. »So, wie der seinen Bruder beschreibt, kann ich mir nicht vorstellen, dass Heinz Grünert geistesgestört ist. Und das müsste er ja sein, wenn er jetzt wieder anfinge, Frauen nach derselben Methode umzubringen, die ihn in den Knast gebracht hat.«

Inzwischen hatten sie den Wagen erreicht, und Bergheim schloss auf.

»Hast du Lust auf Sushi?«, fragte Charlotte, und ihr Kollege verzog den Mund.

»Nicht Sushi, bitte.«

Charlotte seufzte. »Lass uns wenigstens in die Altstadt gehen. Ich muss bei dem Wetter mal draußen sitzen.«

Sie brauchten fast eine halbe Stunde, bis sie endlich beim Italiener an der Leine saßen. Samstagvormittags tummelten sich hier gewöhnlich Tausende, um den wöchentlichen Flohmarkt zu besuchen. An Wochentagen wie heute war es ruhiger, aber das schöne Wetter lockte viele ins Freie. Endlich ergatterten sie einen Platz unter dem riesigen Sonnenschirm. Von hier aus konnte man die berühmten Nanas sehen, die das Ufer der Leine zierten. Bunte, üppige Frauenfiguren, geschaffen von der französischen Künstlerin Niki de Saint Phalle.

Charlotte bestellte Pizza Margherita und ein Pellegrino und Bergheim Spaghetti Bolognese mit Cola.

Charlotte lehnte sich einen Moment zurück und schloss die Augen, um die noch wärmenden Strahlen der Abendsonne zu genießen. Als sie die Augen öffnete, sah sie Bergheims lächelnden Blick auf sich ruhen. Verlegen richtete sie sich auf.

»Was ist so witzig?«, fragte sie ruppig. »Hab ich rumgesabbert?« Dabei wischte sie sich unwillkürlich übers Kinn.

»Nein, nein«, wehrte er ab. »Ich war nur mit den Gedanken woanders.«

»Was sollen wir machen, wenn bei der Hausdurchsuchung nichts rauskommt?«, fragte sie, ohne ihn anzusehen. Sie war wütend auf sich selbst und ihre Gereiztheit.

»Dann lassen wir ihn laufen und überwachen ihn, genau wie Limbach und die beiden anderen.«

»Machen wir uns nichts vor. Wir kommen nicht wirklich voran.«

In diesem Moment brachte der Ober ihr Essen.

Sie musterte ihre appetitliche Pizza und hatte plötzlich keinen Hunger mehr. Bergheim ließ es sich schmecken.

Charlotte beobachtete ein Liebespaar am Nebentisch. Vor ihm stand eine unberührte Lasagne, vor ihr eine große, üppig gefüllte Salatschüssel. Sie hatten Wichtigeres zu tun als essen.

Charlotte griff zum Besteck und aß. Sie schaffte nur die Hälfte, und Bergheim erledigte den Rest. Sie musterte ihn unauffällig. Es war faszinierend, wie viel Männer essen konnten, ohne zuzunehmen. Er trug ein blaues T-Shirt, und seine Brustmuskulatur war alles andere als schwabbelig.

»Das gefällt mir alles nicht«, sagte sie dann und goss den Rest Pellegrino in ihr Glas.

»Mir auch nicht«, antwortete er, als er das Besteck beiseitelegte. »Wir haben zwar jede Menge Verdächtige, aber ich kann mir keinen außer Schmidt wirklich als Täter vorstellen.«

»Das Problem ist das Motiv«, sagte Charlotte. »Vielleicht sind wir ja auch zu voreilig, wenn wir Grünert verdächtigen. Nur weil die Leichen ähnlich zugerichtet waren, heißt das noch nicht, dass er's wirklich war. Bei seiner Frau hatte er immerhin ein Motiv. Und jetzt? Warum sollte er diese Frauen umbringen? Und Limbach?« Sie drehte verdrossen ihr Glas. »Ich kann dir nicht sagen, warum, aber ich halte ihn für einen Feigling.«

»Und du meinst, ein Feigling kommt als Täter nicht in Frage?«, meinte Bergheim und setzte seine Sonnenbrille auf.

Sie zuckte mit den Schultern. »Ich weiß nicht.«

Er blickte zur Seite. »Ich stimme dir zu, man kann ihn sich kaum als brutalen Mörder vorstellen, aber irgendwer hat es getan, und Limbach hat zwar für den Mord an Corinna ein Motiv, ebenso, wie er eins für den Mord an seiner Frau hätte, von der wir aber nicht mal wissen, ob sie überhaupt tot ist. Er hat kein Alibi für den Tatzeitpunkt und keins für den Tag, an dem seine Frau verschwunden ist. Aber was hat er mit Elli Broker zu tun und mit unserer Prostituierten, und du vergisst Margit Hof, von der wir ebenfalls keine Spur haben.«

Er schüttelte unwillig den Kopf. »Und dann ist da noch dieser Stalker, den ich zwar nicht ausstehen kann, aber der allenfalls bei Corinna Brandes ein Motiv und kein Alibi hat. Dass der Hund von Elli Broker seinen Hund kennt, hat vor Gericht nicht wirklich Gewicht – oder?«

Charlotte seufzte. »Wie ich mir wünschte, es wäre dieser

Schmidt. Sein Motiv wäre klar – er schickt die Frauen auf den Strich und bringt sie um, wenn sie nicht parieren, und seine Alibis sind allesamt gekauft oder erpresst.«

»Aber Elli Broker und Corinna Brandes waren keine Prostituierten. Jedenfalls deutet nichts darauf hin«, sagte Bergheim.

»Nein, nicht soweit wir wissen«, sagte Charlotte. »Aber Typen wie dieser Schmidt üben eine seltsame Anziehungskraft auf Frauen aus. Sie lassen sich komplett von ihnen ausbeuten, nur um diese Kerle nicht zu verlieren. Und Schmidt liebt es offensichtlich, Frauen von sich abhängig zu machen.«

»Ja, aber er könnte sich auf Prostituierte aus dem Osten beschränken. Das wäre doch viel sicherer. Die werden hierhergeschleust, sind völlig unbekannt und hilflos, und er nimmt ihnen den Pass weg. Denen bleibt doch gar nichts anderes übrig, als für den Typen anschaffen zu gehen. Ganz davon abgesehen, was ihnen blüht, wenn sie nicht parieren. Wieso sollte er sich an junge Frauen heranmachen, die nicht allein dastehen.«

»Vielleicht, weil er sein Ego überschätzt. Vielleicht erpresst er sie auch. Es gibt kein besseres Druckmittel als ein Kind.«

»Elli Broker hatte kein Kind und Margit Hof auch nicht.«

»Das nicht«, sagte Charlotte, »aber Elli wohnte noch nicht lange hier und hatte kaum Kontakte, und Margit Hof hat keine Verwandten. Nach solchen Frauen sucht so schnell niemand.«

»Wäre alles möglich, aber was wir brauchen, sind, verdammt noch mal, endlich Beweise.«

Charlotte betrachtete ihn eine Weile, und ihr gefiel, was sie sah, auch, wenn sie das nie zugegeben hätte. Sie liebte Männer mit markanten Gesichtern. Es war nichts an ihm, das nicht pure Männlichkeit ausstrahlte. Wahrscheinlich war das sein größter Fehler.

Sie blickte gedankenverloren auf die träge dahinfließende Leine und spielte mit ihrem Bierdeckel.

»Eigentlich müsste ich am nächsten Wochenende in Bielefeld bei der Geburtstagsfeier meines Neffen sein.«

»Dem kleinen Mistkerl?«, fragte Bergheim grinsend.

Charlotte lächelte. »Genau dem. Ich bin zwar sicher, dass er mich nicht vermissen wird, aber er stellt mich seinen Freunden immer großspurig als seine Bullentante vor. Aber daraus wird wohl dieses Mal nichts.«

Bergheim antwortete nicht sofort. »Mein Sohn hat mich zu seinem letzten Geburtstag nicht mehr eingeladen, weil ich ja sowieso nicht komme, hat er gesagt.«

Sie schüttelte den Kopf. »Manchmal frage ich mich wirklich, ob meine Mutter recht hat. Sie ist felsenfest davon überzeugt, dass dieser Beruf auf Dauer krank macht. Immer nur mit der Schlechtigkeit der Menschheit konfrontiert zu werden, und nie hat man Zeit für die schönen Dinge des Lebens. Damit meint sie Familie.«

»Da hat sie bestimmt recht.«

»Das glaubst du auch? Warum machst du dann weiter? Warum mache ich weiter?«

»Wenn ich das wüsste.«

Sie nickte und starrte auf die weiße Tischdecke. »Wenn wir diesen Fall nicht lösen ... wie soll ich dann weitermachen?«

Er schob seine Sonnenbrille hoch und ergriff ihre Hand.

»Wir werden ihn lösen.«

Sie erwidert seinen Blick, der wissendes Mitgefühl ausdrückte, und ihr Herz klopfte schneller.

»Das müssen wir wohl«, sagte sie und entzog ihm hastig ihre Hand. »Lass uns zahlen.«

✳✳✳

Sie wurde immer zahmer. Redete auch nicht mehr so viel, dafür jammerte sie bloß noch, sah ihn so flehend an. Das ging ihm zwar auf die Nerven, aber dafür machte sie auch kein Theater mehr.

Vielleicht wollte sie ja sterben. Das wäre gut möglich. Er könnte ihr diesen Wunsch natürlich erfüllen. Wenn er wollte. Aber er wusste nicht, ob er wollte. Er würde noch ein Weilchen warten und sich auch ein bisschen um die andere kümmern. Die hielt sich auch für was Besseres. Für die hatte er noch Platz. Die würde er auch noch runterholen von ihrem hohen Ross.

***

Als Charlotte wieder zu Hause war und den Hund gefüttert hatte, fühlte sie sich völlig erschöpft und müde. Sie ging in die Küche und inspizierte den Fußboden und alle Schränke. Als sie keine Feuchtigkeit oder Nässe entdeckte, öffnete sie den Kühlschrank und goss sich den Rest von dem Merlot in ein Wasserglas. Man sollte nichts verkommen lassen. Sie nahm das Glas, warf sich aufs Sofa und schaltete den Fernseher an. Ostermann grinste ihr vom Bildschirm entgegen. Die Medien hatten sich auf Grünert eingeschossen. Sie hörte Ostermann reden »... die Fortschritte unserer Ermittlungen ...«, dann schlief sie ein.

Dienstag, 2. Juli

»Wo zum Teufel ist sie?«, fragte Ostermann, als er ins Büro stürmte.

Mertens und Wulf blickten sich an, sagten aber nichts.

»Hat sie sich immer noch nicht gemeldet?«, wollte Ostermann wissen.

Mertens schüttelte den Kopf. »Nein, und ihr Handy ist ausgeschaltet.«

»Das kann ja nicht wahr sein«, sagte Ostermann. »Schicken Sie einen Streifenwagen hin. Die sollen sie wecken, verdammt noch mal.«

Ostermann ging zurück in sein Büro. Sie hatten drei Mordfälle am Hals, und die ermittelnde Kommissarin glänzte durch Abwesenheit.

Mertens und Wulf standen ratlos herum und hielten sich an ihren Kaffeebechern fest. Bergheim kam herein. Er hatte bis jetzt am Telefon gehangen. Die Beamten, die die Verdächtigen beschatteten, meldeten keine besonderen Vorkommnisse.

»Immer noch nichts?«, fragte er nur.

Die beiden schüttelten die Köpfe. »Wir haben Köhler und Weiss hingeschickt, die müssten gleich angekommen sein.«

»Das passt überhaupt nicht zu ihr«, sagte Bergheim und trommelte mit seinen Fingern auf Mertens' Schreibtisch herum. »Ich bin im Büro und tippe ein bisschen an meinem Bericht rum. Wenn sich in einer Viertelstunde keiner gemeldet hat, fahre ich selbst hin.«

Nach zehn Minuten griff er zum Hörer und wählte zum x-ten Mal Charlottes Nummer. Nach dem ersten Klingeln wurde abgenommen.

»Hallo«, sagte eine Männerstimme.

»Köhler, bist du das?«, fragte Bergheim.

»Ja, wir sind gerade reingekommen. Ihr Handy lag auf dem Sofa. Weiss hat mit der Scheckkarte aufgemacht, ging ratzfatz.

Nehm ich auf meine Kappe. Das Schloss ist fast überflüssig, so einfach zu knacken. Hätte die Tür genauso gut auch offen stehen lassen können.«

Bergheim sprang auf. »Wo ist sie?«

»Tja, das ist schon merkwürdig. Die Balkontür ist offen, das Bett unbenutzt, und der Fernseher läuft.«

»Was?«

»Also, ich weiß nicht recht, was ich davon halten soll. Weiss hat eben ihren Wagen gefunden, steht in der Tiefgarage ...«

»Sucht im Haus und in den Anlagen. Vor allem in der Marktstraße. Ist ein Hund in der Wohnung?«

»Nein, alles leer.«

»Vielleicht ist sie noch mit dem Hund unterwegs.«

»Dann hat sie ihn aber nicht an der Leine, die liegt nämlich hier auf einer Kommode in der Diele und ihr Schlüssel auch, wie's scheint.«

»Bleibt in der Wohnung, falls sie zurückkommt. Weiss soll in den Gartenanlagen Ausschau nach ihr halten. Und nach einem Hund. Ich mache mich sofort auf den Weg.«

Er knallte den Hörer auf die Gabel und stürmte aus dem Büro.

»Irgendwas stimmt nicht«, rief er Mertens im Vorbeigehen zu. »Vielleicht brauchen wir einen Hundeführer. Kümmere dich bitte darum.«

Mertens sah ihn fragend an und griff zum Telefon.

***

Charlotte fühlte sich grauenvoll, als sie erwachte. Ihr war übel, und der Kopf dröhnte derart, dass sie glaubte, ihn nie wieder bewegen zu können. Sie hielt die Augen geschlossen, aus Angst vor dem Schmerz, den das Licht verursachen würde, wenn sie sie öffnete.

Ihre Zunge lag wie ein riesiger, klebriger Kloß im Mund. Wasser. Sie musste unbedingt trinken. Aber wie? Sie konnte unmöglich aufstehen mit diesem Brummschädel. Woher kam der bloß? Sie hatte doch nur das eine Glas Merlot getrunken. Vielleicht war er doch schon schlecht gewesen, er hatte ziemlich bitter geschmeckt.

Sie verfluchte ihre Sparsamkeit, die so weit ging, dass sie verdorbenen Wein trank. Das hatte sie nun davon. Wie sollte sie jemals wieder aufstehen? Sie stöhnte und versuchte wieder einzuschlafen. Es war noch alles still. Die ihr sonst vertrauten Geräusche, das Schlagen von Autotüren, Motorengeräusche, die den Tag ankündigten, fehlten. Es musste noch sehr früh sein. Und es roch so merkwürdig. Oder war das nur der eklige Geschmack in ihrem Mund? Ihr war kalt, und sie wollte die Bettdecke höher ziehen, fürchtete sich aber vor der Bewegung. Schlaf noch ein bisschen, sagte sie sich, dann fühlst du dich besser. Aber alles war so merkwürdig, ihr war, als trüge sie noch ihre Jeans. War sie denn mit ihren Sachen ins Bett gegangen? Sie öffnete die Augen einen Spalt, konnte aber in der Dunkelheit, die sie umgab, nichts erkennen. Sie schloss sie wieder und stöhnte. Oh Gott, ich muss kotzen. Sie quälte sich über den Bettrand und übergab sich röchelnd, ohne einen Gedanken an ihren schäbigen Teppich zu verlieren. Immerhin verschaffte ihr das Erleichterung, und sie schlief wieder ein.

***

Charlotte war nirgends zu finden, auch nicht der Hund. Weder am Ententeich noch in den Anlagen. Weiss und Köhler hatten an jeder Wohnungstür im Haus geklingelt. Viele waren zur Arbeit, und von den anderen, fast ausschließlich älteren Herrschaften, wusste niemand etwas. Die meisten kannten nicht einmal ihre nächsten Nachbarn, geschweige denn die in den anderen Stockwerken.

Am späten Nachmittag stand es fest: Hauptkommissarin Charlotte Wiegand galt als vermisst. Alle verfügbaren Beamten hatten sich an der Suche beteiligt, buchstäblich jeden Stein an der Marktstraße umgedreht und alle möglichen Bewohner befragt. Vor allem die, deren Fenster oder Balkone zum Innenhof zeigten. Niemand hatte etwas Außergewöhnliches gesehen oder gehört. Taucher durchsuchten den Ententeich, und ein Hundeführer hatte versucht, von ihrer Wohnung aus die Fährte aufzunehmen, und landete in der Tiefgarage an Charlottes Wagen. Bergheim stand in Charlottes Wohnung und dachte nach. Sie musste gestern nach Hause gekommen sein, denn die Jacke, die sie getragen hatte, hing an der Garderobe. Auf dem Tischchen in der Diele lagen die Hundeleine und ihr Schlüsselbund. Sonst war alles aufgeräumt, und nichts, aber auch gar nichts, gab ihm irgendeinen Anhaltspunkt. Sie war nach Hause gekommen, hatte wohl den Fernseher angeschaltet, vielleicht war sie sogar eingeschlafen. Gegessen und getrunken hatte sie nichts, jedenfalls nichts, das Geschirr erfordert hätte. Oder sie hatte gleich wieder abgespült und alles weggeräumt. Im Hundenapf war noch etwas Futter.

Bergheim stopfte die Hände in die Hosentaschen und ging vorsichtig durch das Wohnzimmer, in dem die Spurensicherung am Werk war, zum Balkon. Er beobachtete das Treiben unten in den Anlagen. Wenn er direkt nach unten sah, blickte er in den Wipfel einer Eiche, die auf einem Spielplatz stand. Daneben vereinzelt Kübel mit roten Blühpflanzen. Vielleicht Geranien, er kannte sich da nicht so aus. Der Balkon war klein, nur ein Bistrotisch mit zwei passenden Stühlen hatte Platz. Plötzlich stutzte er.

»Hallo«, rief er ins Wohnzimmer, »kann mal jemand herkommen und mir sagen, was das ist?«

Kramer kam in seinem weißen Plastikanzug herein und sah Bergheim vorwurfsvoll an.

»Wie sollen wir denn hier was sicherstellen, wenn …«

»Ich weiß«, sagte Bergheim ungeduldig und deutete auf den Fleck unter dem Tisch.

»Habt ihr davon schon eine Probe genommen?«

»Nein, hier waren wir ja noch gar nicht. Sieht aus wie Blut, scheint auch kein besonders alter Fleck zu sein, ist aber bei diesen Waschbetonplatten nicht so einfach festzustellen.«

»Scheiße«, entfuhr es Bergheim. »Lass das sofort analysieren, noch bevor das ganze andere Zeug ins Labor geht.«

In diesem Moment klingelte sein Handy. Er fingerte es hastig aus seiner Innentasche.

»Charlotte!«, rief er und wurde enttäuscht.

Ostermann beorderte ihn zurück zum ZKD »… es sei denn, Sie können dort noch etwas tun.«

Er verneinte und steckte das Handy wieder ein.

»Ich muss zurück. Ostermann glaubt mal wieder, im Besprechungsraum die Lösung für diesen ganzen Schlamassel zu finden.«

Er blickte sich noch einmal um und musste sich zusammenreißen, um nicht aufzuschreien. Fünf Minuten später saß er im Auto und wusste mit seinem Zorn und seiner … ja, es war wohl Verzweiflung, nichts anzufangen. Der Gedanke, dass Charlotte in die Hände dieses Wahnsinnigen gefallen sein könnte … Andererseits, sie war nicht wehrlos, konnte sich durchaus verteidigen. Er hatte das einmal am eigenen Leib erfahren, als er versehentlich einen Fußtritt von ihr einkassierte, der für einen Betrunkenen bestimmt war. Der hatte seine Frau grün und blau geschlagen und wollte bei Charlotte weitermachen. Bergheim zuckte jetzt noch zusammen, wenn er an den Tritt dachte, mit dem sie ihn schachmatt gesetzt hatte.

Aber wie es schien, hatte ihr das alles nichts genützt. Die Wohnung war völlig unauffällig. Nichts deutete auf einen Kampf hin. Wer immer für ihr Verschwinden verantwortlich war: Er hatte sie ohne Gegenwehr außer Gefecht gesetzt. Womöglich war sie betäubt worden. Aber wie hatte er sie rausgeschafft? Es musste ein kräftiger Mann sein, der sie hinausgetragen hatte. Vielleicht in den Fahrstuhl und runter in die Tiefgarage, wo ein Wagen wartete. Aber für die Tiefgarage hatten nur die Mieter einen Schlüssel. Allerdings hatte Weiss das Tor ohne Schwierigkeiten mit einer Büroklammer geöffnet. Bergheim schlug mit der flachen Hand auf das Lenkrad. Er hatte keinen Anhaltspunkt, keine Ahnung, wo er ansetzen sollte. Wie sollte er sie finden? Lebte sie überhaupt noch? Er verbot sich, daran zu zweifeln.

***

Sie erwachte von einem Schlag ins Gesicht. Reflexartig riss sie die Arme hoch und erhielt mit einem harten Gegenstand einen Schlag gegen den Unterarm, der ihr für ein paar Sekunden die Besinnung raubte.

»Bleib liegen, du kleine Drecksau!«, hörte sie jemanden neben ihrem Ohr raunen. Irgendwie kam ihr die Stimme bekannt vor. Sie fragte sich, warum sie nichts sehen konnte, bis sie einen schwachen Lichtschimmer hinter sich wahrnahm. Noch bevor sie sich umdrehen konnte, erhielt sie erneut einen Schlag ins Gesicht.

»Noch eine Bewegung ohne meine Erlaubnis, und es war deine letzte!«, zischte es, während ihr Kopf ins Kissen gedrückt wurde. Sie schluckte und blieb ruhig.

»Na also. Und mach die Sauerei weg.«

Der Druck auf ihren Kopf ließ nach. Sie blieb lange regungslos liegen. In ihrem Kopf brodelte es. Wer war das? Wo war sie? Nicht in ihrer Wohnung, das spürte sie. Und wie kam sie hierher? Sie öffnete vorsichtig die Augen und brauchte eine Weile, um sich an das schmierige Dunkel zu gewöhnen. Sie lag auf einer Art Pritsche. An der Decke hing eine Glühbirne, die mit Stoff umwickelt war. Langsam richtete sie sich auf. Ihr Kopf drohte zu zerplatzen, und der Arm war womöglich gebrochen.

Sie setzte sich auf. Sie musste dringend zur Toilette, wo war hier eine verdammte Toilette? In diesem Raum schien es nichts als Wände zu geben, außerdem war es kalt. Es gab nur eine Tür.

Charlotte stieg aus dem Bett und rutschte beinah auf ihrem eigenen Erbrochenen aus. Das meinte er also mit Sauerei. Der konnte sie mal. Sie ging unsicher zur Tür und suchte nach einer Klinke, aber es gab keine. Sie versuchte, die Tür zu verschieben, aber sie bewegte sich keinen Millimeter. Wenn sie nicht bald zu einer Toilette kam … Dann sah sie den Eimer und eine Art Waschbecken und zögerte keine Sekunde. Sie konnte sich nicht erinnern, schon mal in einen Eimer gepinkelt zu haben. Danach fühlte sie sich etwas besser. Sie ging zum Waschbecken und trank.

Das Wasser war köstlich. Neben dem Waschbecken auf dem

Boden fand sie Seife und eine Rolle Klopapier. Hier macht sich jemand wirklich Gedanken um die Hygiene seiner ... ja, seiner was? Sie nahm mit der rechten Hand die Seife – den linken Arm konnte sie nicht bewegen – und machte sich frisch so gut es ging. Zum Abtrocknen benutzte sie das Klopapier, davon stapelten sich mehrere Rollen an der Wand. Sie war erschöpft und ging zurück zu der Pritsche, wo sie wieder auf das Erbrochene stieß. Sie rümpfte die Nase. Sollte sie gehorchen und es entfernen? Sie beschloss, vorerst mitzuspielen. Noch war keine Zeit für Experimente, und sie konnte nicht riskieren, dass er ihr auch noch den anderen Arm brach. Mit dem Klopapier reinigte sie notdürftig den Boden und entsorgte alles in den Toiletteneimer. Nachdem sie sich ein bisschen ausgeruht hatte, begann sie den Raum genauer unter die Lupe zu nehmen.

Sie war sich fast sicher, in einem Keller zu sein. Wo sonst, gab es fensterlose Räume? Oder vielleicht eine Garage, aber dafür war es hier zu kühl. An den Wänden bröckelte der Putz. Das Haus musste schon etwas älter sein, auf jeden Fall kein Neubau. Es gab nichts außer der Pritsche, dem Waschbecken und dem Eimer. Kein Geräusch. Nichts. Nur der Hall ihrer Schritte. Sie untersuchte die Tür. Es war eine Eisentür. Sie hatte keine Chance, hier aus eigener Kraft rauszukommen. Panik ergriff sie. Sie würde genauso enden wie diese Frauen. Ihr Herz klopfte, und sie hyperventilierte. Beruhige dich, redete sie sich ein, und langsam normalisierte sich die Atmung. Du musst nachdenken, in aller Ruhe nachdenken. Leg dich hin, sagte sie sich, ruh dich aus. Du brauchst deine Kräfte noch.

Sie ließ sich auf ihre Pritsche fallen und betastete ihren linken Arm, versuchte ihn zu bewegen. Er schien doch nicht gebrochen zu sein.

Vorsichtig schob sie den Ärmel hoch und sah das riesige Hämatom, das sich rund um den Ellbogen gebildet hatte. Wie sollte sie sich mit diesem Arm verteidigen?

Ob man sie schon vermisste? Wie spät mochte es sein? War Tag oder Nacht? Egal. Sie lebte, und sie wollte weiterleben, wollte ihrem Neffen zum Geburtstag gratulieren, ihre Eltern besuchen und ... gewiss war Bergheim schon auf der Suche nach ihr und der ganze hannoversche Polizeiapparat. Sie durfte nicht aufgeben, das machte sie schwach. Eine Strategie musste her. Sie musste diesen Kerl überlisten. Auf keinen Fall durfte sie wieder einschlafen und sich überwältigen lassen. Wenn er das nächste Mal kam, würde sie vorbereitet sein.

***

Die Soko war auf fünfzehn Leute vergrößert worden. Bergheim hatte die Leitung. Die Medien waren bereits involviert. Jeder Hannoveraner, der in den letzten zwei Stunden den Fernseher oder das Radio eingeschaltet hatte, kannte den Namen Charlotte Wiegand. Es gab die üblichen Hinweise, die meisten von ihnen würden sich als Wichtigtuerei herausstellen, aber man musste jedem einzelnen nachgehen.

Bergheim saß an seinem Schreibtisch und wartete auf Ergebnisse aus dem Labor. Kramer von der Spurensicherung klopfte kurz und betrat das Büro ohne eine Antwort abzuwarten.

»Habt ihr was gefunden?«, fragte Bergheim.

»Allerdings«, sagte Kramer.

»In ihrer Wohnung?«

Kramer schüttelte den Kopf. »Nein. Wedel hat was gefunden. Und zwar DNA-Spuren der letzten Toten in dem beschlagnahmten Wagen.«

Bergheim riss die Augen auf.

»In dem Wagen, der bei Goran Schmidt auf dem Hinterhof stand?«

»Genau.«

Bergheim lächelte. »Ich besorg einen Haftbefehl«, und an Kramer gewandt: »Ruf Mertens an, sie soll sich bereithalten, und Wulf und Schliemann kommen auch mit. Wir haben das Schwein!«

Goran Schmidt gab sich nicht kampflos geschlagen. Als das Sondereinsatzkommando im Morgengrauen des dritten Juli das Haus am Steintor stürmte, brach er einem der Beamten den Arm und einem anderen die Nase. Bei Letzterem handelte es sich um Schliemann, der sich mit einem Tritt in Schmidts Genitalien revanchierte. Keine der Hausbewohnerinnen ließ sich blicken, als Schmidt unter heftigen Flüchen in den Streifenwagen verfrachtet wurde. Schliemann hielt sich ein Taschentuch vor die blutende Nase, und ein Sanitäter führte den Beamten mit dem Oberarmbruch zum Krankenwagen.

Schmidt hüllte sich in Schweigen. Das änderte sich auch nach einer zweistündigen strengen Befragung nicht, in der Bergheim abgelöst werden musste, weil er ihm an die Kehle gesprungen war.

»Trinken Sie was und beruhigen Sie sich«, ermahnte ihn Ostermann. »Sie werden das Verfahren nicht gefährden, haben Sie das verstanden?«

»Verfahren gefährden«, schnauzte Bergheim, »es geht hier um Charlotte. Wenn der Kerl uns nicht verrät, wo sie ist ...« Er vollendete den Satz nicht.

»So kriegen Sie aus dem jedenfalls nichts raus. Der hängt uns höchstens einen Verfahrensfehler an. Ein Glück, dass sein Anwalt nicht im Raum war.«

»So blöd bin ich auch wieder nicht.«

»Das will ich gar nicht wissen!«, schnauzte Ostermann. »Sie wollen doch wohl nicht, dass ich Sie von dem Fall abziehe? Wir brauchen Sie, Mann! Reißen Sie sich zusammen!«

Bergheim wusste, dass Ostermann recht hatte. Zum Glück wurden sie von Mertens unterbrochen.

»Kramer hat mir gerade das Ergebnis von dem Fleck in Charlottes Wohnung durchgegeben. Es ist Hundeblut, an dem Haare kleben, noch keine zwei Tage alt. Die Wunde schien aber nicht so groß gewesen zu sein. Es gab nämlich keinen weiteren Fleck in der Wohnung.«

Bergheim wusste nicht, was er davon halten sollte.

»Was ist da passiert? Der Hund hätte doch gebellt, wenn jemand sich an seinem Frauchen vergreift.«

»Vielleicht hat er das ja. Und da hat der Täter ihm eins übergebraten.«

»Ja, aber was dann? Warum hat er ihn nicht einfach liegen lassen? Warum sollte er sich mit einem Hund belasten?«

»Vielleicht ist der Hund beim Nachbarn?«

Bergheim schüttelte den Kopf. »Die Frau des Hausmeisters hat ihn manchmal ausgeführt. Die haben wir befragt. Hat den Hund gestern Mittag Gassi geführt, ihm was zu Fressen gegeben und ihn in der Wohnung gelassen.«

»Dann muss der Kerl beide rausgeschleppt haben, oder sie sind beide freiwillig mitgegangen, und der Blutfleck hat nichts zu sagen.«

Mertens überlegte. »Hast du nicht gesagt, ihre Jacke hing an der Garderobe? Es war vorgestern Abend gewittrig. Sie hätte sie bestimmt mitgenommen. Ich glaube nicht, dass sie freiwillig irgendwohin gegangen ist, ohne ihre Jacke, ihr Handy und den Hund ohne Leine und vor allem ihren Schlüssel.«

Bergheim schüttelte den Kopf. »Nein, ich bin mir auch sicher, dass sie jemand gewaltsam rausgeholt hat.«

Bergheim fuhr mit überhöhter Geschwindigkeit die Hildesheimer Straße Richtung Laatzen entlang. Die Antwort musste irgendwo in der Siedlung oder im Haus liegen. Corinna und Charlotte waren Nachbarinnen. Elli Broker wohnte zwar nicht im selben Haus, aber kaum einen Kilometer entfernt. Eine Tote war in der Marktstraße gefunden worden. Eine der Vermissten war die Ehefrau des Architekten, der sich um die Sanierung der Wohnhäuser beworben hatte.

Wo sollte er ansetzen? Das Haus, in dem Charlotte wohnte, hatten sie vom Dachboden bis zum Keller durchsucht. Ebenso das, wo Elli Broker gewohnt hatte. Er beschloss, sich noch einmal in Ruhe in Charlottes Wohnung umzusehen. Jemand hatte sie entweder unter Drogen oder sonst wie unter Druck gesetzt.

Irgendwas sagte ihm, dass die Antwort in dieser Siedlung lag. Er parkte sein Auto neben der Garageneinfahrt, die mittlerweile wieder freigegeben war. Das Tor war geschlossen. Die Aufmerksamkeit der Gaffer hatte sich auf das gegenüberliegende Haus verlagert, in dem die Kollegen noch Charlottes Foto herumzeigten.

Er benutzte Charlottes Schlüssel. Nachdem das Tor sich kreischend und behäbig geöffnet hatte, ging er die schmale, kurze Einfahrt hinunter und stand in der Tiefgarage, die aussah wie jede andere: Dunkel, miefig, mit tiefer Decke und eng kalkulierten Parkplätzen, die für die Hausbewohner reserviert waren. Bergheim erschrak, als sich das Tor plötzlich mit lautem Quietschen senkte. Danach war alles still und unheimlich, und er verstand, warum Frauen sich in solchen Garagen fürchteten. Das Licht war so spärlich, dass es ihm schwerfiel, sich zu orientieren. Er ging Richtung Ausgang. Nichts war zu hören, nur der Hall seiner eigenen Schritte auf dem Steinboden. Plötzlich hörte er etwas und blieb stehen. Unwillkürlich zog er seine Waffe aus dem Halfter, das er unter seiner Lederjacke trug, und wartete. Da war es wieder. Keine Schritte, eher wie ein Jammern. Bergheim drehte sich um und sah Dandy auf sich zu humpeln. Der Hund winselte leise. Bergheim stieß hart die Luft aus.

»Guter Hund«, sagt er leise, »na komm her.«

Der Hund blieb misstrauisch stehen. Bergheim steckte die Waffe ins Halfter zurück und ging in die Knie. Langsam fasste der Hund Zutrauen und kam zögernd näher. Sein rechtes Vorderbein schien verletzt zu sein, denn er setzte die Pfote nur sachte auf. Bergheim kraulte ihn und sprach beruhigend auf das Tier ein. Am Oberschenkel war das Fell blutverkrustet. Die Wunde war nicht groß und sah aus, als ob jemand versucht hätte, ihn mit einem Messer zu attackieren.

»Komm«, sagte Bergheim und hob den Hund sachte hoch, »du brauchst dringend Wasser und was zu fressen.«

Er brachte Dandy, der sich willig tragen ließ, zum Fahrstuhl und fuhr mit ihm in den dritten Stock. Als sie vor Charlottes Wohnung ankamen, fing der Hund an zu winseln.

»Na, wenn du reden könntest«, sagte Bergheim, entfernte das Siegel und schloss die Tür auf. In der Wohnung war es still. Nichts wies darauf hin, dass noch vor Stunden ein Dutzend Leute in den Räumen nach Spuren der verschwundenen Bewohnerin geforscht hatte.

Bergheim gab dem Hund Wasser, das er gierig schleckte, dann

leerte er den Futternapf. Bergheim suchte im Küchenschrank, fand eine große Tüte Frolic und schüttete etwas davon auf den Küchenfußboden. Innerhalb weniger Sekunden hatte der Hund die Portion verdrückt und bettelte nach mehr.

»Langsam, mein Junge«, sagte Bergheim und besah sich die Wunde genauer. Sie schien tatsächlich von einem messerähnlichen Gegenstand verursacht worden zu sein. Dandy winselte leise. Vielleicht war der Knochen beschädigt.

Doch Bergheim hatte jetzt keine Zeit, sich um das verletzte Bein zu kümmern. Er fragte sich, wieso der Hund noch in der Tiefgarage war, und vor allem, wieso ihn bei der Durchsuchung niemand entdeckt hatte. Wo hatte er sich versteckt gehalten? Er nahm Charlottes Jacke von der Garderobe und hielt sie Dandy vor die Nase. Der Hund wurde sofort unruhig und humpelte Richtung Wohnungstür. Bergheim nahm eine Handvoll Hundefutter und steckte es in seine Jackentasche.

»Na komm, mein Guter, wir werden dein Frauchen schon wiederfinden.«

Dandy verließ die Wohnung und lief zur Treppe. Dabei drehte er sich um, wie um sich zu vergewissern, dass Bergheim ihm folgte. Der Hund blieb immer wieder stehen, Bergheim hätte ihn gern getragen, befürchtete aber, dass er dann die Fährte verlieren würde. Dafür belohnte er ihn mit Frolic.

Als sie im Kellergeschoss ankamen, ging der Hund auf eine Tür neben der Tiefgaragentür zu. Bergheim befürchtete schon, sie sei verschlossen, das war aber nicht der Fall. Sie kamen in einen dunklen Gang, von dem wiederum drei Türen abgingen. Zwei davon waren verschlossen, doch die dritte, vor der Dandy stand, war offen.

Als Bergheim sie öffnete, schlug ihm Gestank entgegen. Irgendwas quiekte. Bergheim sah in einen großen Raum, er schätzte ihn auf dreißig bis vierzig Quadratmeter. An den Wänden stapelten sich mehrere Käfige mit Meerschweinchen und kleinen Häschen, die vor einer Art Blumenbeleuchtung standen. Dandy lief schwanzwedelnd auf einen der Käfige zu, was die Schweinchen mit einem warnenden Quieken quittierten. Bergheim sah sich um, fand aber keine weitere Tür. Dandy sprang an einem der Käfige hoch und beschnüffelte die Tiere. Anscheinend hatte er die Orientierung verloren. Kein Wunder bei dem Gestank, dachte Bergheim und sah sich auf der Suche nach einem Fenster um. Es gab keins, und er fragte sich, ob es zulässig war, die Tiere so zu halten. Der Raum hatte sonst nichts Auffälliges. Dandy lief von einem Käfig zum nächsten und sprang immer wieder an ihnen hoch. Daneben standen Säcke mit Stroh und Heu und ein Schrank mit Näpfen, Beutel mit Getreidefutter und Kartons mit Möhren, Salatblättern, trockenem Brot und sonstigen Küchenabfällen.

Was mache ich hier, fragte sich Bergheim. Wahrscheinlich wollte der Hund nur zu den Tieren. Er nahm Charlottes Schlüsselbund und versuchte die anderen Türen zu öffnen. Es funktionierte tatsächlich, aber sie verbargen nichts Aufsehenerregendes. In einem Raum stapelten sich Müllsäcke, Kartons mit leeren Flaschen und Gläsern und Gartengeräte, und der andere war leer, bis auf ein paar alte Umzugskartons. Bergheim fragte sich, wo die Keller der Bewohner waren, wusste aber, dass seine Leute jeden einzelnen ebenso gründlich wie erfolglos untersucht hatten. Er löschte das Licht und verschloss die Türen. Dann ging er zurück, um Dandy zu holen, der sich nicht von den Schweinchen trennen konnte. Bergheim pfiff einmal kurz und rief nach dem Tier. Aber der Hund kratzte unbeirrt weiter an den Käfigen.

»Was hast du denn bloß? Hier ist nichts außer Meerschweinchen, Karnickeln und Betonwänden. Nun komm schon endlich!«

Bergheim griff nach dem Halsband und versuchte Dandy herauszuziehen. Aber der Hund wehrte sich und stemmte sich mit seinen unverletzten Beinen dagegen. Dann lief er wieder zurück und sprang erneut an den Käfigen hoch. Jetzt wurde Bergheim stutzig. Er zog die Käfige einen nach dem anderen nach vorn, während der Hund schnüffelnd an der Wand entlanglief. Bergheim untersuchte die Wand, konnte jedoch nichts entdecken. Er beschloss, den Hausmeister zu fragen, ob es hier noch einen Raum gab.

Als er zehn Minuten später mit Ziegler den Keller betrat, wurde der wütend.

»Was haben Sie denn mit den Käfigen gemacht?«, schnauzte er und begann sie wieder an die Wand zu schieben. »Die fallen doch um, wenn sie nicht an der Wand stehen

Doch Bergheim interessierte sich nicht für die Stabilität der Ställe. »Was ist hinter dieser Mauer, gibt's da irgendwo noch einen Raum?«

»Hinter der Wand fängt der Keller vom Nebengebäude an. Bin ich nicht für zuständig.« Ziegler schloss einen der Käfige auf und nahm ein Zwergkaninchen heraus.

»Mit dem werde ich eine Zucht anfangen, ich brauch bloß noch das richtige Weibchen«, sagte er lächelnd und streichelte das Tier.

»Meinen Sie nicht, dass die Tiere sich an der frischen Luft besser entwickeln würden?«

»Wieso, da oben ist ein Entlüftungssystem«, sagte Ziegler und deutete mit dem Finger auf einen kleinen Entlüftungsschacht an der Decke, »und Licht haben sie auch genug. Außerdem ist das ja nur vorübergehend, bis ich meinen Schrebergarten habe.«

Bergheim hatte keine Zeit, sich über Zieglers Kaninchenzucht Gedanken zu machen.

»Wie heißt der Hausmeister vom Nebengebäude?«

»Stachowiak oder so ähnlich«, sagte Ziegler, »ich kenn ihn nur mit Vornamen, Ilja.« Er ließ das Tier wieder in den Käfig und schloss die Tür.

»Wo ist der Hund?«, fragte Bergheim.

»Welcher Hund?« Ziegler wurde laut. »Sie haben doch wohl hier keinen Hund reingebracht? Das bringt die Tiere völlig durcheinander.«

Bergheim antwortete nicht und rief stattdessen nach Dandy. »Vielleicht hab ich ihn ja versehentlich in einem der anderen Keller eingeschlossen«, murmelte er und ging hinaus, um in den anderen Kellern nachzusehen

Aber Dandy war nirgends zu finden. Sie hatten die Tür zum

Treppenhaus offen gelassen. Wahrscheinlich war er wieder die Treppe hochgelaufen zu Charlottes Wohnung. Aber der Hund war auch dort nicht zu finden.

»Verdammt«, sagte Bergheim und verschob die Suche auf später. Er ging in den Hof und an der Hausfront entlang, bis die Fassade von weiß in schweinchenrosa überging. Er fand den Namen Stankowski und klingelte. Wenige Sekunden später fragte eine weibliche Stimme aus der Sprechanlage.

»Wer ist da?«

»Meine Name ist Bergheim, ich bin von der Polizei und möchte mit Herrn Stankowski sprechen. Er ist doch der Hausmeister?«

»Ja, natürlich ist mein Mann hier Hausmeister. Kommen Sie rein.«

Die Frau, deren Gesicht Bergheim kurze Zeit später durch einen Türspalt erspähte, war dunkelhaarig und schien hübsch zu sein. Sie fuhr mit der Hand heraus und fragte nach seinem Ausweis.

»Bei dem, was hier in letzter Zeit passiert ist, ist man ja seines Lebens nicht mehr sicher.«

Sie musterte ihn genau und verglich das Original mit dem Bild auf dem Ausweis.

»Hm«, sagte sie dann und öffnete die Tür ganz. Bergheim sah erst jetzt, dass sie ein Kind auf der Hüfte trug. »Was wollen Sie denn von meinem Mann? Der ist im ersten Stock und bringt bei Frau Lupschick eine Sicherheitskette an.«

Bergheim steckte seinen Ausweis wieder ein, bedankte sich und lief die Treppe hinauf.

Stankowski kam ihm bereits entgegen. Bergheim zückte wieder seinen Ausweis. »Ich hätte eine Frage an Sie.«

»An mich?«, fragte der noch recht jugendlich wirkende Hausmeister und sah Bergheim erstaunt an. »Aber ich hab doch Ihren Kollegen schon gesagt ...«

Bergheim unterbrach ihn. »Nein, nein, ich möchte, dass Sie mich kurz durch alle Kellerräume führen.«

»Aber da haben Sie doch schon alles durchsucht.«

»Ich weiß«, sagte Bergheim, »ich möchte trotzdem noch mal nachsehen.«

Stankowski murrte zwar, er habe auch noch was anderes zu tun, als andauernd die Polizei durchs Haus zu führen, ging aber dann doch voraus und führte Bergheim durch alle Kellerräume, die teilweise erheblich größer waren als die vom Nebengebäude.

Es waren mit der etwas kleineren Tiefgarage fünf, die kleinen Parzellen für die Mieter, die längs der Außenmauer lagen, mal ausgenommen. Stankowski schnalzte missbilligend mit der Zunge.

»Da haben Ihre Leute 'n ganz schönes Chaos angerichtet. Die Mieter sind stinksauer.«

Bergheim hörte nicht auf ihn. »Und Sie sind sicher, dass das die Wand zum Nachbarhaus ist?«

»Ja, klar.«

Er bedankte sich und ging langsam wieder zurück, um nachzusehen, ob Dandy wieder aufgetaucht war. Er ging noch mal in die Garage, und tatsächlich kam der Hund nach ein paar Pfiffen wieder angehumpelt.

Bergheim lächelte erleichtert. »Mensch, wo treibst du dich denn rum?«

Der Hund sah ihn an und machte sich wieder auf den Weg Richtung Meerschweinchenställe. Er würde ihn mitnehmen ins Präsidium. Mertens oder einer der anderen Beamten konnte ihn dann zu einem Tierarzt bringen. Und dann musste er mit Ostermann sprechen. Ihm war ein Gedanke gekommen.

***

Charlotte hatte keine Ahnung, wie lange sie geschlafen hatte. Sie fühlte sich erfrischt und hungrig, als sie erwachte. Sie hockte sich auf die Pritsche und überlegte, welche Möglichkeiten sie hatte. Ihr Arm schmerzte immer noch, das verringerte ihre Chance ihren Peiniger zu überwältigen. Außerdem schien er sehr kräftig zu sein. Sie musste versuchen, mit ihm zu reden. Musste herausfinden, was zum Teufel der Kerl von ihr wollte.

Vergewaltigung war das Erste, was ihr einfiel. Was sollte ein Kerl schon von einer Frau wollen, die er gefangen hielt. Aber warum hatte er die letzte Attacke dann nicht genutzt? Worauf wartete er? Vielleicht war er ja einfach nur sadistisch veranlagt und wollte sie quälen.

Sie schauderte. Das diffuse Licht ging ihr auf die Nerven. Und was, wenn er sie hier einfach sich selbst überließ? Sie schluckte, und ihr Herz klopfte. Sie sprang auf. Keine Panik, sagte sie sich, bloß keine Panik. Du musst nachdenken, Charlotte. Sie suchen bestimmt schon nach dir, und du kannst lange durchhalten. Immerhin hast du Wasser.

Sie ging zum Waschbecken und drehte den Wasserhahn auf. Das Wasser lief, sie atmete auf und trank, einfach um irgendwas zu tun. Dann wanderte sie hin und her, die gesunde Hand umfasste den verletzten Arm. Langsam wurde sie wütend. Irgendwas musste passieren. Sie ging zur Tür und trat mit dem Fuß dagegen.

»Hallo, Arschloch! Komm, wenn du was willst!« Der Tritt gegen die Eisentür hallte durch den Raum. Sie sah, dass der Eimer leer war. Also musste der Kerl, während sie schlief, hier drin gewesen sein. Grässlicher Gedanke. Dann nahm sie in einem Akt der Verzweiflung den Eimer und schlug damit gegen die Tür. Der Lärm war beträchtlich. Sie schlug und schrie, bis ihre Kraft sie verließ und sie vor der Tür zusammensank.

Nur nicht weinen, sagte sie sich und biss die Zähne zusammen, bis sie schmerzten. Sie saß eine Weile, um neue Kräfte zu sammeln, als sie etwas hörte. Sie stand auf und horchte. Es kam von der Seitenwand und hörte sich an wie lautes Stöhnen. Sie nahm den Eimer und schlug gegen die Wand, dass der Putz bröckelte, dann legte sie das Ohr an die Wand und horchte. Tatsächlich, da stöhnte jemand. Zwar schwach, aber sie konnte es hören. Sie war nicht allein in diesem Verlies. Oder war das er? Vielleicht wollte er sie in Sicherheit wiegen, aber warum? Wie sollte sie das herausfinden?

Vom Morsealphabet hatte sie keine Ahnung. Sie schlug SOS dreimal kurz, dreimal lang und erhielt Antwort. Nun war es deutlicher, mehr ein Jammern. Es war das Jammern einer Frau. Sie starrte die Wand an. Was sollte sie machen? Sie wusste, dass noch jemand hier war, aber was nutzte ihr das? Vielleicht ließ er sich aus der Reserve locken, wenn sie beide Krach schlugen. Sie begann wieder gegen die Tür zu schlagen, langsam und gleichmäßig.

Das Stöhnen von nebenan wurde schwächer und verebbte dann. Wer immer dort war, hatte nicht mehr viel Kraft. Sie schwor sich, so lange zu schlagen, bis der Eimer zu Bruch ging, und dann würde sie damit den Putz von den Wänden kratzen. So weit ihr Plan.

***

Ostermann war nicht wirklich überzeugt von Bergheims Vorhaben, er gab aber seinen Segen.

»Wenn Sie sich tatsächlich auf den Hund verlassen wollen, bitte. Es ist alles, was wir haben, also tun Sie, was Sie tun müssen. Aber nehmen Sie Hohstedt oder Schliemann mit. Damit Sie auch einen Zeugen haben, wenn Sie einen brauchen.«

Bergheim nickte und holte Schliemann, der am Computer arbeitete. »Komm, wir müssen Limbach abholen.«

»Wieso? Hat sich was Neues ergeben?«

»Nein, ich erklär dir unterwegs, was ich vorhabe.«

»Glaubst du wirklich, dass uns das weiterbringt?«, fragte Schliemann zweifelnd, nachdem Bergheim ihm seinen Plan geschildert hatte.

»Hast du 'ne bessere Idee?«

»Was haben Sie mit mir vor?«, fragte Limbach, als sie ihn zu Hause abholten. Er schien getrunken zu haben und roch streng.

»Wir fahren jetzt in Ihr Büro«, sagte Bergheim. »Sie haben doch die Pläne für den Umbau der Häuser an der Marktstraße gemacht?«

»Ja, von zweien, da gibt's ja jede Menge.«

»Auch von Nummer 114 und 116?«

»Das Schweinchenrosa war nicht meine Idee!«

Den Rest der zehnminütigen Fahrt legten sie schweigend zurück.

Limbach brauchte nur fünf Minuten, um die Pläne zu finden. Er schien gut organisiert zu sein.

»Wir brauchen hauptsächlich die vom Keller.«

»Ich hab nur den von Nummer 116«, sagte Limbach

Sie klingelten also zuerst bei Stankowski, der die Augen verdrehte, als er Bergheim sah, und ließen sich den Keller zeigen.

Limbach studierte den Plan und sah sich um. »So weit ich sehen kann, ist hier alles, wie es sein soll. Was suchen Sie denn eigentlich?«

»Kann es sein, dass es irgendwo einen Raum gibt, den wir noch nicht gesehen haben?«

Limbach ging mit dem Plan nochmals durch alle Räume und schüttelte dann den Kopf.

»Nein, die Größe stimmt und die Anzahl auch. Hier ist jeder Quadratmeter genutzt.«

»Okay.« Bergheim bedankte sich bei Stankowski und ging dann mit den beiden anderen Männern zu Nummer 114. Da Bergheim Charlottes Schlüssel hatte, umgingen sie einfach den Hausmeister.

Limbach hielt den Plan in der Hand, obwohl es der von Nummer 116 war.

»Die Raumaufteilung stimmt nicht genau überein, das kann ich jetzt schon sagen. Das Treppenhaus ist größer.«

Sie gingen die Treppe hinunter, zuerst in die Tiefgarage, wo Limbach gleich feststellte, dass sie größer war als die von nebenan. Dann führte Bergheim sie zu dem Keller mit den Ställen.

»Mein Gott«, sagte Schliemann, »das ist ja Tierquälerei.«

Limbach starrte auf die vier großen Käfige, in denen jeweils ein Zwergkaninchen und mehrere Meerschweinchen herumhuschten.

»Und dieser Gestank!«

Limbach sagte immer noch nichts, sah sich nur um und schien die Länge der Wände abzuschätzen.

»Still«, sagte Bergheim, »hört ihr das auch?«

Die beiden anderen lauschten. »Hört sich an, als würde irgendwo jemand hämmern«, meinte Schliemann achselzuckend.

»Woher kommt das Geräusch?«

Sie sahen sich an. »Vielleicht von oben«, meinte Schliemann.

»Hört sich eher an, als käme es von nebenan«, sagte Limbach.

Sie gingen zu der Tür an der linken Seitenwand, die in einen Gang führte, von dem aus nach wenigen Metern auf der rechten Seite eine weitere Tür in den Heizungskeller führte. Der Gang war zirka zehn Meter lang und zwei Meter breit. Das Hämmern war auch hier zu hören. Der Heizungskeller war verschlossen.

»Geh Ziegler holen«, sagte Bergheim zu Schliemann, während er an Charlottes Schlüsselbund herumfingerte.

Schliemann verschwand, und Bergheim versuchte, mit Charlottes Schlüssel die Tür zu öffnen, was nicht funktionierte.

»Hätte mich auch gewundert«, sagte Limbach.

Wenig später kam Schliemann zurück. »Ziegler ist nicht da, sagt seine Frau. Musste zum Baumarkt und Sicherheitsschlösser besorgen. Und der Schlüssel zum Heizungskeller ist an seinem Schlüsselbund, das er natürlich mitgenommen hat.«

»Verdammt«, fluchte Bergheim.

Das Hämmern hatte aufgehört. Bergheim ging in die Tiefgarage, öffnete den Keller mit den Gartengeräten und nahm eine schwere Brechstange aus einem Regal.

So bewaffnet kehrte er zurück.

»Guck nicht so. Ich nehm's auf meine Kappe«, sagte er zu Schliemann, der ihn zweifelnd ansah.

Es war nicht einfach, die Eisentür aufzubrechen, doch schließlich brach das Schloss aus der Verankerung, und die Tür sprang auf.

***

Charlotte war am Ende ihrer Kraft und sank neben der Tür nieder. In ihren Ohren dröhnten noch die Schläge gegen die Tür. Sie legte die Hände an die Ohren. Wie sollte sie jemals aus eigener

Kraft hier rauskommen? Ihre Augen brannten, sie wollte weinen, sich aber keine Schwäche erlauben, obwohl es in ihrem Arm und ihrem Kopf heftig pulsierte und sie nie für möglich gehalten hatte, wie sehr Hunger schmerzen konnte. Aber, was half es, wenn sie aufgab? Sie musste weitermachen mit dem, was sie tat, egal, wie lange es dauerte, und wenn sie die Mauer mit ihren Fingernägeln durchkratzen musste. Hör auf zu denken, hämmerte sie sich ein, und tu irgendwas. Sie stand auf und trank, wenigstens linderte das das Hungergefühl. Dann nahm sie sich den Blecheimer vor und versuchte, den Henkel abzumontieren. Vielleicht konnte sie damit irgendwie das Mauerwerk um den Rahmen der Tür aufkratzen. Von nebenan drang kein Geräusch mehr herüber.

Sie hatte kaum eine Minute hantiert, als sie etwas hörte. Sie wusste nicht, ob ihre Ohren noch zuverlässig funktionierten, aber es hatte sich wie ein dumpfer Schrei angehört. Sie lauschte an der Wand, doch es war alles still. Dann kam wieder ein Jammern und zwar von der Türseite. Sie legte das Ohr an die Tür und hörte eine Frauenstimme jammern und die eines Mannes fluchen. Dann war alles still. Was ging da vor? Ihr Herz polterte. Sie wartete, bis sie ein leises Quietschen vernahm, als ob eine Schiebetür bewegt würde.

***

Sie betraten einen etwa sechzehn Quadratmeter großen Heizungskeller.

Limbach steuerte sofort auf die der Tür gegenüberliegende Wand zu. Dort standen ein riesiger Heizkessel, die Therme und ein großer Blechschrank.

»Meine Güte«, sagte Limbach, »die Anlage ist vorsintflutlich. Ein Wunder, dass so was noch in Betrieb ist.«

Er trat zu Schliemann, der ratlos vor der Heizanlage stand, während Bergheim den breiten Spind in der Ecke neben dem Heizkessel unter die Lupe nahm.

Als er versuchte, eine der beiden Türen zu öffnen, bewegte

sich der Schrank sachte zur Seite und stieß gegen die Wand. »Der steht auf Rollen«, sagte Bergheim. Sie holten den Schrank, der sich leicht, wenn auch quietschend bewegen ließ, aus seiner Nische, und dahinter erschien eine schmale Eisentür. Sie war grau gestrichen, wie die Wand, und höchstens sechzig Zentimeter breit. Bergheim drückte vorsichtig die Klinke, und die Tür öffnete sich einen Spalt. Er blickte Schliemann an.

»Ruf Ostermann an und sag, wir brauchen Verstärkung«, sagte er. »Und Sie gehen zum Auto zurück und warten da.«

»Ich denke ja nicht dran!«, sagte Limbach. »Sie vergessen wohl, dass meine Frau noch vermisst ist. Ich bleibe hier! Mir scheißegal, was Sie sagen!«

Bergheim hatte weder Zeit noch Lust, sich mit Limbach zu streiten. Schliemann war schon hinausgegangen, um zu telefonieren.

Langsam öffnete Bergheim die Tür.

***

Entweder es klappte sofort, oder sie würde hier sterben. Charlotte lag auf der Lauer, zu allem entschlossen. Aus den Augenwinkeln beobachtete sie, wie die Eisentür sich langsam öffnete. Sie konnte nur seine Umrisse sehen. Er trug eine Kappe, tief ins Gesicht gezogen, und er hatte etwas in der Hand. Um den rechten Arm frei zu haben, lag Charlotte auf dem verletzten. Er blieb an der Tür stehen und beobachtete sie. Charlotte verwünschte die zugehängte Funzel und kniff ihre Augen zusammen. Langsam kam er näher. Jetzt sah sie, was er in der Hand hatte, eine Spritze. Sie ballte ihre Hand zur Faust und nahm alle verbliebene Kraft zusammen. Der erste Hieb musste treffen. Sie wartete, bis er nahe genug war, und schlug zu.

Irgendwas musste ihn gewarnt haben, denn er wich zurück und ihn traf nur die halbe Wucht. Dann ging alles sehr schnell. Charlotte war im Nu auf den Füßen, aber sie hatte die Wand im Rücken. Und dann erkannte sie ihn. Der Schock machte sie für einen Moment bewegungsunfähig. Das genügte ihm, um ihr die

Spritze in den Oberarm zu jagen. Sie konnte gerade noch verhindern, dass er ihr den ganzen Inhalt injizierte, denn sie rammte ihm mit aller Kraft ihr Knie in die Genitalien. Er jaulte auf und ließ für einen Moment von ihr ab. Die Spritze fiel zu Boden. Sie versuchte, die Tür zu erreichen, doch er erwischte ihren verletzten Arm und zog sie zurück. Der Schmerz ließ sie aufschreien, aber sie zerkratzte ihm mit der freien Hand das Gesicht. Er schlug so hart zu, dass sie zu Boden ging. Dann wurde sie hochgerissen und hatte im nächsten Moment ein Messer an der Kehle.

»Lassen Sie sie los!« Bergheim stand mit der Waffe in der Hand in der Tür.

»Fallen lassen, sonst zerlege ich sie in ihre Einzelteile«, rief Ziegler.

Bergheim schwieg und legte langsam die Waffe auf den Boden. »Schieb sie rüber und mach keine Faxen. Ich lass mich nicht verarschen.«

Charlotte hatte Mühe, sich auf den Beinen zu halten. Wenn sie fiel, würde ihr das die Kehle aufschlitzen. Bergheim schob die Waffe mit dem Fuß in Zieglers Richtung.

»Jetzt dreh dich um.«

Bergheim gehorchte zögernd, während Ziegler langsam mit Charlotte in die Knie ging. Sie spürte warmes Blut an ihrem Hals. Ziegler tauschte blitzschnell das Messer gegen den Revolver. In diesem Moment drehte Bergheim sich um und hechtete auf Ziegler zu. Der feuerte, noch bevor Charlotte ihm ihren Ellbogen in den Bauch rammen konnte. Bergheim war getroffen, ging zu Boden und riss Ziegler mit. Das war ihre Chance.

Charlotte trat Ziegler kräftig in die Nierengegend, griff nach der Hand, die die Waffe hielt, und biss hinein. Sie schmeckte Blut, und plötzlich stand Schliemann hinter ihr und versetzte Ziegler einen Schlag ins Gesicht, der ein hässliches Geräusch verursachte. In diesem Moment hörten sie die Sirenen.

»Na klasse, genau im richtigen Moment«, schnaufte Schliemann, während Charlotte sich über Bergheim beugte. Von ihrem Hals tropfte Blut auf sein Gesicht.

»Rüdiger!«, rief sie und schlug ihm auf die Wange. Er stöhnte und drehte den Kopf. Erst jetzt sah sie die etwa drei Zentimeter lange Wunde an seiner Schläfe. Ein Streifschuss. Die Kugel musste in der Wand stecken.

»Wir brauchen hier einen Krankenwagen!«, schrie sie Schliemann an.

»Hab ich schon angefordert.« Wenige Sekunden später wimmelte es bereits von Beamten.

»Wo ist Limbach?«, fragte Bergheim leise, während ein Sanitäter sich um die Wunde kümmerte.

»Wir haben noch eine Frau gefunden, wird gerade raufgetragen. Da ist ein heulender Mann dabei. Meinen Sie den?«

»Lebt die Frau?«, fragte Charlotte und strich mit zitternden Fingern über das Pflaster, das ihr einer der Sanitäter auf die Halswunde geklebt hatte.

»Ja, geht ihr aber nicht gut.«

Charlotte begann den Boden abzusuchen. »Wo ist die Spritze? Hat jemand eine Spritze gefunden?«

»Ja«, sagte einer der Beamten, »und ein Mordsding von einem Messer.« Er hielt ihr zwei Plastikbeutel hin. Charlotte wandte sich geschockt ab, als sie das Messer sah, und nahm den Beutel mit der Spritze.

»Können Sie feststellen, ob das Insulin ist?«

»Insulin hat einen ganz besonderen Geruch.«

Charlotte ließ dem Sanitäter Handschuhe geben. Der drückte vorsichtig einen kleinen Tropfen aus der Spritze und schnüffelte kurz.

»Eindeutig Insulin«, sagte er.

»Dann braucht die Frau wahrscheinlich Zucker!«, sagte Charlotte schlotternd. »Sagen Sie das dem Fahrer.«

Der Beamte nahm die zur Hälfte gefüllte Spritze wieder entgegen und lief hinaus.

Charlotte blickte sich um. »Hat jemand was zu essen dabei?«

Schliemann griff in seine Jackentasche und zog einen Schokoriegel heraus, den Charlotte ihm ungeduldig aus der Hand riss und gierig verschlang.

Bergheim richtete sich langsam auf.

»Sind Sie sicher, dass Sie gehen wollen?«, fragte der Sanitäter. »Ich halte das für keine gute Idee. Sie haben bestimmt 'ne Gehirnerschütterung.«

Bergheim winkte ab und verzog das Gesicht. Dann erhob er sich langsam und ging zu Charlotte, die immer noch schlotternd an der Wand stand.

»Bist du okay?«, fragte er leise.

Diese Frage trieb ihr das Wasser in die Augen. Sie nickte nur und schaute weg. Er legte den Arm um sie und zog sie an sich, nur einen Moment, dann ließ er sie los. Das war ihr Glück, sie hätte sonst geflennt wie ein Schulmädchen.

»Wo sind wir hier eigentlich?«, fragte sie heiser.

»Im Keller deines Wohnhauses«, antwortete Bergheim und rieb sich die Stirn.

Sie schüttelte ungläubig den Kopf. »Ich muss hier raus.«

Bergheim legte den Arm um ihre Schultern und führte sie hinaus. Jetzt endlich konnte sie sehen, wo sie sich befand. Sie standen in einem schmalen Gang, von dem vier Türen abgingen. Eine davon war ihr Verlies gewesen, direkt nebenan war ein weiteres, das sich kaum von ihrem unterschied. Kaum zehn Quadratmeter groß und fensterlos. Auch in diesem gab es nur ein Bett und ein Waschbecken. Als Charlotte den Eimer sah, wandte sie sich ab. Der dritte Raum war etwas größer, aber leer, bis auf einen Wasserschlauch, der aufgewickelt an einem Wasserhahn hing. Auf dem Boden lag ein dickes Eisenrohr, etwa so lang wie ein Tennisschläger, und an der Wand stand eine Art Rollstuhl. So hatte er sie also runtergeschafft.

»Nirgendwo Blut?«, fragte sie die Beamten der Spurensicherung, die den Boden untersuchten.

»Hier ist mit Sicherheit Blut geflossen, wurde aber alles gründlich abgewaschen. Hier ist ein Abfluss im Boden. Den werden wir uns ganz genau ansehen. Keine Sorge, wir finden genug, um es zu analysieren und festzustellen, von wem es stammt.«

Sie kannte den Beamten nicht, der sie neugierig ansah.

»Wohin führt die?«, fragte sie und wies auf die vierte Tür.

»Direkt in die Hausmeisterwohnung«, sagte der Beamte.

Plötzlich wurde ihr schwarz vor Augen. Bergheim konnte sie gerade noch auffangen. Er legte sie sacht auf den Boden, und sie kam wieder zu sich.

»Komm, ich bring dich in deine Wohnung«, sagte er und half ihr auf.

Im Vorbeigehen gab er Schliemann Anweisung, Ostermann Bericht zu erstatten.

»Sag ihm, ich melde mich später.«

Wenig später öffnete Bergheim die Tür zu ihrer Wohnung. Charlotte ging sofort in die Küche und riss eine Packung Schokoladenkekse auf, von denen sie sich drei hintereinander in den Mund stopfte. Bergheim stand in der Tür und beobachtete sie.

Langsam wurde sie ruhiger. Sie atmete tief durch. »Du kannst mich jetzt allein lassen. Ich möchte nur duschen und werde mich dann hinlegen. Fahr ins Präsidium und sprich mit Ostermann.«

»Bist du sicher?«, fragte er und sah sie zweifelnd an. »Ich schick dir noch einen der Sanitäter rauf. Nur zur Sicherheit.«

»Bloß nicht«, seufzte sie und betastete das Pflaster an ihrem Hals. »Ich will raus aus diesen Klamotten und mich eine Stunde unter die Dusche stellen.«

»Willst du vielleicht mit einem Psychologen sprechen?«, fragte Bergheim.

»Ganz bestimmt nicht«, sagte sie und verdrehte die Augen.

Er zögerte immer noch, nickte dann aber. »Okay, Wiebke bleibt hier vorn im Flur. Du brauchst sie nur zu rufen. Ich bin in spätestens einer Stunde wieder da.«

Er verließ ihre Wohnung.

Wiebke Mertens stand in der Wohnungstür und sah Charlotte mitleidig an.

Ostermann war sichtlich zufrieden. »Wer hätte das gedacht«, sagte er und rückte seinen Schlips gerade. »Ich habe bereits eine Pressemitteilung rausgegeben, dass wir unsere Beamtin und eine weitere Vermisste befreien konnten und es eine Festnahme gegeben hat. Ich hoffe, es geht Frau Wiegand gut?«

»Den Umständen entsprechend«, antwortete Bergheim vage. »Sie ist zu Hause und wollte sich ausruhen.«

»So, so, na wir werden sie hoffentlich bald wieder hier haben. Und jetzt möchte ich mir diesen Menschen mal genauer ansehen. Übrigens, Sie sehen ziemlich übel aus, Bergheim, Sie sollten zum Arzt gehen.«

Bergheim ignorierte den guten Rat und folgte Ostermann zum Befragungsraum, wo Ziegler, von zwei Beamten bewacht, seit seiner Ankunft schweigend ausgeharrt hatte. Als er Bergheims Wunde sah, verzog er die Mundwinkel.

Ostermann begann mit der Befragung, während Bergheim sich im Hintergrund hielt. Doch Ziegler war kein Wort zu entlocken. Das würde Zeit brauchen. Nach zwanzig Minuten ließ Bergheim sich von Schliemann ablösen und machte sich erneut auf den Weg zu Charlottes Wohnung, obwohl seine Kopfschmerzen ihm fast den Verstand raubten.

**

Nachdem Bergheim sie verlassen hatte, war Charlotte wankend ins Badezimmer gegangen, hatte ihre Kleidung abgestreift und war unter die Dusche gestiegen, wo sie eine geschlagene halbe Stunde unter dem warmen Wasserstrahl stehen geblieben war. Erst dann fühlte sie sich einigermaßen sauber. Sie hüllte sich in ihren Bademantel, putzte sich die Zähne und versuchte, nicht nachzudenken. Einfach weiteratmen, sagte sie sich. Es wird besser. Mit der Zeit wird es besser. Sie kämmte ihr Haar, cremte sich sorgfältig ein und wäre am liebsten noch mal unter die Dusche gestiegen. Aber sie beherrschte sich, ging zum Kühlschrank, nahm eine Flasche Wasser heraus und den Rest der Kekse vom Schrank und setzte sich damit aufs Sofa. Dann klingelte ihr Handy. Ihre Mutter, sie war in Tränen aufgelöst und überglücklich, Charlottes Stimme zu hören.

»Kind, wir kommen sofort, du kannst doch jetzt nicht allein bleiben ...«

Bloß das nicht, dachte Charlotte, obwohl sie ihrer Mutter

dankbar war, aber sie konnte sie jetzt auf keinen Fall um sich haben. Also log sie, und sagte, dass ihre Freundin bei ihr war und auch über Nacht bleiben wollte. Sie versprach, sich am nächsten Tag wieder zu melden, wenn sie ausgeschlafen hatte. Dann legte sie auf, lehnte sich zurück und schloss die Augen. Aber sie konnte die Angst nicht ignorieren.

Als es an der Tür klingelte, zuckte sie zusammen. Es war Bergheim.

»Alles in Ordnung?«, fragte er, als sie sich wieder aufs Sofa niederließ.

»Ich hab mich noch gar nicht dafür bedankt, dass du mir das Leben gerettet hast«, sagte sie und hoffte, dass er nicht merkte, wie ihre Stimme zitterte.

Er beobachtete sie und setzte sich neben sie. »Willst du's mir erzählen?«

Sie antwortete nicht gleich. »Es gibt nichts zu erzählen«, flüsterte sie. Aber dann brach es aus ihr heraus. Sie schluchzte hemmungslos, und er hielt sie fest. So saßen sie, bis es vorbei war.

»Geht's besser?«, fragte er, als sie sich beruhigt hatte. Sie nickte und schnäuzte sich.

»Möchtest du irgendwas trinken?«, fragte sie und stand auf. Seine Nähe machte sie nervös.

»Wasser bitte«, sagte er lächelnd, »und eine Aspirin wär nicht schlecht.«

»Warst du beim Arzt?«, fragte sie. »Die Wunde sieht ziemlich scheußlich aus.«

»Wedel hat noch mal einen Blick drauf geworfen. Ist nicht so schlimm wie's aussieht«, sagte er und deutete auf die Schnittwunde an ihrem Hals. »Und bei dir?«

»Ich lebe noch.« Sie wandte sich ab, als ihr bewusst wurde, wie nah sie dem Tod gewesen war, und beeilte sich, die Packung Aspirin zu holen.

Ihr Herz klopfte, als sie sich wieder neben ihn setzte, und sie hatte Angst vor dem Moment, in dem er sie verlassen würde.

»Soll ich bleiben?«, fragte er, als hätte er ihre Gedanken gelesen.

Sie schluckte. »Was ist mit deinem Sohn?«

»Ist bei seiner Mutter.«

»Und sonst wartet niemand auf dich?«

Er schüttelte den Kopf. »Nicht wirklich.«

»Was ist mit Gritt?«, fragte Charlotte.

»Gritt ist eine sehr nette Nachbarin«, sagte Bergheim.

Was sollte das nun wieder heißen? Aber sie verbot sich, darüber nachzudenken, und war froh, in dieser Nacht nicht allein sein zu müssen. Sie holte ihm eine Wolldecke.

»Leider hab ich kein Gästebett«, sagte sie. Und jetzt merkte sie, wie erschöpft sie war. »Wenn's dir recht ist, leg ich mich hin«, sagte sie.

Er nickte. »Ich geh noch mal kurz runter und sprech mit Köhler, dauert nicht lange«, fügte er hinzu, als er ihren Blick sah.

Als sie in der Nacht schreiend erwachte, war er sofort neben ihr. Sie schlotterte so, dass ihre Zähne aufeinanderschlugen. Er nahm sie fest in die Arme und wartete. Nach ein paar Minuten wurde sie ruhiger. Als er sich langsam von ihr lösen wollte, hielt sie ihn fest. Das Leben war zu kurz, um sich zu zieren. Er war hier, und sie wollte ihn. Jetzt. Sie legte den Kopf an seine Wange und begann ihn zu küssen, seinen Hals, seinen Mund, was er zögernd erwiderte. Sein Atem ging schneller, und er murmelte irgendwas von »falscher Zeitpunkt«, als sie mit dem Mund seine Brust hinabfuhr, aber seine Erektion strafte ihn Lügen.

Donnerstag, 4. Juli

Am Morgen erwachte sie, weil die Sonne in das Zimmer schien. Sie schlug die Augen auf und sah seinen Blick auf sich ruhen.

Er saß angezogen auf einem Stuhl neben der Matratze und wartete. Bevor sie lächeln konnte, war die Erinnerung an die Nacht wieder da, und ihr schoss die Röte ins Gesicht. Himmel, was musste er von ihr denken? Sie hatte ihn ja fast ... Sie legte die Hand auf die Stirn und wandte sich ab.

»Ach du meine Güte«, entfuhr es ihr, als sie von der Matratze sprang und hastig ihren Bademantel um sich schlang, der auf dem Fußboden gelegen hatte.

Er blickte sie unsicher an. »Tut mir leid«, sagte er dann, »ich wollte die Situation nicht ausnutzen.«

»Nein, nein«, sagte sie und schüttelte heftig den Kopf. »Ich weiß wirklich nicht, was in mich gefahren ist.«

Das Klingeln seines Handys rettete sie. Sie nutzte ihre Chance und verschwand im Bad.

Als sie zehn Minuten später wieder zum Vorschein kam, stand er im Flur und telefonierte immer noch. Sie ging ins Schlafzimmer, nahm eine saubere Jeans und ein weißes T-Shirt aus dem Schrank und zog sich an. Sie hatte keine Ahnung, wie es mit ihnen weitergehen würde. Vielleicht war es am besten, das Geschehene ganz schnell zu vergessen, obwohl sie sicher war, dass sie diese Nacht niemals vergessen würde.

Er erschien in der Tür. »Um elf ist Besprechung. Glaubst du, dass du daran teilnehmen kannst?« Aus seinem Ton wurde sie nicht schlau. Er sprach, als wäre nichts gewesen, was die Sache vereinfachte.

»Natürlich«, sagte sie. »Ich muss nur noch frühstücken. Hast du Hunger?«

»Ich hab mich aus deinem Kühlschrank bedient. Wenn's dir recht ist, geh ich noch mal runter und komm dich in zehn Minuten abholen.«

Sie nickte. Irgendwann würde sie sich ihr Gefängnis, in dem sie fast achtundvierzig Stunden verbracht hatte, noch mal genauer ansehen. Aber nicht jetzt, nicht heute. Sie machte sich schnell eine Tasse Instantkaffee und nahm eine Scheibe von dem mittlerweile trockenen Brot. Heute Mittag würde sie essen gehen. Jetzt mussten Butter und Aprikosenmarmelade aufs Brot reichen.

Als sie am Fenster stand, hörte sie ihre Mailbox ab. Da waren die besorgten Anrufe von Bergheim, der sie bat, sich zu melden, ebenso wie die unzähligen von ihrer Mutter und Miriam, die dringend um ihren Rückruf baten, weil sie nicht glauben konnten oder wollten, dass ihr etwas zugestoßen war. Sie war aufgewühlt, als Bergheim sie abholte.

Er achtete darauf, sie nicht zu berühren, was sie schmerzte.

»Wo ist eigentlich Dandy?«

»Wiebke hat ihn mitgenommen«, sagte Bergheim und schloss den Wagen auf.

»Hat Ziegler schon was gesagt?«, fragte sie, als sie im Auto saßen.

Bergheim schüttelte den Kopf. »Er schweigt und lächelt. Ich hätte ihn erschießen sollen.«

»Was ist mit Bettina Limbach?«

»Sie ist über den Berg. Er hat ihr die Finger gebrochen.«

Charlotte schluckte und wandte sich ab. »Wisst ihr schon, wie er an das Insulin gekommen ist?«

»Ja, wir haben an alles Mögliche gedacht, nur nicht daran, dass sein Hund an Diabetes gestorben ist. Hat seine Frau ausgesagt.«

»Der Hund?«, fragte Charlotte ungläubig. »Hunde kriegen auch Diabetes?«

»Offensichtlich.«

»Und Hundeinsulin funktioniert auch bei Menschen?«

»Umgekehrt, Menscheninsulin funktioniert auch bei Hunden, obwohl es ein spezielles Hundeinsulin gibt. Manche Tierärzte verschreiben aber wohl immer noch Humaninsulin. Kein Wunder, dass diese Spur uns nicht weitergebracht hat.«

Sie schluckte. »Hat er ... hat er schon gesagt, warum ...?«

»Kein Wort«, sagte Bergheim, »und sie haben ihn die ganze Nacht auseinandergenommen. Aber seine Frau hat ausgesagt, dass sie so gut wie nie Sex hatten. Sie hatte das Gefühl, er ekle sich davor, und sie hat das nicht gestört.«

»Ein reizendes Paar«, warf Charlotte ein und spürte, dass sie rot wurde.

»Corinna Brandes konnte er jedenfalls nicht ausstehen. Hat sie immer das ›Flittchen aus der dritten‹ genannt.«

Nach einer Weile sagte Charlotte: »Ich will ihn sehen.«

Er schaute sie von der Seite an. »Bist du sicher?«

Sie nickte. »Ich muss. Ich muss diesem Schwein in die Augen sehen. Muss mich davon überzeugen, dass er das nie wieder einer Frau antun wird, sonst wird die Angst mich nie mehr loslassen. Er muss mich schon längere Zeit im Visier gehabt haben. Diese Sachen, die in meiner Wohnung passiert sind. Das war er. Er wollte mich verunsichern. Und mit Corinna hat er's genauso gemacht. Sie hat mich mal gefragt, ob ich Ärger mit den Steckdosen hätte. Scheint ihm zu gefallen, wenn Frauen Angst haben. Meine Güte, wie muss er sich amüsiert haben, als ich ihn bat, meinen Sicherungskasten zu untersuchen.«

Nach einer Weile grinste sie. »Und ich hatte schon Angst, an Alzheimer zu leiden.«

Für den Rest der Fahrt schwiegen beide.

Vor dem Präsidium wartete ein Pulk von Journalisten und Kameramännern, die Charlotte und Bergheim mit Fragen bestürmten, und Charlotte wünschte, sie hätte am Morgen etwas Make-up aufgelegt.

Die Kollegen begrüßten sie mit Applaus und lachenden Gesichtern. Ostermann klopfte ihr auf die Schulter.

»Wir sind alle froh und glücklich, Sie gesund wieder hier zu haben.«

Charlotte war gerührt und nahm sich vor, irgendwann eine Flasche Sekt springen zu lassen.

Die Besprechung dauerte nicht lange. Man wartete auf die

Laborergebnisse, aber es war so gut wie sicher, dass das Blut im Keller von Corinna Brandes und Elli Broker stammte. Außerdem hatte man bereits eine Aussage von Bettina Limbach. Die von Hauptkommissarin Wiegand würde folgen. Jochen Ziegler würde wohl nie mehr in Freiheit leben.

Charlotte fühlte sich seltsam, als sie allein an ihrem Schreibtisch saß. Bergheim war mit Ostermann in der Befragung mit Ziegler. Jetzt saß sie hier und sammelte ihre Kräfte, um dem Feind gegenübertreten zu können.

Sie betrat den Befragungsraum leise. Ziegler hatte sie nicht gehört. Einen Moment blieb sie an der Tür stehen, dann nahm sie all ihren Mut zusammen und ging um den Tisch herum, an dem Ostermann saß. Im Hintergrund stand Bergheim. Ihr Herz klopfte so, dass sie befürchtete, es würde ihre Angst verraten. Dann stand sie vor ihm. Er lächelte.

Ostermann und Bergheim schwiegen. Sie war geschockt, dass er immer noch so aussah, wie sie ihn gekannt hatte. Seine Halbglatze, die kalten grauen Augen, die ihr nie aufgefallen waren, und dieses infame Grinsen. Sie musste sich beherrschen, ihn nicht zu schlagen.

Er wurde unruhig. »Starr mich nicht so an, du Miststück«, sagte er.

Charlotte lächelte und sah ihm direkt in die Augen. Das war ihr ganz persönlicher Triumph, und den würde sie sich von ihrem Herzgetrommel nicht kaputt machen lassen. Es war ein kurzer, aber für Charlotte war es ein guter, ein wichtiger Moment. Dann ging sie hinaus, ohne, dass ein Wort gefallen war. Auf dem Gang schluchzte sie noch ein paarmal und machte sich dann auf den Weg in ihr Büro. Sie musste ihren Bericht schreiben.

Sie bat Hohstedt, der im Gang stand und ergriffen ihre Hand schüttelte, um einen Kaffee, und wenig später hämmerte sie die Geschehnisse der vergangenen zwei Tage in die Tasten und hoffte, sich damit von ihnen zu befreien.

Sie war mit ihrer Arbeit noch nicht zu Ende, als es an ihre Tür klopfte. Hohstedt schob einen Besucher herein, den Charlotte nicht erwartet hatte.

Grünert stand in der Tür und knetete seine Mütze.

Charlotte lehnte sich zurück. »Ja, was gibt's?«, fragte sie erstaunt.

Hohstedt ging hinaus, und Charlotte bot Grünert an, Platz zu nehmen. Dann sah sie ihn erwartungsvoll an.

»Es tut mir leid. Ich hätte das alles verhindern können, vielleicht bin ich auch schuld dran, aber jetzt ist es wohl zu spät für Reue. Ich bin nur froh, dass … dass Sie noch leben.«

Charlotte machte große Augen. »Woran sind Sie schuld, und was hätten Sie verhindern können?«

»Na, diese toten Frauen und das, was Ihnen widerfahren ist.«

Er sprach sehr leise, und Charlotte wusste nicht, was sie davon halten sollte.

»Ich … ich möchte, dass das alles ein Ende hat.«

Charlotte sah ihn an. »Warten Sie bitte einen Moment.« Dann stand sie auf und trug Hohstedt, der mit Mertens an der Kaffeemaschine stand, auf Bergheim zu holen.

»Und ein Aufnahmegerät. Schnell.« Dann setzte sie sich wieder zu Grünert.

Bergheim ließ sich seine Überraschung nicht anmerken, falls er überrascht war. Er stellte sich ans Fenster hinter Charlotte, und sie warteten, bis Mertens das Gerät brachte.

Charlotte nannte Datum und Grünerts Namen und die Namen der Anwesenden.

»Erzählen Sie«, sagte sie dann zu Grünert. Und Grünert erzählte.

Als er geendet hatte, sahen Bergheim und Charlotte sich an.

»Ich geh zu Ostermann«, sagte Bergheim und verließ das Büro.

Charlotte fuhr sich über die Augen.

»Ja«, sagte sie dann, »diese Frauen wären noch am Leben, wenn Sie geredet hätten. Und eine Leidensgefährtin und ich wären um eine bittere Erfahrung ärmer. Wie konnten Sie das zulassen?«

Er blickte zu Boden. »Würden Sie denn Ihren Sohn verraten?«

***

Charlotte und Bergheim saßen vor dem Broyhan-Haus in der sonnenbeschienenen Altstadt und blickten die von Kneipen und Restaurants gesäumte Kramerstraße hinunter. Direkt neben dem Broyhan-Haus, auf dem Hanns-Lilje-Platz, erhob sich die ehrwürdige Marktkirche.

»Würdest du für deinen Sohn, der seine eigene Mutter, deine Frau, erschlagen hat, zwanzig Jahre im Gefängnis verbringen? Würdest du das?«

Bergheim zuckte mit den Schultern. »Ich glaube nicht, aber wer gibt schon gerne zu, dass das eigene Kind die Mutter erschlagen hat. Und die hat ihren Sohn nicht gemocht, wollte das Kind nicht mal. Muss ein schwieriges Zusammenleben gewesen sein im Hause Grünert. Der Junge war jedenfalls damals völlig verstockt. Hat einfach aufgehört zu reden. Kein Psychologe kam an ihn ran. Und dann haben Zieglers ihn adoptiert, und alles normalisierte sich. Er hat sogar geheiratet, lebte ein unauffälliges Leben. Bis sein Hund starb und dann auch noch sein Vater wieder auftauchte. Das hat die Vergangenheit wieder an die Oberfläche gebracht.«

»Ach«, sagte Charlotte ungehalten, »als ob das alles eine Entschuldigung wäre. Es gibt so viele Frauen, die in ihrer Kindheit schwer misshandelt werden. Denk bloß mal an die Frauen der Kriegsgeneration. Laufen die deshalb rum und bringen Männer um die Ecke?«

Bergheim lächelte. »Gott sei Dank nicht.«

»Oder findest du, es ist ein Grund abzudrehen, weil deine Mutter deinen Hund verprügelt?«

Bergheim schüttelte den Kopf. »Nein, finde ich nicht.«

Charlotte beruhigte sich. »Tut mir leid, du kannst ja nichts dafür.«

Bergheim sah seine Kollegin, die so knapp dem Tod entronnen war, eine Weile gedankenverloren an.

»Was ist passiert?«, fragte er dann. »Erzähl's mir.«

Sie spielte mit dem Bierdeckel, und glücklicherweise kam in diesem Moment ihr Essen. Bergheim hatte Nudelauflauf bestellt und Charlotte Schmorbraten mit Bohnengemüse und Bratkartoffeln.

Sie konnte sich nicht erinnern, jemals ein Essen derart genossen zu haben. Danach lehnte sie sich ermattet und gestärkt zurück und begann zu erzählen. Von ihrer Angst und der Verzweiflung und der Düsternis und von ihren sinnlosen Versuchen, sich zu befreien. Die Sache mit dem Eimer ließ sie aus.

»Hast du eine Ahnung, was er wollte?«

»Nein. Ich denke, es war das Gefühl der Macht, das ihn antrieb, aber ich weiß es nicht.«

Bergheim schüttelte den Kopf. »Ich hätte ihn doch erschießen sollen.«

»Wieso hat Grünert bloß so lange gewartet, bis er zur Polizei gegangen ist? Als der Fall Broker durch die Presse ging, musste ihm doch alles klar sein.«

»Ich weiß nicht«, sagte Bergheim. »Die Liebe zu den eigenen Kindern ist irrational.«

»Ja«, sagte Charlotte, »das muss sie wohl sein.«

Ein paar Minuten hingen beide ihren Gedanken nach, und Charlotte beobachtete, wie zwei junge Mädchen am Nebentisch versuchten, Bergheims Aufmerksamkeit zu erregen. Das machte sie wütend.

»Wie hat er sich seine Opfer ausgesucht?«

»Das können wir nur vermuten. Sie waren alleinstehend und in der Nähe. Corinna Brandes hatte wohl zu viele Männer für seinen Geschmack. Und sie hat ihn mal zur Rede gestellt, weil er sich über das nächtliche Geschrei ihres Sohnes beschwert hatte. Das hat Sabine Brandes ausgesagt. Und bei Elli Broker wird es wohl der Hund gewesen sein. Hat vielleicht zu oft auf den Rasen gekackt, und darüber sind sie in Streit geraten. Mit Bettina Limbach hatte er auch eine Auseinandersetzung. Jedenfalls hat ihr Mann das gesagt. Sie hat ihn zur Schnecke gemacht, weil sie einem Klienten eine Wohnung in eurem Haus vermitteln wollte und er irgendwelche Renovierungsarbeiten nicht durchgeführt hatte. Der Klient ist dann abgesprungen. Warum er dich nicht leiden konnte, weiß ich nicht«, sagte er lächelnd.

»Dieser Mensch hasst alle Frauen«, sagte Charlotte. »Warum auch immer.«

»Übrigens hatte Elli Broker wohl eine Allergie gegen Kaninchenfelle. Daher der Ausschlag, den Wedel erwähnt hat. Ich glaube sowieso, dass er die Viecher im Keller nur als Vorwand benutzt hat, um sich so oft wie möglich dort aufzuhalten.«

Bergheim sprach nicht weiter, weil er sich fragte, ob sie Bescheid wusste über die Gucklöcher über den Türen. Er beschloss darüber zu schweigen.

»Und was ist mit der Toten im Container?«

»Swetlana Nebrewko – oder so ähnlich –, sie war eine von Gorans Mädchen. Daher kannte ich sie auch. War immer am Steintorkiez unterwegs. Ich hab sie mal stockbetrunken da aufgegriffen. Damals hatte sie allerdings noch schwarze Haare. Deshalb hat sie auch keiner auf den Fotos erkannt. Sie war die Prostituierte in dem Transporter am Birkensee und hat Ziegler dabei beobachtet, wie er die Leiche von Elli Broker dort abgeladen hat. Dann hat sie wohl eine Chance gewittert, von Goran Schmidt wegzukommen, und war so leichtsinnig, Ziegler zu erpressen.«

»Aber warum hat er ihr nicht die gleichen Verletzungen zugefügt wie den beiden anderen?«

Bergheim zuckte mit den Schultern. »Ich nehme an, es lag daran, dass Swetlana ihn überrascht hat. Wahrscheinlich ist sie ihm vom See aus nachgefahren und hat ihm bei der nächsten Gelegenheit einen Besuch abgestattet. Er musste schnell handeln, hat ihr das Insulin injiziert, sie in Plastikfolie gewickelt und wie einen alten Teppich in den Container geworfen. Die anderen hat er irgendwie betäubt und dann in den Keller geschafft. Bettina Limbach hat ausgesagt, dass am Dienstagabend, nachdem sie ihre Tochter bei ihrer Mutter abgeliefert hatte und auf dem Weg zur Autobahn war, mit ihrem Wagen etwas nicht stimmte. Ziegler war ihr nachgefahren und hatte die Luft aus den Reifen gelassen. Dann hat er sich großzügig als Retter angeboten. Den Rest kannst du dir denken.«

»Und wessen Hand haben wir im Müll gefunden?«

»Die von Corinna Brandes.«

Charlotte nickte. Ja, das passte. Sie würde diese Hand nie vergessen.

Charlotte schloss die Augen und genoss für einen Moment die wärmenden Strahlen der Sonne und die Geräusche der Großstadt. Den Lärm der Autos, der vom Leibnizufer und der Schmiedestraße zu ihnen herüberdrang, und das Stimmengewirr zahlloser Passanten, die sich in einem der gemütlichen Altstadtlokale mit einem Latte macchiato oder einem Imbiss stärken wollten. Neben ihr klapperte Geschirr, und jemand verlangte nach der Speisekarte. Sie hörte kichernde Mädchen vorbeigehen, und dann kabbelten sich zwei Hunde.

Herrlich, dachte Charlotte. Wie schön war doch das Leben. Sie würde die kleinen Dinge von nun an stärker zu würdigen wissen.

»Wie geht es Frau Ziegler?«, fragte sie nach einer Weile.

»Sehr schlecht. Will das alles nicht glauben. Sagt aber, dass ihr Mann seit dem Tod des Hundes völlig verändert gewesen wäre.«

»Mein Gott«, sagte Charlotte, »sie hatte mir davon erzählt. Auch, dass der Hund krank war. Und dass sie ihre Mutter ins Siloah Krankenhaus gebracht haben. Ich hatte keine Ahnung, dass es dieselbe Nacht war, in der er Corinna Brandes am Maschteich aus dem Auto geworfen hat.«

»Ja«, sagte Bergheim. »Er hatte die Leiche bereits im Kofferraum seines Wagens verfrachtet, als er seine Frau plötzlich zu ihrer Mutter in die Südstadt fahren musste und sie dann auch noch allesamt zum Siloah Krankenhaus chauffiert hat. Da hat er die beiden Frauen abgesetzt und ist noch mal losgefahren. Jetzt musste er die Leiche möglichst schnell loswerden. Ich denke, er ist einfach rumgefahren, hat vielleicht auch einen geeigneten Platz an der Ihme gesucht, aber er konnte mit dem Auto nicht nah genug ran. Und dann ist er durch die Culemannstraße gefahren, wo nachts um drei auch kein Mensch unterwegs ist, und hat seine Chance genutzt. Direkt unter den Augen der Verkehrspolizei. Hat sich bestimmt eins ins Fäustchen gelacht. Vielleicht wollte er den Hannoveranern auch eins auswischen und ihnen ihre gute Stube vermiesen. Die Ziegler wäre beinahe umgekippt, als sie rausgefunden hat, dass sie eine ganze Weile mit einer Leiche im Wagen spazieren gefahren ist.«

Charlotte rieb sich die Augen. »Wenn ich damals gewusst hätte, wie wichtig ...«

»Denk nicht drüber nach«, unterbrach Bergheim sie und leerte sein Bierglas.

»Aber warum das Insulin, wenn er hinterher sowieso noch auf sie einschlägt?«

»Keine Ahnung, aber ich glaube, es ist kein angenehmer Tod.«

»Unangenehmer, als wenn einem der Schädel eingeschlagen wird?«

Er zögerte. »Dauert auf jeden Fall länger.«

Charlotte erinnerte sich an das Zittern, nachdem Ziegler ihr das Insulin injiziert hatte, und sie schluckte.

»Was ist mit Schmidt?«, fragte sie dann.

Bergheim lächelte. »Wulf hat seinen Laden hochgenommen, und, was meinst du, wen sie da gefunden haben?«

»Margit Hof?«, fragte Charlotte.

»Genau die. Jetzt können wir diesen Schmidt – wie immer der an diesen Namen kommt – wegen Entführung und Freiheitsberaubung festnageln.«

»Das freut mich«, sagte Charlotte.

»Und frag lieber nicht, wie viele Illegale er noch in seinen Bars laufen hatte.«

Charlotte gähnte. »Hauptsache, er bleibt im Knast, und das möglichst lange.«

Sie bezahlten und machten sich auf den Rückweg.

Die Sonne hatte sich verzogen, und die Luft war schwül, als Bergheim am Abend Charlotte nach Hause brachte.

Er parkte am Vordereingang, wo noch ein paar Journalisten dabei waren, die Bewohner zu befragen. Charlotte zog unwillkürlich den Kopf ein. Bergheim stellte den Motor ab und wandte sich ihr zu. Die Reporter schienen ihn nicht zu stören.

»Tut es dir leid?«, fragte er dann.

Sie lächelte. »Nein, dir?«

»Nein«, sagte er und strich sacht ihr Haar zurück, bevor er sie küsste.

Hannes Nygaard
MORD AN DER LEINE
Broschur, 256 Seiten
ISBN 978-3-89705-625-1

»»Mord an der Leine‹ bringt neben Lokalkolorit aus der niedersächsischen Landeshauptstadt auch eine sympathische Heldin ins Spiel, die man noch häufiger erleben möchte.«
NDR 1

www.emons-verlag.de